L'Afrique subsaharienne à l'aube du IIIe millénaire

Gustave René Biem

L'Afrique subsaharienne à l'aube du IIIe millénaire

Histoire et analyses

L'Harmattan

5-7, rue de l'Ecole-Polytechnique, 75005 Paris

http://www.harmattan.fr
diffusion.harmattan@wanadoo.fr
harmattan1@wanadoo.fr

ISBN : 978-2-343-02900-9
EAN : 9782343029009

AVANT-PROPOS

Au moment où nous écrivons ces quelques lignes, les Etats qui constituent les pays de l'Afrique subsaharienne connaissent de nombreuses difficultés liées au retard accusé notamment sur les plans politique, économique et social. Elle est exclue et s'exclut du village planétaire au niveau des échanges économiques et intellectuels ; elle se retrouve aujourd'hui encore laissée en rade au niveau technologique et industriel parce qu'elle n'a pas su prendre des décisions, voire faire à temps les choix qui s'imposaient face aux contraintes politiques et économiques qu'elle continue à subir.

En ce début de IIIe millénaire, dans un contexte incertain, à quel avenir peuvent prétendre les peuples de cette Afrique subsaharienne affaiblie, malade, affamée, humiliée, ridiculisée et en proie à des choix controversés ? Bon nombre de dirigeants ont mis à mal la démocratie sous le regard bienveillant et complice des puissances occidentales, faisant le lit de nombreux conflits dont les intérêts sont ailleurs car, faut-il le dire, un pays en guerre est facilement pillé. L'on constate pour le déplorer que, même en l'absence de conflits, la mal-gouvernance finit par annihiler toute velléité de développement d'une Afrique pourtant extrêmement riche.

Qui plus est, beaucoup de pays de cette région sont encore déchirés par des guerres et des luttes intestines, sans que les Africains puissent jouer un rôle déterminant dans le règlement des conflits qui les opposent. Force est de constater que l'Afrique subsaharienne concentre le plus grand nombre de pays qui se sont appauvris au cours des années 90. Par conséquent, elle doit surmonter les grands défis qui l'affaiblissent.

Sur le plan interne, les catastrophes naturelles, les pandémies, la famine et la forte croissance démographique sont le lot quotidien de ces peuples. Plus de trois cent millions d'Africains vivent avec moins d'un dollar par jour, sans oublier la recrudescence des conflits frontaliers, voire internes et la sécheresse qui provoquent des migrations de populations avec des pertes humaines et pour couronner le tout, la destruction des systèmes économiques et sociaux.

Sur le plan externe, pendant que les pays d'Asie, d'Amérique latine, d'Europe centrale, orientale et australe émergent dans les relations économiques internationales, l'Afrique subsaharienne reste toujours marginalisée, alors qu'elle représente un quart des Etats membres de l'Organisation des nations unies (ONU) et 12% de la population mondiale mais paradoxalement, 1% du PIB mondial et de l'investissement international et (2% et 2,3%) des exportations mondiales de 2000 à 2006.

Sur le plan économique, l'Afrique subsaharienne se cherche car, elle s'est trouvée projetée sans le vouloir au sein de l'économie mondiale alors qu'elle n'y était pas préparée. En réalité, ses pays subissent le diktat du FMI[1] et de la Banque mondiale qui, après l'application des Plans d'ajustements structurels, n'a pas amélioré les conditions de vie de ses populations. On a plutôt l'impression que les Plans ont de plus en plus plongé ces peuples dans la misère. Nous pouvons aujourd'hui nous demander, après tout, ce que vont encore nous inventer les éminences grises des bailleurs de fonds de ces deux institutions internationales.

Après les Plans d'ajustements structurels qui ont montré leurs limites, nous sommes passés à des multiples projets, à l'instar de celui des PPTE[2] toujours en vigueur ou du NEPAD[3] dont les résultats concrets tardent à venir.

« Quelles nouvelles perspectives au niveau économique, politique et social pour l'Afrique subsaharienne ? »

Malgré les lueurs d'espoir qu'ont laissées entrevoir les modestes résultats économiques de certains pays, ainsi que les prévisions statistiques de croissance de l'OCDE[4] de cette région qui se situeraient entre 3,5% et 6% pour les années 2011 et 2012, le IIIème millénaire sera aussi celui de la prise de conscience des peuples africains.

---

[1] FMI : *Fonds monétaire international.*

[2] PPTE : Pays pauvres très endettés.

[3] NEPAD : Nouveau partenariat pour le développement économique.

[4] OCDE : *Organisation pour la coopération et le développement économique.*

INTRODUCTION

Après plusieurs années de colonisation et plus de cinquante ans d'indépendance, on pourrait penser que les dirigeants des Etats de l'Afrique subsaharienne n'ont rien appris, ni compris des exigences politiques, économiques et sociales du développement.

En ce début du XXIème siècle, l'avenir de l'Afrique subsaharienne reste incertain. Pendant que la plupart des pays s'unissent pour faire bloc face à la concurrence internationale en créant des Organisations économiques régionales à l'instar des Européens avec l'UE[5], des pays d'Amérique du Nord avec l'ALENA[6] et ceux de l'Asie du Sud-est avec l'ASEAN[7] pour ne citer que celles-là, l'Afrique subsaharienne se terre dans les conflits et fait montre d'une incapacité à se donner une structure de type économique, qui lui permettrait de rivaliser à long terme avec les pays d'Asie, d'Europe et d'Amérique. Il est vrai que de nombreuses organisations régionales existent en Afrique de l'ouest, centrale et australe, mais elles n'ont jamais pu booster les économies, voire jouer le rôle de fer de lance pour le développement. La question qu'on pourrait se poser serait de savoir : « si l'Afrique subsaharienne réussira à relever les nombreux défis que lui impose la conjoncture internationale, d'autant plus que les moyens financiers lui font cruellement défaut ? »

Le problème est donc de savoir comment dans un contexte difficile, voire incertain, les pays de l'Afrique subsaharienne pourront tirer leur épingle du jeu face à la domination des grandes puissances au niveau économique, politique et social, mais surtout face à sa dépendance, à son incapacité à rivaliser avec les grands, à son inadaptation à la mondialisation et à son aliénation ?

Pourtant, après l'obtention des indépendances des pays de cette région, on comparait les économies et les ressources des pays de

[5] UE : Union européenne
[6] Accord de libre échange nord américain
[7] Association des Nations de l'Asie du Sud-est

l'Afrique subsaharienne à celles des pays de l'Asie du Sud-est. À ce jour, force est de constater que les pays africains demeurent sous l'emprise du pays colonisateur. C'est la raison pour laquelle ils n'ont pas pu élaborer de vrais projets politiques, économiques et sociaux qui se seraient adaptés à leur environnement et auraient permis l'émergence d'une culture et d'une société régie par leurs valeurs propres. Ainsi, il aurait pu naître une sorte d'économie de marché adaptée au système dans lequel ils s'identifieraient et qui permettrait la mise en place d'un projet d'industrialisation. N'ayant pas de projets réels de développement, les pays subsahariens se sont vus devancer par les pays d'Asie du Sud-est, puisque ces derniers ont su utiliser leurs cultures, leurs ressources humaines et naturelles pour relever le niveau de vie de leurs populations, en développant la petite industrie de base pour arriver à la plus complexe. Cette petite industrie leur a permis de développer un tissu économique fiable et compétitif, pendant que les chefs d'Etats de l'Afrique subsaharienne s'activaient à asseoir leur légitimité au pouvoir en faisant disparaître les nationalistes, autrement appelés « opposants » par des assassinats politiques. Il est vrai que, dans bon nombre de ces pays, certains chefs d'Etat ont connu le même sort que celui des « *opposants* », à la suite de la valse de coups d'Etat militaires vécus en Afrique subsaharienne pendant cette période. A cause de l'instabilité politique des années soixante, très peu de ces pays ont pu se doter d'un tissu économique et industriel embryonnaire, lequel aurait permis de mettre sur pied des industries de transformation des matières premières en produits finis.

Les trente glorieuses années ont très peu profité à ces Etats, parce que les structures économiques et sociales n'ont pu se développer pendant que leurs gouvernants vivaient dans l'opulence et s'en mettaient plein les poches, soutenus, voire adulés par leurs anciens maîtres et au mépris de leurs peuples.

Toutefois, dans leurs multiples discours politiques, les dirigeants africains se targuaient d'orienter la population, à majorité rurale, vers la culture et le développement des produits agricoles de rente destinés à l'exportation (cacao, café, coton … etc.) dont la valeur marchande ne rapportait pas grand-chose, ce d'autant plus que les prix étaient fixés par les pays riches. Cependant, ils pouvaient aussi se passer des produits africains au profit de ceux de l'Amérique latine ou des pays asiatiques, à défaut d'utiliser des ersatz.

Pendant que les ressources minières de nature diverse étaient exploitées à outrance par les entreprises des pays occidentaux, nos dirigeants leurrés par les dons et de viles promesses ont surtout privilégié l'exportation brute des matières premières au détriment de la construction d'usines qui auraient permis la transformation des ressources naturelles en produits finis. Actuellement, quelques usines de transformation en produits semi-finis ont vu le jour. Toutefois, l'accent n'a pas été suffisamment mis sur le développement des PMI[8] et PME[9] qui, en période de récession voire de déflation, restent le fer de lance d'une économie.

Sur le plan social, bon nombre d'études ont été réalisées en tenant compte du contexte social et économique africain, mais leur exploitation a été mal faite, sinon négligée. C'est l'une des raisons pour laquelle la plupart des mesures prises par les gouvernements respectifs de ces pays sont souvent vouées à l'échec ; surtout que leurs décisions sont généralement prises sans concertation avec les organismes assermentés.

En Afrique subsaharienne, comme dans beaucoup de pays sous-développés où les industries existent peu sinon pas du tout, les services hospitaliers sont enclins à la déchéance totale se manifestant par le délabrement progressif de l'outil de travail. Les centres médicaux des petites villes, voire des campagnes, manquent de personnels qualifiés, de bâtiments dignes de ce nom et de médicaments. Il en est de même pour les hôpitaux modernes des grandes villes dont les constructions mal entretenues perdent petit à petit leur éclat et tombent en décrépitude, pendant que les plateaux techniques de ces centres hospitaliers connaissent des pannes récurrentes suite au manque de budget et de personnel qualifié pour assurer leur maintenance. Quant -aux coûts des soins médicaux, ils ne sont pas à la portée de toutes les bourses.

[8] Petites et moyennes industries.
[9] Petites et moyennes entreprises

Lorsqu'on s'y rend, on constate qu'il y a non seulement un mauvais accueil, mais surtout une totale démotivation des agents hospitaliers.

A la suite de ces observations, on constate que la mise en place d'un système de protection sociale est nécessaire et serait bénéfique aux populations. On peut donc conclure que si l'on est malade sans disposer de quoi payer les soins hospitaliers, on meurt car, les médecins, devenus des marchands, ont mis leur serment d'Hippocrate aux oubliettes. Face à cette situation d'impuissance, la plupart des familles se trouvent dans l'obligation de se procurer des médicaments périmés, voire de contrefaçon, qui sont vendus à la sauvette par des jeunes à la recherche de leur pitance journalière et qui finalement s'arrogent le titre de « Docteur en pharmacie ».

Quant au réseau routier, ses infrastructures, peu nombreuses et surtout mal entretenues, ne favorisent pas les échanges inter et intra communautaires, mettant de ce fait une grande partie de la population en deçà du système économique.

Au niveau économique, les Etats africains ont axé leurs études prévisionnelles sur les plans de type quinquennaux, en y incorporant le développement des PMI[10] et PME[11] sans jamais se donner les moyens nécessaires pour y parvenir.

Jadis, l'Etat qui était le seul pourvoyeur d'emplois n'a pas encouragé l'initiative privée. Les entreprises d'Etat, non assujetties à l'impôt sur les sociétés, se sont vues ruinées, voire pillées par leurs multiples dirigeants. Ce qui a entraîné leur fermeture, mettant ainsi un grand nombre de personnes au chômage à cause du manque de rigueur dans le contrôle de gestion. Par ailleurs, l'argent « *détourné* » par ces grands commis de l'Etat semblerait-il, aurait servi en partie à financer les campagnes électorales de leurs chefs.

Sur le plan politique, peut-on réellement parler d'une « politique africaine ? »

---

[10] Idem page 6.
[11] Idem page 6

Nous ne saurons répondre à cette interrogation, étant donné que les différents Etats de cette région n'ont jusque là pas fait montre de beaucoup d'ambitions et ont toujours pris faits et causes pour leurs anciens colonisateurs *(c'est surtout le cas des pays colonisés par la France).*

Dans les pays développés, notamment en France, en Allemagne, en Angleterre et aux Etats-Unis par exemple, c'est le pouvoir économique qui conditionne les choix et orientations politiques de ses pays ; alors qu'en Afrique subsaharienne, c'est le politique qui, sans les moyens économiques nécessaires voire suffisants, décide des différentes orientations. Or, avec un pouvoir économique faible, dû en partie à l'absence d'un marché régional intra et inter communautaire, des multinationales africaines qui pourraient rivaliser avec celles des pays occidentaux, asiatiques et américains ne leur laissent pas suffisamment de marge. Par conséquent, les Etats africains, économiquement fragiles, sont en proie à la fois aux influences extérieures et à la pénétration des produits importés.

Force est de constater que les mesures d'austérité relatives aux P.A.S[12], au regard de la situation économique qui a suivi, sont restées impopulaires et très humiliantes pour les Etats de l'Afrique subsaharienne qui n'ont jamais pu maîtriser leurs dépenses publiques.

Les mesures prises par le Fonds monétaire international et la Banque mondiale ont sonné le glas du laxisme, du surendettement de ces pays dû à leur faible productivité. La mauvaise gestion, la corruption et l'impunité ont été le principal corollaire de la débâcle économique et financière de ces pays dont la conséquence inéluctable a été la dévaluation du franc CFA[13] en 1994.

En fait, l'Afrique noire souffre aujourd'hui non seulement à cause de ses choix et de ses orientations politiques très controversés, mais surtout de la mal gouvernance qui est le

---

[12] Plan d'ajustement structurel

[13] Cf. Gustave René BIEM, *L'Afrique noire, trois décennies après*, Nouvel Afrique Asie, n°74 - Novembre 1995.

corollaire de l'absence de rigueur dans la gestion des deniers publics et d'une assise démocratique.

Humilié et ridiculisé, l' « *Africain* » a encore des difficultés à se faire une place dans ce monde, en dépit de nombreux atouts dont il dispose. Le XXIème siècle ouvre une ère nouvelle pour ces jeunes Etats avec ses contraintes et ses incertitudes.

CHAPITRE I

LES PROBLEMES POLITIQUES : une ouverture au monde extérieur très défavorable

Pour évoquer les problèmes politiques des pays de l'Afrique subsaharienne, il est intéressant de faire un bref rappel historique, à savoir comment les pays africains ont artificiellement hérité de leurs frontières et dans quelles conditions les indépendances africaines ont été obtenues.

Une chose est certaine, pouvons-nous penser encore aujourd'hui, en nous référant aux extraits des propos de François Mitterrand sur de Gaulle et l'Afrique, que :

« C'est une immense tromperie que de faire croire que de Gaulle a permis la décolonisation de l'Afrique ?[14] ».

A- LE TRACE DES FRONTIERES ET L'ACQUISITION DES INDEPENDANCES EN AFRIQUE : RAPPEL HISTORIQUE ET CONSTAT

a) Comment les pays africains ont-ils hérité de leurs frontières actuelles ?

Les frontières actuelles de l'Afrique sont un héritage des partages coloniaux à la fin du XVIIIème siècle. Inspirées par des conceptions territoriales européennes, elles furent tracées le plus souvent au mépris des réalités indigènes et des cadres politiques traditionnels des sociétés africaines[15].

C'est au lendemain de la grande vague décolonisatrice, au début des années soixante, que trente chefs d'Etats africains ont signé, le 25 mai 1963 à Addis-Abeba, la charte de l'Organisation de l'Unité Africaine (OUA). Celle-ci affirmait l'égalité souveraine de tous les

[14] Laure Adler : L'année des adieux, Paris, Flammarion 1995.
[15] Cf. Philippe Conrad, Actualité de l'histoire : le spectacle du monde, décembre 1996.

Etats concernés avec comme postulat, le principe de non-ingérence dans leurs affaires intérieures et surtout l'intangibilité des frontières fixées naguère par les puissances colonisatrices. Trente années plus tard, c'est paradoxalement aux dépens de l'Ethiopie, pays d'accueil de la conférence fondatrice de l'OUA, que ce principe fut pour la première fois remis en question avec la proclamation de l'indépendance de l'Erythrée, approuvée par référendum le 25 avril 1993. Un tabou était ainsi levé.

La situation de plusieurs autres Etats africains laisse penser que la stabilité des frontières n'est désormais plus acquise sur le continent noir, malgré les craintes légitimes qu'inspire la perspective d'une *« balkanisation »*.

On mesure mieux aujourd'hui le caractère artificiel de certains Etats qui ne paraissent guère en mesure de construire des « *Unités Nationales* ». Les incertitudes qui pèsent sur l'avenir de l'Afrique du Sud, la fragilité de la « *paix* » angolaise, les dangers d'explosion de l'immense Zaïre (actuelle République démocratique du Congo), la persistance de la tragédie soudanaise ou le maintien des Etats fondés sur des régimes autoritaires issus de la domination d'une ethnie sur les autres donnent autant d'occasions de constater que les découpages territoriaux intervenus lors du partage colonial n'ont pas respecté les réalités indigènes et les cadres politiques traditionnels des sociétés africaines. En 2011, l'Etat du Soudan connaît la partition de son territoire avec la proclamation de l'indépendance du Sud Soudan.

La notion de frontière était-elle même étrangère à l'Afrique ? Les prétendus Etats, qu'ont rencontrés les explorateurs et les colonisateurs européens, n'étaient en effet que des organismes politiques élémentaires, formés autour d'un noyau ethnique plus puissant qui maintenait par la force sous son autorité les groupes vivant à proximité. Leur extension territoriale variait donc en fonction des rapports de force du moment. Par conséquent, il fallait être capable de s'étendre très vite sous l'impulsion d'un prophète conquérant ou d'un chef de guerre habile. Toutefois, il est à noter que ces frontières artificielles pouvaient n'avoir qu'une existence éphémère, d'autant plus qu'il n'y avait pas dans l'Afrique traditionnelle des limites déterminées par des traités, fixées par des bornes et reportées sur des cartes.

La « *frontière* » était ici en perpétuel mouvement. Aussi, pendant longtemps, les premières puissances coloniales se contentèrent elles-mêmes de *« droits »* sur les régions côtières d'extension limitée, puis celles-ci devinrent de simples *« zones d'influences »* quand elles commencèrent à pénétrer à l'intérieur des pays. Il a fallu attendre l'ère des grands partages impériaux pour que cette situation évolue et que s'impose la nécessité d'établir des limites plus précises.

Entamé dans les années 1881-1882 avec le protectorat français sur la Tunisie et la mainmise anglaise sur l'Egypte, le « *scramble of Africa »* va s'étendre sur une vingtaine d'années. Si l'on excepte l'établissement du protectorat français sur le Maroc en 1912, le partage du continent est en effet pratiquement terminé dix ans plutôt à l'issue de la guerre des Boers.

Les découpages territoriaux intervenus durant cette période étaient avant tout le résultat des décisions prises par les chancelleries européennes, qui ne tenaient que rarement compte des réalités locales et n'avaient que peu d'estime pour les avis des « *coloniaux* » militaires, administrateurs ou missionnaires engagés sur le terrain. Les gouvernements concernés avaient souvent été guidés non seulement par des préoccupations de politique intérieure, voire de prestige national, mais aussi par le souci de ne pas laisser la voie libre à des concurrents jugés dangereux ou plutôt par celui de donner à un partenaire des *« compensations »* jugées légitimes. On a vu ainsi Pierre Laval accorder à Mussolini, lors du voyage qu'il effectua à Rome en janvier 1935, cent quatorze mille kilomètres carré de territoire tchadien (*la fameuse bande d'Aozou*), pour s'assurer l'alliance italienne face à une Allemagne en passe de redevenir menaçante. Dans certains cas, on échangeait les territoires ou « *droits* » en fonction des intérêts du moment. En 1911, après l'incursion d'une canonnière allemande dans le port d'Agadir, la France accepta ainsi de donner à l'Allemagne une partie de son Congo pour avoir les mains libres au Maroc.

Pour récupérer Helgoland (*une île située dans la mer du Nord*), les Allemands renoncèrent à leurs droits sur Zanzibar, s'engagèrent en 1880 à ne pas étendre leurs territoires d'Afrique orientale au nord du Kilimandjaro et abandonnèrent l'Ouganda aux Anglais. Ceux-ci n'avaient pas hésité, en 1871, à troquer leurs possessions à Sumatra contre celles des Hollandais sur la Gold Coast : le futur Ghana. En 1899, c'est le traité relatif aux îles Samoa qui permit de fixer la frontière entre cette même Gold Coast britannique et le Togo allemand. De même, plusieurs projets d'échange de la Gambie avaient été imaginés. Pour récupérer ce territoire enclavé dans le Sénégal français. Paris avait songé successivement à proposer aux Anglais les comptoirs français de Côte d'Ivoire en 1868, du Gabon après 1870 et même, un peu plus tard, ceux des Indes.

Le *« vertige de la carte »,* le souci d'atteindre un fleuve ou une *« frontière naturelle »* ont pu justifier ces surprenants tracés frontaliers. Lors de la conclusion de l'accord anglo-allemand de juillet 1890, le successeur de Bismarck, le chancelier Caprivi, obtint que le Sud-ouest africain soit prolongé au nord-est par un curieux appendice, la *« bande »* qui porte son nom, afin que le territoire allemand puisse border sur quelques kilomètres le cours supérieur du Zambèze.

Le Soudan anglo-égyptien, dont le caractère artificiel s'était largement vérifié dès les lendemains de l'indépendance obtenue en 1956, fut créé parce que Lord Cromer estimait que *« le contrôle des eaux du Nil, de ses sources à l'embouchure est la condition essentielle de l'existence de l'Egypte ».*

En fait, c'est le souci d'avoir un accès à la mer qui guida les traceurs de frontières de l'époque. Il fut donc décidé d'assurer un débouché à l'Etat indépendant du Congo, au risque d'isoler l'enclave portugaise de Cabinda sur la rive droite du fleuve. Retenue pour séparer deux territoires, cette ligne de partage des eaux ne permit guère d'établir dans les immenses étendues africaines, une limite précise. Elle valut en tout cas à Léopold II de récupérer, presque par hasard, les richesses minières du Katanga, une région ajoutée aux territoires initialement délimités par Stanley pour compenser l'octroi au Congo français de l'eldorado supposé du Kouilou-Niari.

Le roi des Belges aurait *« bien eu du mal à se contenter de ces régions apparemment déshéritées, dessinées arbitrairement sur la carte à la limite du bassin du Congo et du Zambèze...... ».* Les frontières *« naturelles »* se révélèrent peu satisfaisantes au Roi. Car, le Congo inférieur séparait des territoires occupés par des populations identiques. Les montagnes, les forêts, les marrais, qui devaient normalement constituer des limites idéales, s'avéraient être souvent le refuge de toutes les dissidences à l'instar du Tibesti tchadien. C'est donc au-delà du fleuve que la puissance coloniale choisit de fixer les frontières de sa domination.

b) De vastes espaces artificiellement rassemblés, réunissant des populations souvent diverses

Dans les régions supposées désertiques, une ligne droite tracée sur la carte correspondant à un méridien ou à un parallèle précis suffisait à séparer deux territoires. En fait, le souci impératif des colons était d'assurer la jonction entre différentes régions déjà sous leur contrôle, aboutissant par conséquent à la création de vastes espaces artificiellement rassemblés, réunissant des populations souvent très diverses ; ce qui est particulièrement le cas de l'Afrique Occidentale Française où la volonté de relier le Sénégal, la Guinée, la Côte d'Ivoire et plus tard le Dahomey (l'actuel Bénin) détermina le dessin des frontières.

En 1898-1900, la course au Tchad permit de réunir en un bloc géographique imposant, les territoires français d'Afrique du Nord, du Soudan et du Congo. A l'inverse, le compromis colonial franco-britannique, intervenu en 1890 laissant à la France les mains libres à Madagascar, fit la part belle aux Anglais sur le cours inférieur du Niger et sur la Bénoué, fixant à une ligne tirée de Say sur le Niger à Barroua dans la région du lac Tchad, séparant des zones contrôlées par chacun des deux pays. Les Anglais gagnèrent le riche Nigéria, qui englobe des peuples extrêmement divers et des fidèles de religions antagonistes ; alors que, selon le mot de Lord Salisbury, *« le coq gaulois gratterait de ses ergots le sable saharien ».*

Les *« traités indigènes »* conclus avec les chefs ou roitelets locaux par des explorateurs entreprenants déterminèrent parfois les limites des colonies futures. Stanley en signa plusieurs centaines dans le bassin du Congo. Peters en fit autant entre Zanzibar et la région des grands lacs et constitua ainsi les bases de la future Afrique orientale allemande. Les Anglais de la Royal Niger Company ne furent pas en reste et conclurent eux aussi de nombreux accords avec les chefs locaux jusqu'au royaume de Sokoto. La manière dont un historien du Congo belge décrit la *« signature »* de tels *« traités »* en dit long sur l'arbitraire qui a pu présider par la suite à la fixation des frontières : « *La population entière entourait le chef de la tribu. Au moment de l'apposition sur le texte de la croix consacrant le pacte, l'assemblée devenait houleuse et hilare ; considérant la chose extraordinaire en voyant le chef instrumentant la plume à la main : main qu'il fallait évidemment guider. Puis suivait le paiement, stipulé au traité, sous forme de pacotilles variées à savoir : les perles, les coquillages, les étoffes, les fusils à silex. etc.* »

Le dynamisme et l'esprit d'initiative de quelques coloniaux suffisaient souvent à garantir à la puissance qu'ils représentaient le contrôle d'immenses territoires. Il a suffi à Brazza de vingt-cinq postes, confiés chacun à des sergents « *tirailleurs sénégalais* » montant la garde auprès du drapeau tricolore, pour assurer à la France la possession du Congo, un territoire plus étendu que celui de la métropole. De la même manière, les Français exploitèrent la victoire qu'ils venaient de remporter sur Béhanzin au Dahomey pour avancer rapidement vers le nord et devancer leurs rivaux allemands du Togo sur le Niger et au Gourma. Cette avancée sera sanctionnée par le traité conclu à Paris en 1897 par les deux parties. A l'inverse, les sujets de l'empereur Guillaume II se montrèrent plus entreprenants au Cameroun. Ces derniers multiplièrent les incursions et les tournées d'exploration dans l'intérieur et gagnèrent le cours de la Bénoué, puis du Niger, ce qui leur permit, lors de la signature de la convention anglo-allemande de 1893, de pousser très loin vers l'ouest, les limites séparant leurs possessions du Nigeria britannique. Un accord comparable fut conclu la même année avec la France pour fixer les frontières du

Congo et du Cameroun ; accord qui fut remis en question à l'occasion du compromis qui, en 1911, mit un terme à la crise d'Agadir, les Français ayant accepté de remettre à leurs rivaux une part importante du Congo. Les frontières coloniales n'avaient ainsi rien de définitif ; elles étaient sujettes à des variations, à des révisions de ces concessions mutuelles. Les peuples concernés n'avaient cure de l'intérêt que portaient ces diplomates qui décidaient de leur sort, en découpant sur la carte les parts du « *gâteau africain* ».

De multiples facteurs ont ainsi déterminé la formation des cadres territoriaux de l'Afrique coloniale, mais les puissances européennes ont tout de même tenté de fixer les règles du jeu quand il est apparu, au début des années 1880, que le *« scramble of Africa »* était en marche. Ce furent les initiatives du roi des Belges, dans le bassin du Congo, qui suscitèrent les réactions des grandes puissances concernées. Sous des prétextes scientifiques et philanthropiques, Léopold II avait dépêché Stanley *« au cœur des ténèbres »,* dans ces immenses régions qu'il espérait ouvrir au commerce européen. Les Portugais réagirent en faisant valoir, avec l'appui de l'Angleterre, leurs *« droits »* sur l'embouchure du Congo que la France et l'Allemagne contestaient. C'est dans ces conditions que fut convoquée, en novembre 1884, la conférence de Berlin : *« Il s'agissait de régler les conditions les plus favorables au développement du commerce et de la civilisation dans certaines régions de l'Afrique ».*

c) Un Etat indépendant du Congo se voit reconnaître la souveraineté sur un immense territoire aux limites indéfinies.

L'acte final du 26 février 1885, qui conclut les travaux de la conférence, décida d'un code international organisant le partage du continent noir. Un Etat indépendant du Congo, présidé par Léopold II, se voyait reconnaître la souveraineté sur un immense territoire dont les limites demeuraient floues. La liberté de navigation sur le Congo et le Niger, ainsi que l'égalité commerciale dans le bassin du Congo étaient affirmées. Le Portugal, lâché par Londres, devait renoncer à ses prétentions sur l'embouchure du fleuve, alors que l'Etat indépendant se voyait reconnaître trente-cinq kilomètres de littoral qui lui assuraient son débouché sur la mer. De manière plus générale, il était admis qu'un Etat civilisé occupant un point de la côte avait droit à l'intérieur, mais qu'une « *occupation effective* », pouvant se limiter en pratique à un simple poste, s'avérait indispensable pour justifier ce droit. Enfin, une notification de prise de possession devait être transmise aux puissances signataires de l'acte de Berlin (les Etats-Unis et tous les pays européens, y compris la Turquie, à l'exception de la Suisse et des Etats balkaniques).

Chaque Etat concerné, déjà installé en Afrique, pouvait reculer les frontières de ses possessions vers l'intérieur jusqu'à ce qu'il rencontre une zone d'influence voisine ou un Etat organisé. Une négociation particulière devait alors permettre de fixer les limites des territoires concernés. Dans la plupart des cas, c'était le rapport de force du moment qui tranchait entre les concurrents. On vit ainsi, en 1885, les Anglais installer leur protectorat sur les Bechuanaland pour stopper l'extension vers l'est du Sud-ouest africain allemand créé l'année précédente. Cette extension était susceptible de permettre une liaison jugée dangereuse avec les républiques Boers du Transvaal. C'est dans des conditions analogues que les Anglais, soucieux d'établir l'axe le Caire-le Cap, ruinèrent les espoirs portugais de réunir par la vallée du Zambèze, l'Angola et le Mozambique.

Ces divers épisodes montrent bien le caractère arbitraire ou purement circonstanciel, les découpages territoriaux intervenus en Afrique lors de la formation des différents empires coloniaux. Ce sont pourtant ces frontières, nées du hasard des rapports de forces entre puissances européennes et démultipliées ensuite à l'intérieur des grands ensembles par les découpages administratifs ou militaires tout aussi arbitraires, qui ont fourni leurs cadres spatiaux aux jeunes Etats africains nés de la décolonisation. A partir d'une conception territoriale de la nation inspirée par les modèles européens et plus particulièrement par le modèle jacobin français, on réunit alors dans un même cadre politique des ethnies ou des peuples différents souvent séparés par la longue histoire de l'Afrique pré coloniale. Cette conception volontariste de lanNation, dont on a pu vérifier les limites et les contradictions dans l'Europe centrale et les Balkans dès les lendemains de la première guerre mondiale, a été ensuite transposée en Afrique, au mépris de l'histoire, avec les conséquences souvent désastreuses que connaissent aujourd'hui ces nations.

B- LA POLITIQUE FRANÇAISE EN AFRIQUE SUBSAHARIENNE

a) Les indépendances africaines

Les conditions de leurs obtentions et leurs conséquences

Le point de départ de l'évolution politique de l'Afrique française a été la liberté syndicale, instaurée en août 1945 par une ordonnance du général de Gaulle et le décret d'application de Pleven. Cette liberté syndicale a donc permis, à travers les écoles des cadres des syndicats apparentés, l'émergence d'une élite qui, en fonction de ses affinités politiques, s'est vue taxée de marxiste ou de communiste. Dès l'arrivée au pouvoir de Charles de Gaulle en 1958, celui-ci franchit une étape par rapport à la loi-cadre en décidant que la présidence du gouvernement des territoires serait assurée non plus par le gouverneur, mais par un élu. Autrement dit, l'autonomie interne accède à la plénitude. En 1956, il exprimait déjà clairement, au moment de la loi-cadre, que l'évolution politique devrait aboutir à son terme à l'indépendance. Mais, de Gaulle ne pensait pas que les indépendances allaient être acquises aussi rapidement, d'autant plus que les pays africains n'y étaient pas préparés et par ailleurs, le problème algérien était sur la sellette.

L'émergence des leaders au sein du R.D.A (*Rassemblement Démocratique Africain*) allait donc provoquer plus ou moins l'évolution des mentalités dans bien des pays. En effet, tous les Etats africains ont conquis leurs indépendances contre l'assentiment de la France. Ils ont été obligés d'aller aux Nations Unies faire reconnaître ces indépendances que la France leur refusait. En réalité, aucun Etat d'Afrique noire n'a conquis son indépendance contre la France qui avait une forte emprise sur eux. C'est pourquoi très peu de coups de fusils furent tirés, sauf au

Cameroun où le mouvement indépendantiste l'U.P.C (*Union des Populations du Cameroun)* fut malheureusement décimé par l'armée coloniale, alors qu'en Guinée de Gaulle recevait une claque à la suite du vote qu'il organisa en vue du référendum relatif à la création de la coopération franco-africaine. Cette coopération qu'il prétendait être une amitié réciproque mais calculée. Seule, la Guinée répondit par un non. Le non de la Guinée lui valut d'être sanctionnée par l'arrêt immédiat de toute aide financière et les conséquences qui s'en suivirent firent que le nouvel Etat se tourna vers l'Ex-URSS (Union des Républiques Socialistes Soviétiques). Les autres pays qui y étaient parvenus par la négociation obtinrent leur souveraineté nationale, c'est-à-dire le complément d'autonomie.

Les indépendances acquises en 1960 sous la houlette de l'ancienne puissance colonisatrice, en l'occurrence la France, donnèrent naissance à deux zones régionales comprenant : les Etats de l'Afrique Occidentale Française (AOF) et ceux de l'Afrique Equatoriale Française (AEF). Les nouveaux chefs d'Etats, installés avec l'onction de la France, allaient se consolider au pouvoir par les assassinats ciblés des leaders indépendantistes qui n'avaient pas péri dans le maquis ; alors que d'autres, pour sauver leur peau, se rallièrent au nouvel homme fort du pays.

On peut par conséquent comprendre, à partir de ce bref rappel historique, pourquoi la majorité des Etats africains n'ont pu connaître une évolution sociale et politique digne de ce nom. La majorité des leaders mis en place n'étaient pas compétents à proprement parler, n'avaient pas de projet politique et n'étaient pas sociaux pour leurs jeunes nations. Certains dirigeants ont été mis au pouvoir sans savoir quoi en faire et comment faire ; ils n'avaient pas d'autres choix que de se référer à leur ancien maître. Ce dernier n'était pas sans ignorer que la majorité de ces Etats n'avaient pas atteint la maturité politique pour prendre en main le destin de leurs pays respectifs. La France se trouvait donc de nouveau appelée à aider ces pays tant bien que mal, avec l'appui de multiples accords de coopération conclus avec ces nations nouvellement indépendantes.

Il a donc fallu que la France forme à la hâte des cadres, ingénieurs et techniciens, dont les compétences étaient parfois douteuses, pour remplacer les colons. Tout nous laisse penser que c'est probablement l'une des raisons pour lesquelles le développement de l'Afrique a été et reste un échec, suite à l'installation de ces leaders à la solde des puissances colonisatrices, de surcroît sans projet et sans esprit nationaliste comme dans les pays d'Asie, d'Europe, voire d'Amérique…etc.

On voit aujourd'hui les résultats catastrophiques de cette coopération réciproque, mais calculée et transformée en un pitoyable marché de dupe.

L'effondrement de l'Ex-URSS (Union des Républiques Socialistes et Soviétiques) a sonné le glas de cette coopération, tour à tour triste et heureuse, calme et tumultueuse, dont la France regrettera un jour de n'avoir pu permettre, voire faciliter le développement et le dynamisme. Les nouvelles données économiques, sociales et géopolitiques de nos jours marquent désormais la fin d'une époque avec ses vicissitudes, ses déceptions et surtout la perpétuité des réseaux français qui continuent le pillage de l'Afrique.

b) Les années Mitterrand ou celles de la grande désillusion africaine

Il ne serait pas surprenant, pour tout observateur averti, de considérer que pour l'Afrique subsaharienne, les années Mitterrand auront été celles des grandes désillusions. Marquées à la fois par des joies intenses, des grandes espérances et autant de déceptions, François Mitterrand aura tenu, pendant ses quatorze années de pouvoir, l'Afrique en haleine. Adulé par les uns et haï par les autres, il l'a fait surtout rêver et puis ramenée à la réalité.

Il l'a nourrie de vils espoirs à travers ses discours, avant de l'abandonner à son triste sort. Il a, par ses prises de positions, conforté et encouragé les peuples en lutte pour plus de liberté, puis les a abandonnés à eux-mêmes. Il a inquiété ceux qui étaient au pouvoir, puis les a réhabilités. Les années Mitterrand ont laissé un goût amer à bon nombre d'Africains.

Il aura donc plu et déplu aux populations et aux dirigeants, contenté les uns et attristé les autres. L'enthousiasme à son arrivée au pouvoir aura été du côté des populations qui « *voulaient vivre libres* ». Les convictions affichées du nouveau locataire de l'Elysée et ses discours antérieurs ne sont pas trop rassurants pour les régimes autoritaires qui sévissent partout en Afrique. Les dirigeants du continent qui se sentent visés font grise mine.

Le discours tout à fait nouveau est agressif, met en avant les droits de l'homme, conforte certains dans leurs appréhensions et fait naître l'espoir de futurs changements. Années d'espoir sans doute pensent les opprimés, mais années d'inquiétudes dans les palais présidentiels pour les régimes en place. En octobre 1981 à Mexico, lors du discours de Cancun, Mitterrand lance son *« message d'espoir* à *tous les combattants de la liberté ».*

Il parle alors de ce délit de non-assistance à des personnes en danger, contenu dans le code pénal français et qui devrait avoir un équivalent en droit international. Malheureusement, ce délit de non-assistance aux peuples en danger n'existait pas et il le regretta car : *« C'est une faute morale et politique qui a déjà coûté trop de morts et de douleurs à trop de peuples abandonnés, où qu'ils se trouvent sur la planète ».* C'est alors qu'il adressa son salut à ceux qui veulent *« vivre et vivre libre », « Femmes, Hommes, Enfants, héros qui tombent de par le monde, humiliés, émigrés, exilés sur leur propre terre ; celles et ceux qu'on bâillonne, qu'on persécute ou qu'on torture ; séquestrés, disparus et assassinés qui voulaient seulement vivre et vivre libres ; prêtres brutalisés, syndicalistes emprisonnés, chômeurs qui vendent leur sang pour survivre, Indiens pourchassés dans leur forêt, travailleurs sans droits, paysans sans terre, résistants sans armes.. »* À qui la France dit : *« Courage, la liberté vaincra ! »*

Bref, tout était dit ; il ne restait plus que les actes. Hélas, longue et décevante sera l'attente. Vint alors le temps du réalisme. Bientôt, « *sa* » politique africaine rappelle celle de la droite dont il dénonçait naguère les excès et les maladresses. Le Parti socialiste au pouvoir s'empêtre dans les affaires qui mettent à mal la crédibilité de la gauche française, en reléguant pour la circonstance, les discours d'espoir et de liberté aux oubliettes. Les régimes en place en Afrique jubilent, pendant que les relations franco-africaines reprennent leur routine. Quelques années plus tard, au sommet franco-africain de la Baule en juin 1990, il parle de démocratie et séduit les populations avides de liberté. Il assortit, par la même circonstance, que l'aide de la France sera désormais subordonnée à la démocratie.

Pendant que renaît cette lueur d'espoir, en Afrique du sud on assiste à la libération triomphale, suite à la ténacité de la lutte contre l'apartheid, de l'un des plus vieux prisonniers du monde : *Nelson Mandela.*

Une fois de plus, les espoirs des populations de l'Afrique subsaharienne s'estomperont. La démocratie, décrétée au sommet de la Baule, n'a pas porté ses effets : les dictatures n'ont pas été renversées et, pire encore, elles ont remporté les élections dites libres et démocratiques en laminant d'une manière plus ou moins régulière, les velléités des candidats des partis d'opposition récemment créés. La France de Mitterrand a une fois de plus laissé les populations africaines meurtries, tout en estimant sans doute que les intérêts seraient mieux sauvegardés par les hommes en place. Le discours de la Baule ne restera pas longtemps dans les mémoires. Il aura néanmoins donné naissance à des pseudo-démocraties hélas balbutiantes, menées par des hommes plus ou moins nouveaux. Une chose est certaine : « *la démocratie ne se décrète pas, elle s'acquiert par suite d'un combat idéologique qui naît de la conscience collective d'un peuple* ».

Les données actuelles des situations économiques de la plupart des Etats africains ne laissent présager aucune amélioration à moyen terme, d'autant plus que les stratégies politiques et économiques de la France vis-à-vis de ces pays n'ont pas changées.

La fin de la présidence Mitterrand peut être considérée comme un échec. La déclaration de la Baule a conduit à des hésitations douloureuses (le cas du Rwanda, ainsi que l'appui ininterrompu à Mobutu), pour finalement s'écarter assez peu d'une vision traditionnelle. La doctrine officielle de la France, au final, semble avoir privilégié la stabilité contre l'instabilité politique « *source de terrorisme et porteuse d'émigration* ».

1) La fin des complaisances[16]

Le congrès franco-africain de Biarritz (1994) avait sonné le glas de l'ère Mitterrand, qui s'est achevée par une grande désillusion pour les peuples africains ; d'autant plus que ces derniers avaient cru au renouveau politique annoncé au congrès de la Baule. Force est de constater que celui-ci n'a servi qu'à asseoir, par la bénédiction du Président français, les dictatures en place au mépris de la sanction des urnes. Alors que la plupart des partis d'opposition au régime étaient plus ou moins muselés et ne disposaient que de très peu de temps d'antenne, contrairement au parti du chef d'Etat qui en abusait.

Il est à constater que bon nombre de ces dirigeants ont été à un certain moment les parias de la France et de certaines autres puissances occidentales. Mais, au nom des intérêts de la France et autres puissances qu'ils ont toujours défendues, la majorité a pu obtenir la grâce de son « *dieu* » François Mitterrand et a ainsi pu garder le pouvoir qui lui échappait insidieusement.

Pendant que les dirigeants africains vivent dans l'opulence, les nations africaines ne peuvent plus assurer le bien-être minimal de leur population, à savoir leurs besoins primaires. Le peuple, impuissant, assiste à son immolation. Abandonné à lui-même puisque victime des siens, sans doute avec l'accord de ses anciens maîtres qui, contre vents et marées, soutiennent impunément leurs exactions et sont le plus souvent la risée de ces mêmes dirigeants qui les soutiennent.

La fin du XXème siècle marque aussi désormais la fin des complaisances car, la France ne dispose plus désormais des moyens nécessaires pour soutenir à bout de bras ces régimes fantoches. Nous entrons dans une ère nouvelle, résolument tournée vers une guerre économique totale. Toutes les nations ambitieuses, grandes ou petites, doivent s'y préparer. L'Afrique, empêtrée dans

---

[16] Cf. Gustave René Biem, « *La fin des complaisances* » Nouvel Afrique - Asie, n° 64, Janvier 1995.

les convulsions, semble marquer le pas, alors que les pays de l'Asie du Sud-est et ceux de l'Amérique latine ont pris le train en marche. Une chose est certaine, ce ne sont ni les promesses de la France, ni le népotisme et la corruption des dirigeants de ces pays qui feront sortir l'Afrique de cette « *hécatombe* ».

2) La Coopération

La coopération relève dans un premier temps du domaine réservé au président de la république. Son conseiller spécial, le controversé Jacques Foccart, en a été le responsable direct sous l'ère de Gaulle. C'est une politique de réseaux (dont le réseau franc-maçon) et de clientèles, à la discrétion du président. On l'a souvent comparé à une forme de néo-colonialisme. Elle est normalisée et rattachée au ministère des Affaires étrangères.

Aujourd'hui encore, la politique de réseaux demeure le socle de la coopération et se maintient toujours. Dans un ouvrage polémique publié en 1998, *la Françafrique,* François-Xavier Verschave définit le concept de « *Françafrique* » pour décrire cette politique fondée sur la corruption et les détournements de fonds. Ces réseaux existent encore et sont toujours utilisés discrètement comme relais avec les chefs d'Etat africains. Deux grands animateurs sont connus : Charles Pasqua, qui s'appuie sur les anciens réseaux gaullistes et Jean-Christophe Mitterrand, sur ceux socialistes, lui-même anciennement en charge à l'Elysée des relations avec les pays africains.

3) Les réseaux français qui pillent l'Afrique[17].

Ils ont été nombreux, même si leurs objectifs ne différaient guère. Influencer les régimes au pouvoir et même leurs adversaires potentiels, préserver les intérêts stratégiques *(politiques, militaires et économiques)* de la France, telle était et demeurera la pierre angulaire de leurs activités. Tous avaient recours au même système, c'est à dire à la protection des régimes en place par tous les moyens possibles *(police, renseignement, neutralisation des éventuels opposants)* et grâce à la corruption de l'ensemble des

---

[17] Enquête Corruption : « *Les réseaux français qui pillent l'Afrique* », Nouvel Afrique Asie, n°66 - Mars 1995.

élites dirigeantes en les rendant prisonnières des conseils *(ou diktats)* de la métropole. Depuis l'arrivée en 1958 au pouvoir du général de Gaulle jusqu'aujourd'hui, trois réseaux influents s'étaient plus particulièrement distingués.

3.1. Le réseau Foccart [18]

On ne peut oublier le rôle joué par ce dernier, sous de Gaulle et Pompidou, dans l'isolation du régime de Sékou Touré, lors du blocus contre lui et du développement des hostilités à son égard par Houphouët-Boigny, Léopold Senghor et plusieurs autres dirigeants africains. Rares aussi sont ceux qui ne peuvent oublier comment il a dirigé le combat contre l'UPC[19] et ses cadres au Cameroun et comment il a travaillé à la destruction de l'unité Sénégal-Mali, suivie du coup d'état contre Modibo Keita par une junte militaire ; exemple qui fut suivi par d'autres pays suspectés de dérives anti-françaises à savoir le Gabon, le Togo, le Zaïre, le Congo et d'autres. Le réseau Foccart, forteresse qui s'étendait à travers la zone de coopération franco africaine, comprenait des hommes d'état, des hauts fonctionnaires, des diplomates, des hommes d'affaires, des écrivains, des journalistes.

La stratégie, fondée sur la présence et l'influence françaises en Afrique à partir d'un système clientéliste et patrimonialiste, instaurait une confusion des intérêts publics et privés. Il était jugé naturel que la double rente des matières premières et de l'aide publique au développement *(APD)* construisent là-bas des fortunes inouïes *(Houphouët-Boigny, Moussa Traoré, Mobutu...etc.)*, puisque le taux de retour en France était lui aussi faramineux. Mais l'on aurait pu prévoir qu'un tel processus était tout sauf durable car, il stérilisait la production intérieure, légitimait la corruption, lançait la course à l'endettement sans guère de contrepartie autre que les investissements de prestige des *« éléphants blancs »* et des comptes en Suisse aiguisant enfin le clanisme. Avec la chute des matières premières et l'ajustement structurel, la rente s'est faite plus rare, donc plus violemment contestée. Lorsque sont confondus

---

[18] J. Foccart, responsable de la cellule africaine de l'Elysée sous C. de Gaulle, G. Pompidou et J. Chirac décédé le 19 mars 1997.
[19] UPC, *Union des Populations du Cameroun.*

le politique et l'économique, les intérêts publics et privés, *« la lutte pour le pouvoir : c'est la lutte pour la richesse ».* En période d'abondance, les retombées, même les miettes du gâteau suffisaient à contenter le monde, mais une fois la crise arrivée, les luttes politiques se sont transformées en batailles au couteau pour l'accès à la rente.

Quand les recettes des exportations agricoles, minières et pétrolières, plus les commissions sur l'*A.P.D*[20], alimentaient directement des comptes à l'étranger *(comme en Côte d'Ivoire, au Mali, au Gabon, au Congo ou au Cameroun),* on en était déjà au stade de l'illégalité systématique. Une récente note d'experts du ministère de la Coopération et de la Caisse française de développement, travaillant avec des consultants indépendants, a examiné l'aide française à six pays d'Afrique et de l'océan indien entre 1980 et 1990 et dressé la liste des caractéristiques de ce modèle *: « la corruption, les transferts de fonds à l'extérieur, l'absence d'industrialisation, des dépenses non productives, une classe de prédateurs dans l'administra-tion, le commerce d'import-export et un environnement hostile aux industries privées.. ».* Cette inégalité s'apparentait même à un crime contre l'humanité (selon l'expression utilisée par les ONG[21] suisses, signataires de la déclaration de Berne) lorsque, comme au Zaïre, elle menait à la ruine du système de santé publique et vouait à l'extrême misère des dizaines de millions de personnes.

Mais, quand la poussée démographique, les mutations sociales dues à l'urbanisation et la raréfaction des ressources ont ébranlé les systèmes de redistribution déjà très inégalitaires, la seule issue pour le pouvoir en place a généralement été un repli clanique de type mafieux, s'appuyant sur des gardes présidentielles et des milices, populaires ou clandestines, autrement appelées *« escadrons de la mort »,* à caractère ethnique.

Le facteur ethnique est un levier tenant parce que puissant ; mais il peut être aussi explosif, comme on l'a vu malheureusement dans l'évolution du Rwanda. Cependant, on peut aussi bien le

---

[20] APD, *Aide publique au développement.*

[21] ONG, *Organisation non gouvernementale.*

retrouver dans la situation zaïroise, togolaise, soudanaise, camerounaise, gabonaise, congolaise, équato-guinéenne...., tous les pays avec lesquels la France où les réseaux de la « *Françafrique* » continuent d'entretenir des liens personnels inextricables. Et l'on peut constater que cette Françafrique, non seulement elle n'a rien fait pour empêcher une telle dérive criminalisante et mafieuse *(alors qu'elle dispose dans plusieurs de ces pays de leviers d'intervention considérables),* mais qu'elle l'a plutôt accompagnée, voire encouragée et qu'elle s'y est souvent complètement compromise.

Le financement massif des partis politiques, l'entretien des réseaux politico affairistes et des services secrets, le maintien de quelques monopoles très bénéfiques *(Elf, Bouygues, Bolloré, Castel...)* ont cultivé de détestables habitudes chez toute une génération de décideurs, qui a su malheureusement se trouver des héritiers plus gourmands et plus pressés. Le clientélisme gaulliste procédait d'une stratégie politique, certes contestable, mais qui n'excluait pas en principe le sens de l'Etat : *« Sous de Gaule, les fils remontaient tous l'Elysée (...). Dans les années soixante-dix, le maillage s'est peu à peu desserré et les réseaux d'Etat ont laissé quelques nœuds privés secondaires prendre leur autonomie. Ces réseaux privés sont devenus dominants et l'état n'a plus servi que de couverture. (...) Le réseau était devenu des réseaux et, en se privatisant, des lobbies. » Ces lobbies,* dans le contexte des *« batailles au couteau pour l'accès à la rente »*, ont frayé avec la criminalisation du politique en créant des liaisons qu'il faut bien qualifier de mafieuses, avec des trafiquants d'or et de pierres précieuses, d'armes et de drogues, des instructeurs de milices et des faux-monnayeurs… etc.

3.2. Le réseau Mitterrand (Jean-Christophe)

Il a été mis en selle par le chef de l'Etat de l'époque : François Mitterrand. Surnommé par les Africains *« Papamadit »,* il est entré à la cellule franco-africaine de l'Elysée le 3 juillet 1982 et en est progressivement devenu le personnage central. Il a été écarté de l'Elysée en 1992, en raison d'une accumulation d'affaires, dont les

195 millions de FF évaporés à Jersey lors de la garantie française au stockage du cacao ivoirien par le négociant Sucden.

Les principaux membres de ce réseau sont :

- Jeanny Lorgeoux, maire de Romorantin, député PS (1988-1993) et porte-parole de son groupe parlementaire lors de la discussion du budget de la coopération.

- Jean-Pierre Fleury, dont le holding Sagai contrôle l'agence de communication Adefi-International et qui rend des services d'information de tous genres, de la publicité institutionnelle à l'enregistrement des manifestations d'opposants africains en France. Adefi a passé des contrats avec le Cameroun, le Togo, le Congo (à l'époque de Sassou Nguesso, de nouveau au pouvoir depuis septembre 1997 et réélu en mars 2002).

- Georges Kentzler, ancien président du patronat togolais, parent éloigné du défunt Houphouët, associé de Jean-Pierre Fleury, actionnaire d'Adefi.

- Jean-Noël Tassez, devenu P.D.G[22] de Radio Monte-Carlo et nommé, sous la cohabitation, P.D.G de la Soiffard, holding audiovisuel dont les ondes arrosent entre autres l'Afrique et le Proche-Orient.

- Paul Dijoud, qui a dirigé le département Afrique du Quai d'Orsay avant les législatives de 1993.

3.3. Le réseau Pasqua

L'ancien ministre de l'Intérieur sous la cohabitation, qui avait proclamé son soutien à la candidature d'Edouard Balladur, aurait dû mettre son réseau à son service s'il avait été élu à la magistrature suprême. Ce réseau a connu une forte montée en puissance depuis 1986 et son fils Pierre y est de plus en plus actif. Pierre Pasqua a fait ses armes comme conseiller du groupe Mimran, la plus grande entreprise agro-industrielle du Sénégal. Il a fourni à Charles Pasqua les locaux de son *« cabinet noir »* à Paris, où se traitent encore entre autres les affaires africaines du réseau.

[22] P.D.G (Président directeur général)

Les principaux points d'appui de ce réseau sont :

- Daniel Léandri, homme de confiance de Charles Pasqua, ancien conseillé d'Elf international.

- Jean-Charles Marchiani, nommé préfet en août 1993 et relevé de ses fonctions en 1997. C'est l'homme des missions délicates au Proche-Orient, au Maghreb et auprès de la très influente communauté libanaise d'Afrique.

- André Tarallo, *« Monsieur Afrique »* d'Elf International, conseiller en gestion politique et financière des *« présidents pétroliers »*.

- Robert et André Felicciagi, corses du Congo. Ils ont fait fortune dans la pêche, l'hôtellerie et ont monté les activités les plus lucratives de la zone franc : loterie nationale, PMU [23] et casinos.

- Le colonel Jean-Claude Mantion, « *gouverneur militaire* » de fait jusqu'en 1993 de la République Centrafricaine, plaque tournante des évolutions de l'armée française sur le continent. Il a été éloigné à la suite d'un conflit avec l'ambassadeur de France et embauché par Marchiani. L'influence de ce militaro africaniste rayonne dans toute la corne de l'Afrique.

Qu'ils soient de gauche ou de droite, la collusion est à peine déguisée entre réseaux car, tous œuvrent plus ou moins de concert pour asseoir la domination française en Afrique, tout en préservant leurs intérêts. En réalité, les pays d'Afrique noire souffrent de la forte emprise de ces réseaux sur les divers régimes en place. Ils en sont hélas devenus les otages et leur survie en dépend.

4) La stratégie française en question

Certes, des liens privilégiés ont depuis près de cinq décennies permis de conserver leur tradition militaire, politique et économique. Ainsi, sur la vingtaine de pays qui composent le « *pré carré* » français en Afrique (les anciennes colonies d'Afrique Occidentale et d'Afrique Equatoriale Françaises), huit ont signé des accords de défense ou de coopération militaire avec la France.

---

[23] PMU : Paris mutuels urbains

Huit mille soldats français stationnent de Dakar à Djibouti, en passant par N'djamena, Bangui, Abidjan et Libreville. Dans les grandes négociations internationales, chacune de ces capitales assure à la France une clientèle et des voix qui contribuent à maintenir son statut précaire de puissance moyenne et de membre permanent du Conseil de Sécurité des Nations Unies.

En contrepartie, Paris veille, depuis cinquante ans, à l'intangibilité, à la stabilité de ses « *pays frères* » et à la sécurité de ses ressortissants. La communauté française en Afrique compte près de soixante mille personnes. Les intérêts économiques comptent également pour beaucoup dans l'étroitesse des relations avec le continent noir. Près de cent vingt sociétés industrielles et soixante-dix banques ou compagnies d'assurances françaises travaillent dans la région. Leurs engagements sont estimés à près de 60 milliards de francs et, ces montants ne prennent-ils pas en compte un ensemble d'activités et d'échanges « *informels* » car, si on considère parfois l'Afrique comme un « *malade* », elle a été aussi pour certain un eldorado. Sur ces terres d'aventure et souvent de non-droit, prospèrent de belles affaires, mais aussi des trafics en tous genres. Au cœur de cette « *Françafrique* », la politique se confond parfois avec l'affairisme le plus dévoyé, comme l'ont prouvé certaines affaires récentes de corruption ou de financements occultes des partis politiques. Enfin, l'aide au développement qui paraît souvent s'évaporer dans la forêt n'est pas toujours perdue pour tout le monde...

Mais désormais, le sol, les habitudes et les idées reçues ne sont plus aussi fermes. Un grand basculement s'est amorcé dans les équilibres stratégiques africains, auquel la crise du Kivu a servi de révélateur. La confusion onusienne, puis la dérobade internationale qui a suivie, ont constitué une nouvelle preuve de l'activisme américain en Afrique, au moment où le climat des relations franco-américaines était passablement alourdi à cause de la réforme de l'OTAN, de l'avenir en Bosnie, de la succession de Boutros-Ghali au secrétariat général des Nations Unies et dans les grandes négociations internationales sur le commerce et l'industrie.

La chute inattendue de Mobutu en faveur du nationaliste Laurent Désiré Kabila en juin 1997 renvoie surtout au lamentable échec de la politique africaine de la France depuis les indépendances des années soixante. L'ère gaullienne fut finalement prolongée par l'ère mitterrandienne, dont les recommandations tenaient simplement au traditionnel soutien aux dictateurs. Après Mitterrand, cette même politique est poursuivie par Jacques Chirac qui avait choisi hélas de s'en remettre aux avis et stratégies de l'éminence grise du général de Gaulle, le nommé Jacques Foccart. Aujourd'hui, le vieux conseiller aux affaires africaines ne pourrait ni voir, ni entendre, encore moins admettre que l'Afrique de la décennie quatre-vingt-dix, pourtant tellement éloignée de celle des années soixante, n'est plus la même. C'étaient les années où Foccart, au travers des intrigues et manœuvres, décidait de ceux qui allaient au nom des intérêts néocoloniaux français, présider aux destinées de l'Afrique francophone. Les années soixante et soixante-dix sont celles où la France s'est crue tout permis en Afrique, à travers les coups d'Etat, de préférence militaires, des éliminations de tous ceux qui étaient suspectés d'être réfractaires aux intérêts de la France. Cinquante ans plus tard, c'est le même postulat qui dicte les décisions de la cellule africaine de l'Elysée.

La question est de savoir : *quand la France va-t-elle mettre un terme à cette politique prônée depuis cinquante ans par Jacques Foccart, une politique pour laquelle les seuls privilèges reviennent aux hommes d'affaires et aux sociétés françaises installées en Afrique subsaharienne que dirigent les hommes choisis par Paris ?*

Alors que les vrais problèmes sont occultés, à savoir les droits de l'homme, la justice sociale, la lutte contre la corruption et la distribution plus équitable des ressources nationales, *les interventions militaires et les ingérences politico-économiques sont-elles les seules solutions aux crises africaines ?*

Les Africains savent désormais que ces gesticulations et soi-disant bonnes intentions françaises ne servent qu'à protéger son pré carré. C'est le cas de la Côte d'Ivoire, de la région des Grands Lacs, du Rwanda, de l'Ouganda et de la République Centrafricaine.

L'Afrique n'est plus celle dont rêvaient les nostalgiques de l'ère de Gaulle. Le moment n'est-il pas venu de revoir l'ensemble de la politique suivie depuis des décennies et fondée sur la reconnaissance sans nuance des régimes imposés par les scrutins manipulés et truqués ?

Le manque de soutien à ces régimes implique à terme la perte de toute influence politique et économique de la France.

Aujourd'hui, il n'appartient plus à un pays étranger, quel qu'il soit, de faire de l'ingérence en Afrique. Une chose nous semble certaine : on est en train de passer d'une époque de néocolonialisme à celle du partenariat, en raison de l'évolution des choses et des nouvelles données géopolitiques.

5) Les échecs français en Afrique

La dévaluation du franc CFA en 1994 (interprétée comme un lâchage politique en Afrique), le choc de la tragédie rwandaise (soutien de la France au président FPR du Rwanda, impliqué dans le génocide qui commence en 1994), la politique zaïroise, le processus de démocratisation effectivement entamé dans de nombreux pays ont entraîné la réduction de l'engagement français dans ces zones (le Zaïre en 1991, le Togo en 1992, le Niger à partir de 1996, le Burundi, le Congo Brazzaville, les Comores, la Guinée-Bissau et jusqu'à la Côte d'Ivoire) ; les déceptions suscitées par le raidissement de la politique d'immigration française, le culte du statuquo politique qui maintient les dictatures. Enfin, nous constatons que le discours de la Baule n'a pas fondamentalement modifié la stratégie politique française en Afrique.

La diminution importante du budget depuis plus de dix ans, ainsi que celle importante du nombre de coopérants et d'experts (diminution de l'assistance qui est passée de 923 à 714 assistants) a affaibli la légitimité française auprès des Africains.

- L'intervention en République Démocratique du Congo (Congo-Kinshasa)

Accolé à l'Ouganda et au Rwanda, le district de l'Ituri a été le théâtre d'atroces massacres ces quinze dernières années. Les combats qui opposaient près d'une dizaine d'ethnies ont fait près de cinquante mille victimes.

L'augmentation des violences a poussé l'ONU à la création de la force multinationale d'urgence : Artémis. Cette force avait été mandatée et déployée par l'ONU au début du mois de juin 1994 avec la France comme « *nation cadre* ». Composée de 1850 hommes, cette même force a passé le relais à une nouvelle mission des Nations-Unies pour le Congo (MONUC) le 1er septembre 1994.

- *L'intervention en Côte d'Ivoire*

Dans la nuit du 18 au 19 septembre 2002, Abidjan est assaillie par des rebelles, anciens sous-officiers. Les forces loyales au président Laurent Gbagbo parviennent à contenir les assaillants, mais ceux-ci s'emparent dans les jours suivants de la moitié nord du pays, établissant leur quartier général à Bouaké. Depuis des années, nul ne sait encore avec certitude qui a financé et commandité la rébellion, même si les noms de Blaise Compaoré, le président burkinabé et celui du Libyen Kadhafi ont circulé avec insistance.

La Côte d'Ivoire a échappé de justesse au bain de sang grâce à l'intervention des troupes françaises. Refusant de prendre parti à la grande fureur du président Gbagbo, qui espérait faire jouer les accords de défense liant les deux pays, la France s'est interposée entre les belligérants, figeant les positions. Au total, plus de 5000 hommes séparaient les rebelles au Nord et les forces gouvernementales. Entre ces ennemis, il y avait une bande de territoire large de 60 km et longue de 700 km sur laquelle ni rebelles ni forces gouvernementales n'avaient le droit de pénétrer, en vertu des accords de Marcoussis, signés en janvier 2003. Ces accords prévoyaient également des élections présidentielles pour 2005, mais celles-ci n'ont pas eu lieu.

En mai 2003, la France avait obtenu l'aval de l'ONU. Le conseil de sécurité a décidé la création de la Minuci (Mission des Nations Unies en Côte d'Ivoire), chargée d'aider à l'application de l'accord de Marcoussis.

En dépit de ces initiatives, la France s'est toujours défendue d'être le nouveau gendarme de l'Afrique et Paris a insisté sur le caractère multilatéral de ces interventions.

6) Quels choix politiques pour les Africains ?

Quelques années après leur indépendance, ces jeunes nations, pour s'affirmer au niveau international, ont adhéré en masse au mouvement des pays non-alignés. Depuis la disparition des leaders charismatiques de ce mouvement, on se demande sur qui se sont désormais alignés les pays africains. En dépit de son idéologie noble, le mouvement des pays non-alignés n'a pu avoir une assez forte influence pour pouvoir ouvrir une troisième voie entre le capitalisme et le communisme.

Avec l'extinction du mouvement des pays non-alignés auquel ces nations avaient adhéré en masse, il a été créé, en 1963 à Addis-Abeba l'O.U.A. *(Organisation de l'unité africaine),* aujourd'hui devenue l'U.A (*Union africaine*). Après quelques années de fonctionnement, nous avons cru que cette organisation permettrait aux Etats africains de se donner une ligne politique constructive et les moyens de son application. Mais, au fil des ans, nous avons constaté que les pays africains n'avaient pas un réel projet politique, économique et social à l'instar de l'U.E (*l'Union Européenne*). Malgré leur forte adhésion au sein de l'U.A, leurs choix et orientations politiques restaient dictés par leur ancienne puissance de tutelle. Ainsi donc, au nom d'un pacte que nous ignorons, lorsque les objectifs des pays africains ont été à l'encontre des intérêts d'une puissance coloniale, les chefs d'Etats africains se sont vus rappelés à l'ordre par des différentes formes de pressions. A ce jour, les choix politiques de nos dirigeants restent flous, puisqu'ils sont plus que jamais dictés par les grandes puissances et les bailleurs de fonds.

Alors qu'aucune perspective réelle ne s'offre pas à la jeunesse africaine, en raison d'une absence de politique sociale et économique efficaces visant à trouver d'éventuelles solutions au malaise social lié au chômage qui sévit, à cause de la précarité des revenus et à la pandémie du siècle le « *VIH-SIDA* », on assiste désormais impuissant à la déchéance des structures sociales avec en prime le développement du banditisme, des assassinats de toutes sortes et des braquages.

Bref, on pourrait penser qu'en Afrique subsaharienne, tous les rêves de la jeunesse ont disparu, avec la crise née des plans d'ajustements structurels et de leurs conséquences. Désormais, les populations africaines, en dépit de leurs efforts, ne savent plus à quel saint se vouer : l'école n'offre plus de vraies perspectives, en raison du manque d'enseignants motivés ainsi que les attentes liées au niveau d'instruction reçu. Le travail est devenu incertain, suite à la diminution drastique du nombre des fonctionnaires ; les entreprises para administratives qui tiennent encore le coup de la crise embauchent très peu sinon pas du tout et qui plus est, l'initiative privée est réduite à néant. Découragés par le manque de moyens et les difficultés quotidiennes, pour bon nombre d'Africains, le monde s'effondre.

A ce tableau peu réjouissant, s'ajoute une justice sociale à double vitesse où les pauvres paient pour les riches, en l'occurrence, la caste des inamovibles de hauts dignitaires de l'Etat qui cumulent les fonctions et ne sont jamais inquiétés, en dépit de multiples détournements de fonds publics dont ils font l'objet. Le plus ridicule est qu'ils sont le plus souvent reconduits à leurs postes, voire élevés à des fonctions plus prestigieuses. Pour renchérir avec les malheurs de cette Afrique à la dérive, on note l'absence, voire l'inexistence d'une vraie politique médicale mise en place pour éradiquer les maladies endémiques qui sévissent dans le continent.

C'est aussi au cours des années 90, que les pays d'Afrique noire sont devenus le dépotoir de toutes sortes de médicaments vendus au nez et à la barbe des autorités locales, en raison d'énormes intérêts financiers qui en découlent.

En effet, nous pouvons dire qu'une véritable gangrène s'abat depuis ces années sur l'Afrique noire et les pays pauvres. Des faux médicaments, des médicaments périmés, dénaturés, volés, trafiqués, surdosés ou sous dosés, qu'on retrouve sur tous les marchés vendus sous une médication incertaine permettent aux charlatans de tout acabit de faire fortune. A la base, une réalité simple : les médicaments occidentaux sont vendus au même prix qu'en France, alors que les niveaux de vie sont dix fois plus faibles. En conséquence, les dispensaires officiels, lorsqu'ils existent encore, sont très peu fréquentés et non achalandés en médicaments. La population désemparée et très mal informée sur la qualité de ces médicaments ne s'y présente qu'en dernière instance ; lorsque les médicaments vendus dans la rue ont fait la preuve de leur inefficacité ou de leur danger. Certes, enquêter sur ces réseaux n'est pas simple, d'autant plus qu'on se heurte au refus catégorique des vendeurs de donner des informations. Dans certains pays, ces derniers ne se cachent plus. On assiste, compte tenu de la conjoncture, à la multiplication de ces petits colporteurs qui sillonnent la ville en vendant les médicaments en plein soleil. Ils sont généralement jeunes, n'ayant fait aucune étude relative à la médecine et pourtant ce sont eux qui vont donner la posologie aux clients.

La question que nous pouvons nous poser est de savoir d'où viennent ces médicaments.

Ils proviennent de la Guinée, du Ghana et du Nigeria où ce commerce illicite est formellement interdit. Il arrive de temps en temps que les autorités, par le biais de la police, fassent des incursions au marché local afin de s'en saisir. La conséquence directe du développement de ces marchés parallèles est la suivante : les pharmacies officielles n'ont plus de clients, les façades tombent en décrépitude et les rayons ne sont plus achalandés. Un grand danger plane désormais sur la population africaine, démunie et désorientée par la misère qui se fait sentir chaque jour ; d'autant plus qu'elle ne dispose plus de moyens pour se soigner décemment.

Il serait intéressant de savoir qui est ce qui fournit ce marché de médicaments douteux.

Le ministère français de la santé, face au problème de la maladie de la vache folle, avait demandé à ce que les extraits d'origine bovine, contenus dans certaines spécialités, soient retirés des formules. Pour des raisons très économiques, certains laboratoires, à l'instar de la société INOTECH, ont eu l'occasion, lors du rapatriement de tous les produits qui étaient en vente dans les pharmacies françaises, de pouvoir mettre sous douane tous ces produits, de les conditionner et de les expédier dans différents territoires d'Afrique noire ; alors que la directive ministérielle ne les y autorisait pas. Ces produits ainsi reconditionnés, interdits à la vente en France, se sont vus expédiés au Sénégal et au Burkina Faso. En fait, cette vente de médicaments périmés ou reconditionnés n'est pas que l'apanage de la France. Le cœur de ce trafic de médicaments qui prolifère en Afrique se situe en Belgique et dans la zone franche de Hambourg en Allemagne[24].

On en sait maintenant un peu plus sur les médicaments douteux. Il y a en Afrique, le Nigeria et le Ghana qui diffusent en contrebande des gélules incertaines. En Europe, quelques pharmaciens importent des médicaments d'Inde, du Pakistan ou ailleurs. Ils habillent ces produits d'emballages aux apparences sérieuses et les revendent aux pays du tiers-monde. Bon nombre de laboratoires profitent de la faiblesse des marchés africains pour y écouler les produits interdits chez eux. A tout ce désordre, s'ajoute la question humanitaire. Lorsqu'une crise apparaît dans le monde, les bonnes volontés envoient des quantités de médicaments. Ces envois ne sont pourtant pas nets, d'autant plus que certains commerçants véreux peuvent s'en procurer et les vendre aux pays du tiers-monde.

Quelles mesures peuvent donc prendre ces Etats aux choix politiques controversés, affaiblis par la crise économique et subissant le diktat de la Banque mondiale et du FMI, face à ces offres alléchantes, mais empoisonnées des organismes humanitaires et ONG ?

7) L'Afrique recolonisée par l'humanitaire[25] ?

La dévaluation du franc CFA, entérinée en janvier 1994 à Dakar, sous la pression conjuguée du FMI, de la Banque mondiale et du gouvernement français est venue rappeler aux derniers apôtres de l'indépendance que l'Afrique n'est toujours pas maîtresse de son destin. Il n'y a en effet que des esprits naïfs pour

---

[24] Cf. Envoyé spécial du 16 janvier 1997, France2. *Reportage.*

[25] Cf. Elias Mbengalack, *« L'Afrique recolonisée par l'humanitaire ? »* Economie et humanisme, n° 330, octobre 1994.

n'avoir pas compris que cette médiatique opération s'inscrivait dans la logique de recolonisation de l'Afrique inaugurée par l'humanitaire et à laquelle les nombreuses organisations non gouvernementales servent d'alibi. Aujourd'hui en Afrique subsaharienne, ONG semble plus que jamais signifier *« On Nous Gouverne ».* Les ONG ne seraient-elles pas devenues l'un des derniers oripeaux du pacte colonial ?

Plus de cinquante années d'indépendance n'ont pas suffi à arracher l'Afrique du spectre de l'ère coloniale. Engagée dans un processus démocratique peu familier, soumise aux thérapies de choc administrées par la Banque mondiale et le FMI, en proie à l'action des œuvres caritatives, l'Afrique conforte chaque jour son statut de continent extraverti au développement incertain. C'est parce que la recolonisation apparaît aujourd'hui, aux yeux d'un monde qui se voudrait civilisé, comme une forme honteuse d'hégémonie et d'impérialisme que l'on préfère voiler sous l'angélisme de l'humanitaire afin qu'elle s'exerce plus sournoisement.

Jadis en Afrique, la mission caritative fut longtemps le domaine exclusif des hommes en soutane, puis en blouse blanche *« French doctors »* (par exemple). De nos jours, cette mission revêt une dimension nouvelle avec le treillis des marines et les bruits de bottes des casques bleus... Il y a quelques années, c'était en Somalie, en Angola, au Soudan ou au Liberia, que les sacs de riz étaient grappés de bombes et la soupe était servie par des sergents ou des adjudants[26]. Quelques années plus tard, c'était au Rwanda, au Burundi, en République Démocratique du Congo et puis en Côte d'Ivoire.

Dès lors, on est en droit de se demander où se termine l'action humanitaire et où commence la manœuvre militaire, notamment lorsqu'on constate que les moyens consentis pour débarquer et entretenir les troupes sur le terrain sont infiniment plus importants

---

[26] « Pour la première fois en Somalie, on a tué sous la bannière de l'humanitaire, non par accident, au cours d'opérations réalisées par les armées professionnelles » Romy Brauman, président de Médecin sans frontières. *La crise humanitaire*, Arléas.

que ceux réellement mis à la disposition de l'aide proprement dite. Le but recherché n'est-il pas de rendre l'Afrique plus hospitalière à l'égard des forces armées, plutôt qu'envers les médecins et tous les acteurs réellement soucieux de son développement ?

Sous prétexte de ne pas rester insensible aux malheurs de l'homme au-delà de ses frontières, l'Occident a inventé l'humanitaire et le droit d'accès aux victimes des catastrophes naturelles ou humaines. Aujourd'hui, le devoir d'ingérence qu'il tente d'imposer comme par nécessité universelle contribue à affirmer une logique de recolonisation qui ne dit pas son nom. Et c'est parce que l'Occident préfère agir après coup plutôt que par anticipation, afin de mieux convaincre de ses élans de générosité, qu'il se plaît à entretenir des initiatives, dont l'Afrique a le triste mérite d'être le champ d'expérimentation par excellence.

Outre l'hégémonie culturelle et morale que véhicule l'action humanitaire, c'est plus particulièrement l'inaptitude des Etats africains à contrôler leurs frontières, à définir et à imposer les conditions de leur franchissement, qui consacre la perte de leur souveraineté. Alors que les frontières de l'Europe se font de plus en plus répulsives à l'égard des ressortissants des pays du Sud, il est amer de constater que les frontières africaines sont plus des passoires qu'elles ne marquent de véritables zones de souveraineté. A l'envie, elles sont impunément franchies par des hordes d'étrangers dans un bruit fracassant de bottes et de kalachnikovs. Incontestablement, il s'agit là du viol de l'un des attributs fondamentaux de l'expression de la souveraineté de tout Etat.

Les masques, sous lesquels se plaît à s'exercer l'humanitaire, prouvent que si ce concept n'avait pas existé, ses inspirateurs l'auraient inventé ou en auraient inventé un autre, pour peu qu'il perpétuât le lien historique de subordination entre le colonisateur et le colonisé, le riche et le pauvre, le grand et le petit. L'Occident, qui fonde de plus en plus son capital de paternalisme et de bonne conscience sur des missions « *salvatrices* », manifeste assurément une sympathie certaine pour les malheurs des Africains. Les dividendes de natures diverses que les puissances occidentales tirent de l'humanitaire sont telles qu'elles les contraignent à entretenir des relations de complaisance avec les dictateurs d'hier, tous les ennemis de la dignité humaine ou des apprentis démocrates.

8) Les promesses enterrées[27]

Depuis l'accession au pouvoir de Jacques Chirac en 1995, les Français, comme les Africains, sont en train de mesurer le fossé qui sépare les promesses et leur traduction dans la réalité concrète.

En juillet 1996, le nouveau président français chaussait les bottes de son modèle Charles de Gaulle. J. Chirac est allé porter la bonne nouvelle aux Africains : « *La France restera à vos côtés pour vous aider à surmonter vos difficultés économiques* ». Deux mois plus tard, le couperet tombait : rien ne bouge, on ne change rien dans le montant de l'aide, ni dans les modalités d'intervention. « *L'ami sincère de l'Afrique* » ne fera pas mieux que ses illustres prédécesseurs et peut-être moins encore que les organisations internationales tant décriées à Paris.

Lors de sa tournée africaine de 1996, Chirac avait soulevé un espoir démesuré dans les capitales visitées en remettant à l'ordre du jour une idée de Pierre Bérégovoy, Premier ministre socialiste de François Mitterrand : transformer les dettes en investissements. Une idée simple : pour X francs investis par un pays africain dans des projets sélectionnés en commun, la France annule X francs de dettes. Perdues pour perdues, ces sommes pourraient ainsi être réaffectées. Un fonds de reconversion de la dette avait été créé, qui aurait atteint quatre milliards de francs dont deux seulement ont été utilisés. C'est ce qu'on avait appelé le « *plan Brady à la Française* » (du nom du secrétaire au trésor de Georges Bush), remisé dans un premier temps sous Edouard Balladur, avant d'être décliné à toutes les étapes du premier voyage présidentiel en Afrique. Quelques semaines après, machine arrière fut faite. Paris fait savoir qu'il n'est plus question de reconversion de dettes, tout au plus consent-il à « *assouplir* » le fonctionnement du fond de conversion existant jusqu'à l'épuisement des deux milliards de

[27] Hamid Ziad, « *Chirac enterre ses promesses* », Nouvel Afrique Asie, n° 74, novembre 1995.

francs avec un répit de trois ans au minimum. Furent victimes de cette volte-face : le Congo, le Cameroun, la Côte d'Ivoire et le Gabon, quatre pays du « *pré carré* » dont la dette bilatérale vis-à-vis de la France totalisait 50 milliards de francs. La déception africaine se doublera aussi d'une certaine inquiétude. La « *banalisation* » des relations franco-africaines, l'un des chevaux de bataille du Premier ministre Alain Juppé sera de nouveau à l'ordre du jour. Le projet est destiné à coups de déclarations, à la « *rationalisation* » de l'aide, *« le guichet unique »,* etc. L'idée de la suppression pure et simple du ministère de la Coopération, avancée par celui qui devrait être le principal bénéficiaire de ses attributions actuelles, Hervé de Charrette, le ministre des Affaires étrangères de l'époque, n'a pas été démentie. Elle préfigure du reste un projet, dont la paternité est attribuée à Alain Juppé, de constituer une agence de développement sur le modèle de l'US-AID américaine, avec deux préoccupations : transparence de l'aide et cohérence des interventions relevant d'une *« main unique »,* laissant peu de manœuvres aux *« experts en coulisses ».* L'autre axe de cette *« banalisation »* serait une meilleure prise en compte des besoins d'une Afrique anglophone (Afrique du Sud, Ghana, Nigeria) dont le dynamisme profite actuellement à Londres et à Washington.

C'est quelques mois avant ce changement d'attitude que les Africains vont assister, stupéfaits et choqués, aux expulsions humiliantes de leurs frères dont certains, jadis, avaient œuvré pendant des décennies à la construction de la France, plus particulièrement les sans-papiers de l'église Saint-Bernard.

9) Les sans-papiers

Les voies de la coopération sont décidément insondables, mais il est des moments où, par-delà la bienséance, les principes ou les calculs, il faut répondre, c'est-à-dire appliquer la loi du talion dans toute sa rigueur, en attendant d'aviser. C'est certainement le point de vue de tous ceux qui se sont sentis outrés par l'expulsion sans ménagement des sans-papiers.

En Afrique où l'hospitalité est légendaire, aucun étranger surtout occidental, touriste ou résident, n'a pas besoin de se démener pour se procurer un visa d'entrée ; alors que ce cachet, à lui seul, vaut toutes les humiliations du monde quand un Africain désire se rendre Outre-Atlantique. Il lui faut parfois passer des nuits et des jours, parqué dans une petite salle ou attendre de l'autre côté du trottoir pour accéder à l'endroit où a lieu l'interrogatoire préliminaire obligatoire à l'examen du dossier ; sans compter les conditions d'obtention du fameux visa qui chaque jour deviennent de plus en plus compliquées et se multiplient pour les décourager. Il n'existe aucun pays au monde où vivent des étrangers réguliers, irréguliers ou *« irrégularisés »*. Il va sans dire qu'il n'y a pas que les Africains pour parcourir le monde à la recherche d'un mieux-être. Mais, chose bizarre, il n'y a trop souvent que les « *nègres* » pour être rapatriés par centaines. Fuir la misère, tant que rien ne sera fait pour l'enrayer de la planète, est un acte de survie, une sorte d'instinct de conservation. Tant qu'il y aura une imagination féconde pour ériger des remparts contre l'émigration, il lui sera toujours opposé une farouche volonté de ne pas mourir de faim ou de maladie.

C'est au regard des problèmes posés par les sans-papiers, à la suite des lois Pasqua, que surgit le projet de loi Debré sur l'immigration qui sera aussitôt mis sur la sellette. Ce dernier a tenté de statuer sur les conditions d'hébergement des amis quelconques, voire de la famille, portant délibérément atteinte aux libertés individuelles et en incitant par l'occasion à la délation. Les réactions de la part de diverses personnalités et d'une partie des Français ne se sont pas fait attendre.

Cette bouffée de solidarité à l'égard des immigrés avait pris sûrement à contre- pied une partie des Français. Mais, par-delà ses excès, dont le moins acceptable est le parallèle entre le gouvernement de Juppé et le régime de Vichy, elle a en quelques jours obligé la société française à s'interroger sur ses valeurs. Ceux qui ont signé et manifesté l'ont fait au nom d'une certaine idée de la France, généreuse, ouverte et universelle. Ils l'ont crue menacée et ont sonné l'alarme. Qu'ils aient recueilli l'approbation d'une large partie de l'opinion a donné l'image d'une France moins étriquée et moins résignée qu'on aurait pu le croire.

En renonçant à l'article le plus choquant de son projet de loi sur l'immigration, le gouvernement admettait implicitement que la révolte était pour une part fondée. Nul ne devrait avoir à signaler le départ de chez soi d'un parent ou d'un ami étranger car, il n'y a pas de contradiction absolue entre un sursaut moral et l'exigence d'une règle de jeu. Même accueillants, les citoyens savent que l'immigration pose des problèmes, parfois aigus, qu'il faudra résoudre. C'est aux hommes politiques de mettre en œuvre les grands idéaux dans la contingence des réalités humaines, administratives et budgétaires ; même si face aux intellectuels, les hommes politiques ont le rôle le plus ingrat : aux uns le pouvoir de brandir les grands principes, aux autres le devoir de mettre les mains dans le cambouis.

Sujet politique s'il en est, l'immigration mériterait une attention particulière, non pour servir de marchepied électoral en flattant ou en combattant les idées du Front National. Si l'immigration prend une telle place dans le débat national en France comme ailleurs, c'est parce qu'on laisse croire que tous les maux s'y concentrent. Les immigrés souffrent plus que les autres de l'exclusion, du chômage, de l'échec scolaire, de la délinquance et de l'insécurité. Les plus malheureux sont les sans-papiers et surtout les clandestins, rançonnés par les passeurs et exploités par les négriers.

Pour des dirigeants soucieux de cohésion sociale, il n'est pas illégitime de fixer les règles d'accueil, ni de les opposer à l'immigration clandestine ; encore faudrait-il que ces règles soient claires, qu'elles ne changent pas tout le temps et respectent en toute occasion la dignité des personnes, fussent-elles en situation illégale. Au-delà des divergences partisanes, il ne devrait pas être impossible d'établir sereinement le socle commun d'une politique de l'immigration conforme aux traditions républicaines. C'est ainsi que la France pourra peut-être réussir à nouveau l'intégration sociale de ses habitants, Français de souche ou pas.

10) Quitter ces pays qui ne veulent plus de nous ?

Rien n'illustre mieux l'échec du développement en Afrique après les indépendances que les expulsions de France d'immigrés clandestins originaires d'Afrique de l'ouest, voire de l'Afrique en général. Le désespoir avec lequel ils ont manifesté leur désir de rester dans l'Hexagone et la volonté qu'ont manifestée certains d'aller jusqu'à se laisser mourir de faim plutôt que de retourner en Afrique, en disent long sur leur attitude vis-à-vis de leur pays d'origine. Parallèlement, le dogmatisme glacial, dont la France a fait preuve pour expulser les sans-papiers, montre à quel point ce pays est las de subventionner les répercussions humaines de l'échec politique, social et économique de ses anciennes colonies.

Le geste est significatif : les Africains ont exprimé les dernières gouttes de culpabilité postcoloniale et épuisé la volonté d'assimilation qui a caractérisé la France vis-à-vis de l'Afrique tout au long du siècle. Mais, les Maliens, les Sénégalais, les Tunisiens, pour ne citer que ces trois pays, ne sont pas les seuls à être douloureusement confrontés à cette nouvelle indifférence de l'Europe. En 1997, des ressortissants de trois pays d'Afrique de l'Est *(Ouganda, Rwanda, Zambie)* ont vu les portes ouvertes depuis longtemps, se refermer soudain devant leur nez. Ils doivent désormais demander un visa pour entrer en Grande-Bretagne et dans plusieurs autres pays européens qui ne leur en exigeaient pas auparavant. Les clandestins, qui fuient la pauvreté qui s'est imposée dans leur pays et les guerres civiles, ne sont plus les bienvenus où que ce soit dans le monde. L'Afrique doit faire face aux conséquences de ses échecs à l'intérieur de ses propres frontières.

Pour aboutir à un développement politique, social et économique durable, il faut qu'une puissante société civile se mette en place. Contrairement à ce que l'on peut observer en Asie, il n'existe, dans les pays africains, ni système économique dynamique, ni société civile puissante ; ce qui explique probablement l'aggravation de la pauvreté.

Le gros défi de l'Afrique pour le XXIème siècle est de s'attaquer plus à ces deux problèmes. Ainsi, les Africains n'auront plus à s'enchaîner à des cathédrales ou à rester dans des pays qui les méprisent parce qu'ils n'auront plus besoin de quitter leurs foyers pour vivre dignement, être productifs et prospères, enfin donner un sens à leur vie.

11) L'Afrique dans la spirale des conflits

En l'espace de cinq décennies environ, plus de trente-cinq conflits majeurs ont fait en Afrique subsaharienne près de dix millions de morts. Le génocide et les épidémies au Rwanda avec leur probable million de victimes ont surtout frappé par leur violence et leur rapidité. Mais, le continent, coutumier des guerres civiles plus encore que des conflits frontaliers, connaissait une nouvelle vague de violence qui ne suscita que de timides réactions aussi bien des organisations africaines que de la communauté internationale. Avec une vingtaine de millions de réfugiés et de personnes déplacées, des cortèges hagards fuyant les guerres, les sécheresses et les maladies, l'Afrique absorbe aujourd'hui la moitié des aides alimentaires d'urgence attribuées dans le monde.

L'Afrique a certainement gardé le souvenir des grandes luttes qui préludèrent à la décolonisation : insurrection nationaliste à Madagascar, guerre d'Algérie, révolte des Mau-mau au Kenya, lutte de libération en Rhodésie[28] et dans les colonies portugaises, première sécession du Katanga[29] lors de l'accession de l'ancien Congo belge à l'indépendance ou encore la guerre de sécession du Biafra qui, en 1967 et 1970, coûta la vie à deux millions de Nigérians.

Au Mozambique, la lutte fratricide après la décolonisation portugaise entre les « *bandits armés* » de la Résistance nationale du Mozambique (RENAMO)[30] et les combattants du Front de libération du Mozambique (FRELIMO)[31] aura duré dix-sept ans et fait un million de victimes, deux millions de réfugiés, six millions de personnes déplacées, etc. Dans la corne de l'Afrique, la lutte du front érythréen restera le plus long conflit de l'histoire contemporaine du continent ; lequel aura fait environ un million de morts avant de déboucher en 1993 sur la naissance du cinquante deuxième Etat africain : l'Erythrée. Enfin, la guerre dans le Sud du Soudan a fait plus d'un million de victimes depuis 1983.

---

[28] Devenue Zimbabwe, à l'indépendance en 1980.
[29] Aujourd'hui Shaba.
[30] RENAMO, Résistance nationale du Mozambique.
[31] FRELIMO, Front de libération du Mozambique.

Aujourd'hui, le mal a pourtant reculé et s'est transformé en luttes fratricides. En 1990, on recensait treize conflits ouverts : des guerres civiles majeures en Ethiopie, en Angola, au Liberia, au Mozambique, en Somalie, au Tchad ; des conflits armés de minorité en Ouganda, au Mali, en Mauritanie, au Sénégal, au Sahara occidental, au Soudan, au Rwanda. A ces derniers, on pouvait ajouter, en raison de sa dimension et de l'enjeu, la guerre civile larvée en Afrique du Sud.

En 1994, la question du Sahara occidental restait apparemment insoluble, en raison principalement d'une querelle sur la composition du corps électoral appelé à participer au référendum mis en chantier dès 1991 par les Nations Unies. Mais, les armes se sont tues. Au Mozambique, l'armée et les rebelles se démobilisaient, même si c'était avec retard et dans la douleur que les anciens guérilleros ont préparé les premières élections pluralistes qui se déroulèrent à la fin de l'année 1996. En Afrique du sud, l'explosion avait été évitée grâce à la tenue des premières élections multiraciales en avril 1994, suivies par la désignation à la tête de l'Etat de Nelson Mandela, chef historique du Congrès national africain (ANC), à la formation d'un gouvernement transitoire d'union nationale et d'un début de fusion des forces de sécurité.

Le Tchad, pays soumis depuis vingt ans à une *« guerre des chefs »,* connaît depuis l'accession au pouvoir d'Idriss Déby une relative accalmie. En Centrafrique, depuis plusieurs mois, les tentatives de coups d'Etat ne cessaient d'être perpétrées contre le président Ange Patassé, ouvrant la voie à la déstabilisation de ce pays qui avait besoin de paix. Depuis la tentative de coup d'Etat perpétré en Mars 2002 par le général Bozize ancien ministre des forces armées de la république centrafricaine, des escarmouches continuaient à se multiplier à la frontière Tchado-centrafricaine lesquelles laissaient déjà présager la chute future du président Ange Patassé dont le pouvoir échappait déjà inexorablement. Le mois de mars 2003 a été marqué par une seconde tentative qui a sonné le glas du pouvoir de Patassé qui partit en exil au Togo.

Enfin, au Soudan ou en Mauritanie des dissensions entre le Nord Arabe et le Sud négro-africain ont donné lieu à une conférence nationale qui a été suivie d'un partage plus équitable du pouvoir, permettant un certain apaisement dans la région. Finalement, après des négociations qui ont abouti, des accords ont fait suite à un règlement à l'amiable entre le Tchad et la Libye. Cette négociation entérinait le jugement de La Haye de février 1994, rétablissant la souveraineté Tchadienne sur la bande d'Aouzou.

L'Ouganda est venu, lui aussi, à force de ratissages et de ralliements, à bout des guérillas dans le Nord, à l'exception de celle de l'armée de résistance. En 1997, une partie des troupes Ougandaises et Rwandaises venaient prêter main forte à Joseph Kabila pour marcher sur Kinshasa et renverser le vieux Maréchal Mobutu miné par la maladie.

Cependant, en ce même temps, les affrontements continuaient, notamment en Angola, suite au refus de l'Union nationale pour l'indépendance totale de l'Angola (UNITA)[32] d'accepter le verdict des premières élections multipartites. Les combats avaient été relancés ainsi que les interminables discussions pour un partage des postes au sein d'un éventuel gouvernement d'unité nationale. La mort de Jonas Savimbi, son leader charismatique dans le maquis Angolais en 2002, a permis de mettre fin à cette guerre pour le pouvoir qui a considérablement causé beaucoup de dégâts et réduit l'essor économique de ce pays. Au Soudan, où le régime islamiste s'est durci, la guérilla sudiste affaiblie et divisée exige désormais l'indépendance du Sud du Soudan qui est enfin acquise en 2010. De manière sporadique, au Liberia, le gouvernement intérimaire a été mis en place à Monrovia en attendant les élections qui suivront et connaîtrons la victoire d'Ellen Johnson Sirleaf. Toutefois, les milices de l'intérieur n'ont pu être totalement désarmées. En Somalie, faute de règlement politique, certains clans en viennent à nouveau aux mains. Certes, la Somalie n'est plus le vaste mouroir qu'elle était en 1992, lorsque l'ONUSOM1 puis l'opération internationale *« Rendre espoir »,* menée sous la houlette des Américains, avait été déclenchée. Aujourd'hui encore, les divisions inter claniques subsistent toujours, ainsi que relevait

[32] UNITA, Union nationale pour l'indépendance totale de l'Angola.

le secrétaire général de l'ONU : « *Le processus de réconciliation nationale évolue avec une telle lenteur qu'il ne faut pas s'attendre à ce qu'il puisse aboutir en mars 1995* ». Enfin, la paix n'est pas pour demain dans cette Somalie éclatée qui porte les stigmates d'une colonisation tripartite *(Royaume-Uni, France, Italie),* où se meurt l'une des dernières sociétés nomades du continent en proie à la guerre civile et la famine aggravée par des programmes d'ajustements structurels, qui ont accru la dépendance alimentaire de la population et réduit progressivement à néant les moyens de l'Etat.

Si les courants politiques fondamentalistes paraissent avoir été réduits en Tunisie ainsi qu'en Egypte, au prix d'une répression souvent féroce, les affrontements du pouvoir algérien avec les groupes islamiques armés ont fait dix mille morts en deux ans et pris la dimension d'une véritable guerre civile. De constants accrochages avec des combattants touaregs, au nord du Niger et du Mali, subsistent en dépit de la conclusion de plusieurs arrangements. Toutefois, les jeunes démocraties de ces deux pays sont affaiblies. C'est cet affaiblissement qui va pousser les différents groupes islamiques qui sévissent dans la région à occuper militairement le nord du Mali avec pour ambition de créer un Etat islamique. En dépit de nombreuses négociations entreprises par la CDEAO et l'Etat malien, aucune solution diplomatique n'a jusqu'à ce jour été trouvée. Ce qui laisse croire que nous nous acheminons insidieusement vers une guerre contre ces islamistes avec l'onction des Nation Unies. Au Sénégal, l'essentiel de l'armée reste mobilisée dans la province de la Casamance pour contenir le réveil des indépendantistes. La guérilla Afar dans le nord de Djibouti, bien que désunie, n'a pas été complètement défaite.

12) Crises internes et affrontements.

D'autres conflits ont vu le jour, d'abord territoriaux, sur fond de richesse pétrolière : la zone de Halaïb, sur la mer rouge, fait l'objet d'une dispute entre l'Egypte et le Soudan ; la presqu'île de Bakassi, dans le golfe de Guinée, jadis revendiquée à la fois par le Nigeria et le Cameroun. Rappelons que le Tribunal pénal international a donné son verdict à la fin d'année 2002 et a débouté le Nigeria. De nombreux conflits ethniques sévissent encore dans le nord du Cameroun, au Nord du Ghana, dans le Nord-Ouest du Kenya, dans le Shaba et le Kivu, deux des principales provinces de la République Démocratique du Congo.

Mais, plus que les guerres ouvertes, c'est l'agitation quasi générale qui frappe. Dès 1990, M. Jacques Delors, président de la commission européenne, avait estimé que la décennie serait celle de l'explosion politique de l'Afrique ; laquelle, prédisait-il, allait devenir une *« zone d'instabilité fondamentale due à l'existence de nombreux prisonniers politiques »*[33]. Le Fonds des Nations Unies pour l'Enfance (UNICEF) avait récemment relevé que dix-huit des vingt-trois Etats qui dépendaient de son bureau régional pour l'Afrique de l'Ouest et l'Afrique Centrale avaient souffert en 1993 *« d'instabilité politique, de tensions sociales majeures ou de violences ethniques qui auraient pu ou qui ont parfois dégénéré en situations d'urgence »*[34].

A quelques exceptions près, certains Etats font l'objet d'attentions internationales : Ile Maurice, Botswana, Namibie, Cap-Vert, Tunisie et Ouganda, alors que le continent reste en proie aux tensions, fléaux, ruptures et peurs[35]. Malgré le multipartisme réclamé par les nouvelles couches urbaines (et souvent imposé par leurs partenaires occidentaux), l'insatisfaction demeure, la désillusion s'installe, de nouvelles querelles surgissent, de vieux contentieux renaissent. Affaiblie par des décennies d'Ajustements structurels, selon la terminologie du Fonds monétaire international, la plupart de ces Etats ne sont pas, sinon sont rarement en mesure de satisfaire aux revendications démocratiques de leurs peuples respectifs. Celles-ci, à en croire les Etats-Unis, sont jusqu'à présent la condition de libération des forces productives qu'un signal pour l'intégration dans un marché profitable et protecteur[36].

---

[33]Jacques de Barrin, « *Les treize guerres d'Afrique* », le Monde diplomatique, 19 octobre 1990.

[34]Rapport publié à l'occasion de la journée de l'enfant africain, 16 juin 1994.

[35]Philippe Leymarie, *« Afrique des malédictions : Du pacte colonial aux chocs des ingérences »* le Monde diplomatique, mai 1993.

[36]Philippe Leymarie, *« Les Etats Unis, nouveau parrain du continent africain ».* Le Monde diplomatique, avril 1992.

Aux Etats pulvérisés par des guerres civiles majeures, aux poches de non-dit, d'anarchie et de la misère qui les environnent, est donc venue s'ajouter dans ce grand remue-ménage continental, une série de pays usés par une contestation démocratique qui s'est en partie brisée sur des rapports de forces militaires ou des pesanteurs ethniques (ex-Zaïre devenu RDC, Togo, Kenya, par exemple). Dans d'autres cas encore, de jeunes régimes pluralistes affrontent la contestation d'une jeunesse désœuvrée, de fonctionnaires « *dévalués* », de politiciens divisés ou des régions pressées de s'affranchir de la tutelle des capitales, comme au Niger, au Mali, au Sud Soudan ou au Bénin[37].

Dans son rapport de 1994, le Programme des Nations Unies pour le Développement (PNUD) affirme que « *sur les quatre-vingt-deux conflits ayant fait au moins mille morts au cours des trois dernières années, soixante-dix-neuf sont des crises internes, souvent liées à des causes économiques* [38] ».

Les dirigeants africains lient, eux aussi, la résurgence des troubles à l'approfondissement du sous-développement. Dans son dernier rapport sur l'Ajustement en Afrique, la Banque mondiale estime qu'il faudra, au rythme actuel, quarante ans avant que les Etats pauvres de la région subsaharienne retrouvent le niveau de revenu par habitant du milieu des années 70, d'autant plus que le continent a perdu une part de ses marchés traditionnels à savoir : les produits tropicaux et les matières premières, au profit des régions du tiers-monde plus dynamiques. Par ailleurs, l'Occident, regardant de plus en plus vers l'Est et l'Asie, a tendance à l'abandonner à son sort depuis l'effondrement de l'Union Soviétique. La sécheresse et la famine avaient dans le passé contribué à transformer les conflits en des désastres majeurs ; mais l'Organisation des Nations Unies pour l'Alimentation et l'Agriculture (FAO) estime que ce sont les guerres civiles qui menacent à nouveau de semer la famine parmi quelques trente-

[37]Michel Galy, « *Mali, Bénin : nouvelles démocraties, nouvelles impatiences* ». Le Monde diplomatique, août 1994.

[38] PNUD, *Rapport mondial sur le développement humain 1994,* Economica, Paris, 1994.

quatre millions d'Africains au sud du Sahara. L'insécurité sur des larges étendues reculées de la brousse ou de la forêt entrave le fonctionnement normal des transports et le commerce en réduisant les possibilités de ravitaillement des populations. Dans cette perpétuelle crise alimentaire qui submerge le continent, les plus touchés sont les pays détruits par les conflits larvés ou ouverts notamment : le Libéria, l'Angola, le Soudan, la Somalie, le Mozambique, le Rwanda, la République démocratique du Congo, mais aussi les Etats voisins dont les fragiles économies agricoles ne peuvent plus nourrir convenablement les millions de réfugiés et dont la stabilité risque d'être à leur tour menacée.

Depuis l'éclatement de la crise rwandaise, le nombre de personnes déplacées et de réfugiés sur le continent a été porté à plus de vingt millions. Plus que la famine, ces dernières années, les guerres civiles ont déclenché les migrations les plus importantes, à savoir l'expulsion de plusieurs centaines de milliers de Kasaïens du Shaba en RDC, l'exil de centaines de milliers de Burundais en 1993 et la fuite de millions de Rwandais en 1994. De nouveaux conflits pourraient surgir alors que la famine et la sècheresse menacent à nouveau la corne de l'Afrique, plus particulièrement la Somalie.

L'Ethiopie qui ne s'est pas encore relevée de sa guerre civile est la plus menacée. En outre, la démobilisation d'un demi-million de soldats aurait provoqué l'explosion de l'épidémie du SIDA[39]. L'Erythrée, le sud Soudan, une partie du Kenya et de la Somalie connaissent une sécheresse exceptionnelle qui fait craindre le pire. Dans ce dernier pays, la dépendance à l'égard de l'aide alimentaire internationale a été renforcée, au fil des années, par une politique de destruction délibérée de l'économie pastorale traditionnelle responsable, selon les institutions financières internationales, de la dégradation accélérée de l'environnement. Mais, le FMI et la Banque mondiale, en imposant des mesures drastiques, ont pu affaiblir l'administration et l'Etat, contribuer à l'éclatement de

[39]Dominique La Garde, *« La famine menace la corne de l'Afrique »*, Info-Matin, 15 juin 1994.

certains pays et provoquer la guerre civile, comme par exemple en Somalie.

L'enchevêtrement des concentrations de réfugiés, les exodes croisés selon un système de vases communicants, les strates successives d'exil, s'ils sont la conséquence directe de la famine et de la guerre, peuvent être à leur tour les ferments de la crise. L'offensive victorieuse du Front patriotique rwandais (FPR), aux effectifs limités mais motivés, surgie de plus de vingt ans d'exil forcé en Ouganda a montré comment une communauté réfugiée peut changer le cours de l'histoire[40]. Les regroupements de réfugiés risquent d'impliquer les pays d'accueil dans des conflits, comme cela est le cas pour l'ex-Zaïre (RDC) et l'Ouganda, voisins du Rwanda, de la Guinée ou de la Sierra Léone, proche du Libéria où le pouvoir est sans cesse confronté à la sédition des opposants qui tentent de renverser le pouvoir en place par la force des armes.

Jadis havre de paix et modèle de développement pour l'Afrique, ce pays vit depuis le début du millénaire les moments les plus sombres de son histoire. Nous n'entrerons pas dans de quelconques supputations. Une chose est certaine, les erreurs dans les choix et orientations politiques sont à l'origine de cette guerre qui n'aurait pas eu lieu, si et seulement si le président Laurent Gbagbo avait voulu, dès son accession au pouvoir, mettre fin au problème de l'Ivoirité qui divisait déjà son peuple. Une fois de plus encore, c'est la population qui compte ses morts et pendant ce temps, l'économie du pays, jadis rayonnante, se consume. Il faudrait sans doute des décennies pour remettre à nouveau la machine économique de ce pays sur les rails. Nous espérons qu'avec la signature des accords de Marcoussis, prendra fin cette guerre fratricide pour qu'enfin la Côte d'Ivoire retrouve la paix ainsi que son rayonnement au sein de la CEDEAO[41]et que puisse s'organiser et se dérouler des élections présidentielles.

Durant ces dernières années en Afrique subsaharienne, c'est la Côte d'Ivoire qui tient encore le monde en haleine ; puisqu'elle fait

---

[40]Philippe Leymarie, *« Tardif réveil humanitaire : Litigieuse intervention de la France au Rwanda »,* le monde diplomatique, juillet 1994.

[41] CEDEAO : Communauté économique Des Etats de l'Afrique de l'Ouest.

toujours la une de l'actualité internationale à la suite des résultats controversés des élections présidentielles de décembre 2010. Des élections qui ont été remportées par Alassane Ouattara, selon les résultats de la commission des élections indépendantes et entérinées par le représentant des Nations Unies. Ces mêmes résultats ont été invalidés par le Conseil constitutionnel de Côte d'Ivoire qui, à son tour, a proclamé Laurent Gbagbo vainqueur à cause des prétendues fraudes relevées dans les bureaux de vote au nord du pays, semant ainsi la confusion. Les institutions internationales n'ont pas tardé à reconnaître Alassane Ouattara comme le nouveau président élu de la Côte d'Ivoire.

Après les nombreuses injonctions du président Ouattara, les forces militaires de Côte d'Ivoire, dirigées par Guillaume Sorro, ont finalement lancé l'assaut dans la résidence présidentielle où se terrait Gbagbo et une partie de ses partisans. Le président déchu a été capturé en attendant qu'il soit jugé pour ses actes par la Cour pénale internationale. Avec l'arrestation de l'ex- président Gbagbo et de son épouse, on croyait que le spectre de la guerre avait pris fin. Ce qui n'est apparemment pas le cas. Il faudra encore plusieurs années pour pacifier ce pays que la guerre a divisé.

N'aurait-on pas pu éviter cette tragédie dont les conséquences économiques et sociales sont non seulement à déplorer, mais surtout très graves.

Les élections présidentielles qui se sont tenues en RDC en 2011 ont laissé une piètre image de la démocratie en Afrique subsaharienne. Car, on a beau chercher à trouver les solutions pour éviter la fraude avec l'envoi des observateurs, rien ne peut changer. Force est de constater que, malgré cette batterie d'observateurs, ces élections qui ont été entachées de nombreuses irrégularités sous le regard complaisant des puissances occidentales, sont la preuve que beaucoup de chefs d'Etats africains ne sont pas encore prêts à quitter le pouvoir, malgré la sanction des urnes.

En réalité, la diversité humaine du continent (plus d'un millier d'ethnies), tout comme sa balkanisation avec cinquante-trois Etats pour sept cents millions d'habitants environ ainsi que les limites arbitraires des frontières héritées de la colonisation, sont considérées à juste titre comme des sources de conflits. C'est d'ailleurs pour cela que, pour éviter les explosions et les contestations en chaîne, l'Union Africaine avait fait de l'intangibilité des frontières coloniales, son principal dogme fondateur avec comme corollaire la non-ingérence.

« La terre africaine, autrefois pourrait-on dire, était le lieu d'enracinement culturel, de lien avec les ancêtres ; elle incarnait en soi un ensemble de valeurs essentielles, mais aussi était symbole d'identification (..). Elle est devenue à ce jour un enjeu pour les peuples, explique Dominique Bangoura, secrétaire général de l'Institut d'études stratégiques de Libreville. *Elle ne ressemble pas à cet espace fini qui se nomme territoire car, forgé non par la volonté des hommes, mais par l'histoire coloniale (...). Dans ces pays où l'Etat n'égale pas la nation mais la pluralité des peuples et où la frontière n'est pas un lien entre les hommes, mais une barrière érigée par les Etats entre les populations d'une même appartenance culturelle, le territoire apparaît comme un élément vide*[42] ».

L'échec de ces Etats post coloniaux et multinationaux est en fait dû à la composition hétérogène de ses populations, ce qui en fait engendre des difficultés de mettre en place un pouvoir représentatif, légitime, apte à mobiliser en faveur d'un projet social. C'est surtout celui du modèle importé de l'Etat Nation, unitaire et centralisé. Modèle qui récuse les particularismes et l'ordre communautaire, c'est à dire la substance même des sociétés africaines tellement vivaces.

Le gouvernement soudanais accuse aujourd'hui l'Occident de vouloir diviser son pays, en encourageant l'Armée de libération des peuples du soudan (SPLA) à faire preuve d'intransigeance dans sa demande d'auto-détermination pour le Sud[43] du pays, au risque de renouveler ainsi la tragédie du Rwanda. Il est à remarquer que les armées formées à l'indépendance, dans les années 60, issues des unités coloniales, mis à part celles des pays ayant mené une guerre

---

[42] Bangoura Dominique, « A la recherche d'une stratégie-espace, facteur de paix en Afrique » *Afrique 2000*, novembre-décembre 1993.
[43] Le Sud Soudan obtiendra son indépendance en 2011.

de libération nationale, se sont appliquées essentiellement à réduire *« l'ennemie intérieur »*, en aidant au maintien au pouvoir une minorité politique ou ethnique, investissant elles-mêmes les appareils institutionnels. A la fin des années 80, avant la grande vague démocratique, plus des deux tiers des gouvernements au sud du Sahara étaient encore dirigés par des militaires et, pratiquement tous les autres avaient été confrontés à l'activisme de leurs forces armées. M. Michel Martin, Directeur du Centre d'analyse géopolitique internationale, parle du *« marquage hégémonique du politique par la junte militaire »* en Afrique noire, contrastant d'ailleurs avec les moyens militaires, qu'il s'agisse des effectifs, des armements et des entraînements.

Un certain reflux s'est produit ces dernières années, avec la mise en cause des dictatures militaires, avec un spectaculaire *« retour dans les casernes »* de ces derniers symbolisé par l'abandon volontaire du pouvoir par le général Toumani Touré au Mali en 1992. Les quelques anciens militaires encore en place en Tunisie, Egypte, Algérie, Mauritanie, ex-Zaïre, Guinée, Ghana, Togo, Tchad, Burkina-Faso ont eu à cœur de *« civiliser »* leurs régimes en quête d'une nouvelle légitimité, en organisant le multipartisme ou des élections plébiscites. Les coups d'Etat militaires sont désormais des exceptions.

Mais, cette dépolitisation des armées nationales, souhaitée par les jeunes régimes démocratiques, est allée de pair le plus souvent avec un affaiblissement des appareils militaires. Les nouveaux pouvoirs sont moins bien armés que leurs devanciers face aux explosions sociales, aux contestations politiques, aux dissensions régionales, aux particularismes ethniques, voire aux différends frontaliers qui ont eu tendance à se multiplier depuis le début des années 90.

Selon le PNUD, les dépenses militaires des pays du tiers-monde attisent les conflits et détournent à d'autres fins les ressources financières nécessaires au développement économique, sanitaire et social. Cet organisme rappelle que les trois quarts du commerce mondial des armements se font avec les pays pauvres et que les quatre membres du conseil de sécurité fournissent plus des quatre cinquièmes de l'armement conventionnel du tiers-monde. En outre, si les dépenses militaires ont eu tendance à baisser depuis 1990, les achats d'armes légères les plus utilisées dans les pays pauvres ont au contraire augmenté.

13) Comment régler ces tensions : les moyens

De nombreux moyens de règlement ou d'atténuation des conflits ont été utilisés, à savoir les efforts de concertation conduisant au partage du pouvoir politique : conférences nationales, constitutions pluralistes, élections sous contrôle d'observateurs, une meilleure représentation des régions et des communautés ethniques *(l'autonomie régionale, le fédéralisme, etc.)* comme de la société civile, ont pu désamorcer bien des crises.

Ces outils de négociation, bien qu'ils aient montré leur limite, doivent être maniés avec prudence ; d'autant plus qu'une mauvaise appréciation du rythme de changement souhaitable ou une mauvaise estimation du rapport de force peut provoquer de graves déconvenues pour la classe politique et de dramatiques conséquences pour une partie de la population comme il advint ces dernières années au Togo, à Madagascar, au Kenya, au Tchad et à l'ex-Zaïre (RDC) où la situation reste très tendue.

En revanche, en Afrique du Sud, l'arrangement constitutionnel et électoral conclu au début de l'année 1994 entre l'ANC de Nelson Mandela, l'Inkata du chef Zoulou Buthelezi et le parti national de l'ex-président De Clerk (qui ont formé un gouvernement d'unité nationale) ainsi qu'avec certaines fractions de l'extrême droite blanche a eu pour effet de faire soudainement baisser de 60% le nombre de victimes de la population. L'Organisation de l'Unité Africaine, en trente-cinq ans d'existence, n'est jamais parvenue à régler elle-même un différend sérieux entre deux Etats[44]. Mais, sur la lancée de la tragédie rwandaise et de l'intégration en son sein de la nouvelle Afrique du Sud, elle a décidé, lors de son dernier sommet en juin 1994 à Tunis, d'accélérer la mise en place de son *« mécanisme de prévention, de gestion et de résolution des conflits ».* Toutefois, la

---

[44] Cf. Moktar Gawad, « *l'OUA, chronique d'un échec* », Libération, 29 juin 1994.

nécessité d'obtenir un accord préalable de l'ensemble des parties en conflit, mais aussi l'absence de moyens financiers et logistiques limitent sérieusement la portée pratique d'une telle décision.

Cependant, l'Organisation de l'Unité Africaine a bénéficié en 1994, pour la première fois, d'une aide américaine massive de 3,5 millions de dollars pour les opérations de maintien de la paix et la prévention des conflits (système d'alerte, mission de médiation, etc.), s'ajoutant aux 3 millions de dollars attribués par le PNUD au titre de la résolution des conflits. Pour 1995, le gouvernement américain avait prévu un supplément de 5 millions de dollars (équipement pour une force d'intervention) ; un crédit de 10 millions de dollars avait été parallèlement réservé dans le cadre de l'aide bilatérale à certains pays africains pour leur permettre de participer aux opérations de maintien de la paix.

Cette véritable « *Main basse* » sur une grande organisation politique africaine, si elle tient ses promesses, fera pièce au dispositif militaire français, qui a servi dix-huit fois depuis 1960, y compris au Rwanda de 1990 à 1993 et, depuis juin 1994 pour l'opération « *Turquoise* ». L'existence de ce réseau de sept bases pré positionnées, appuyé sur huit accords de défense et vingt-cinq accords de coopération technique, qui a souvent fait de la France le « *Gendarme de l'Afrique* », a prouvé plus ou moins ses qualités opérationnelles, mais il paraît de plus en plus menacé.

Compte tenu des contingences actuelles et surtout de la remise en question du rôle effectif des forces françaises en Afrique subsaharienne, le président Sarkozy, lors de sa visite en république sud-africaine en février 2008, au cours de son discours, a préconisé de réviser la politique militaire de la France avec la diminution du nombre de bases militaires françaises pré positionnées en Afrique.

14) Quelle démocratie ?

14.1. Une alternance politique encore difficile

En Afrique subsaharienne, les années passent et se ressemblent étrangement. « *On peut se demander s'il y a réellement des élections crédibles dans le continent noir* ».

D'un Etat à l'autre, nous pouvons faire malheureusement le même constat en tenant compte des polémiques qui s'en suivent à l'issue des diverses consultations électorales.

Tout laisse à penser que seuls les partis d'opposition, souvent mal organisés et désespérés de ne pas voir se pointer la moindre alternance, prônent le recours aux armes ou à la désobéissance sociale pour chasser le chef d'Etat en place. La force du parti au pouvoir résulte du fait qu'il a, non seulement plus de moyens (étatiques) mais aussi, la main mise sur l'ensemble des institutions : ce qui pourrait laisser a priori croire que les élections sont tronquées, voire entachées de fraudes ; ceci même lorsqu'il n'y a aucun enjeu politique.

Il est vrai qu'à chaque élection, on a toujours relevé des fraudes et d'autres irrégularités. Pour condamnables qu'elles soient aux yeux de tous, cette volonté manifeste plus ou moins une certaine ouverture démocratique. Aujourd'hui en Afrique, la fraude nous semble liée à la compétition entre le parti au pouvoir et l'opposition ; raison pour laquelle l'ouverture du jeu électoral pousse le parti au pouvoir ou dominant à en avoir recours. Il est facile de pointer du doigt l'Afrique et ses irrégularités électorales. La France, jusqu'à nos jours « *lors des élections municipales d'il y a quelques années* » et par le passé, nous a offert un catalogue impressionnant d'irrégularités électorales, notamment lors des élections coloniales des années cinquante organisées par l'administration en Afrique occidentale française et Afrique équatoriale française.

En effet, le problème est que les pouvoirs usés trouvent dans le suffrage universel et les élections diverses, une légitimité d'appoint, voire un mécanisme de recyclage des membres du gouvernement, autrement dit des dignitaires qui n'ont pas fait montre d'assise politique dans leur région. Le mot démocratie aurait un sens si le choix du « *peuple* » revêtait une certaine importance, à l'instar de la chute organisée de Pascal Lissouba au Congo en 1997 par exemple. Faut-il croire en l'impossibilité d'une réelle alternance politique en Afrique subsaharienne ? D'autant plus que les mêmes *dysfonctionnements* profitent toujours aux mêmes pouvoirs parce que l'existence d'un contrôle juridique compétent et indépendant est loin de garantir le respect et la transparence électorale. (Les résultats des élections de novembre 2010 en Côte d'Ivoire avec Laurent Gbagbo en sont l'illustration même).

Les observateurs assermentés par l'ONU, l'UE, l'UA et les ONG sont peu nombreux, donc incapables de couvrir tout le pays. Par conséquent, ils ne peuvent mener à bien leur mission de contrôle. Ces derniers se déplacent d'un scrutin à un autre, ce qui n'empêche pas que des irrégularités soient relevées. En dépit de ce constat, ces observateurs se permettent de délivrer, au nom de ces organismes, un satisfecit érigeant de facto le dirigeant élu et le pays au rang de *« pays démocrate »*. C'est alors que le pays obtient l'onction des bailleurs de fonds.

La question que nous pouvons nous poser effectivement est : *A quoi servent réellement ces observateurs ?*

14.2. Le processus demeure fragile

Le processus de démocratisation demeure fragile avec le retour possible des coups d'Etat militaires. Il est à remarquer que la plupart des élections présidentielles organisées dans les pays de la région en 2009 ont dans l'ensemble confirmé les hommes au pouvoir ou proches de l'ancien pouvoir (cas d'Ali Bongo au Gabon). Des élections présidentielles ont eu lieu au Botswana (16 octobre 2010), au Mozambique (28 octobre 2010). Par contre, les présidents de la Namibie (27 novembre 2010) et de la Guinée équatoriale ont été reconduits avec plus de 96% des voix. Un régime autoritaire s'est mis en place au Niger avec à sa tête le président Tandja, qui quelques années plus tard, a été renversé par la junte militaire. Les élections de Côte d'Ivoire ont été à nouveau repoussées à cause du manque de moyens financiers. Ces dernières se sont finalement tenues en novembre 2010, la communauté internationale ayant octroyé les fonds au président Gbagbo pour les organiser.

Les foyers de tension qui ont surgis récemment au Mali et en Guinée-Bissau avaient un peu éclipsé la crise politique en Guinée.

Il y a de cela quelques mois, le pays a renoué avec les manifestations de rue suivies de répression policière. A l'origine de la pomme de discorde, se trouve l'organisation des élections législatives qui devaient normalement parachever le processus démocratique et sortir le pays de la crise. En effet, les élections législatives, conformément aux accords signés par toutes les parties prenantes à la transition, étaient initialement prévues en décembre 2010, c'est-à-dire au lendemain de la rocambolesque présidentielle qui avait vu la victoire du professeur (de droit) Alpha Condé sur son adversaire Cellou Dalein Diallo.

Depuis lors, on est allé de report en report, ce qui a fini par exaspérer l'opposition qui est sortie massivement dans la rue pour le faire savoir ; la répression fut à la hauteur de la manifestation et on craint le pire, car les événements du stade du 28 septembre avec son cortège de morts sont encore présents dans toutes les mémoires. Les jours suivants, c'était au tour du camp présidentiel d'organiser la riposte par une contre manifestation pour ne pas céder du terrain. Dans ces conditions, on s'attend au pire si rien n'est fait pour décrisper la situation politique et amener les acteurs au dialogue. Depuis la mort de son premier président Sékou Touré en 1984, la Guinée vit dans une instabilité chronique ponctuée par des coups d'Etat et des violations graves des droits de l'homme.

Madagascar est une île lointaine où l'histoire semble se répéter avec des alternances de crises politiques qui ont entraîné une crise économique et sociale. La grande Île a été le lieu de troubles ayant fait en avril 2009 plus de 130 morts. Marc Ravalomanana démissionne et le pouvoir est remis avec l'assentiment forcé du président de la cour constitutionnelle, à Andry Rajoelina, président de la Haute autorité, avec le devoir d'organiser dans les 24 mois des élections et faire voter une nouvelle constitution. L'accord de Maputo du 8 août 2009 visait à préparer la IVème république, à régler la crise de 2002 qui avait conduit à la prise du pouvoir par Ravalomanana, à annuler les procès contre ce dernier, à mettre en place une commission vérité et conciliation. Cet accord a été à nouveau dénoncé par Rajoelina en décembre 2009.

La visite officielle à l'Elysée, le 8 décembre 2011, de M. Andry Rajoelina, président de la Haute autorité de transition (HAT) à Madagascar, a été largement perçue comme la confirmation de la partialité de l'administration Sarkozy dans la crise politique malgache, qui dure depuis plus de trois ans. Si sur le papier une telle visite pouvait se justifier, quelques semaines après la signature par la majorité des forces politiques malgaches d'une feuille de route censée organiser de façon *« consensuelle et inclusive »* une sortie de crise, elle jouait en réalité sur une illusion qui ne dupait pas grand monde : l'idée qu'un simple paraphe allait, comme par enchantement, dissiper les profonds contentieux qui paralysent depuis si longtemps la scène politique malgache.

Depuis le 17 septembre 2011, date de la signature de la « feuille de route », les choses ont en effet bien peu évolué. L'ancien président Didier Ratsiraka (au pouvoir de 1975 à 1993 et de 1997 à 2002) a certes pu rentrer au pays le 24 novembre, après plusieurs années d'exil en France. Mais, le principal adversaire de M. Rajoelina, l'ex-président Marc Ravalomanana (au pouvoir de 2002 à 2009), n'a, lui, jamais pu rentrer d'Afrique du Sud, où il est en exil depuis qu'il a été chassé du pouvoir en mars 2009. Condamné par contumace pour la mort de plusieurs dizaines de manifestants lors des troubles qui ont abouti à sa chute, M. Ravalomanana s'est vu interdire l'accès au territoire, le 21 janvier 2012, par les autorités de « transition »[45]

Alors que la sortie de crise achoppe aujourd'hui sur la question de l'amnistie[46], prévue par la feuille de route, qui doit bénéficier aux acteurs politiques *« pour tous les événements politiques intervenus entre 2002 et 2009 »* et alors que nul ne sait quand pourront se tenir les prochaines élections, seule issue « consensuelle » possible à la crise, la proximité affichée par la France officielle avec M. Rajoelina irrite bien des Malgaches.

[45] Cf. « Madagascar : retour d'exil avorté pour Ravalomanana », RFI, 22 janvier 2012.
[46] Cf. le point de vue du SeFaFi-Observatoire de la vie publique : « Quelle amnistie, et pour quoi faire ? » (PDF), 3 février 2012.

Pour nombre d'entre eux, la France est même la première responsable de la crise qui mine le pays. L'ancienne puissance coloniale a toujours été suspectée, souvent à juste titre, de s'ingérer dans les affaires intérieures malgaches[47]. Mais, depuis la chute de M. Ravalomanana, rumeurs et informations se bousculent sur le sujet.

Il faut dire que les relations qu'entretenaient les autorités françaises avec le président déchu étaient plus que tendues. Perçues comme favorables à M. Ratsiraka lors du grave contentieux post-électoral qui opposa ce dernier à M. Ravalomanana en 2002, les autorités françaises mirent de longs mois à reconnaître, bien après les autres pays occidentaux, la victoire du second sur le premier.

Mal engagées, ces relations se détériorèrent les années suivantes. De l'adhésion en 2005 de Madagascar à la Communauté pour le développement de l'Afrique australe (SADC), dont l'Afrique du Sud est le poids lourd, à l'introduction de l'anglais comme troisième langue officielle, avec le malgache et le français, en 2007, les décisions du président Ravalomanana furent mal vécues à Paris, où l'on était habitué à des dirigeants malgaches plus « francophiles ». M. Ravalomanana avait un *« tropisme très fort en faveur des Etats-Unis, de l'Allemagne, et* [...] *de la Chine et son modèle de "démocratie autoritaire »*, insiste aujourd'hui encore le site Internet du ministère des affaires étrangères français[48]. Pour ne rien arranger, M. Ravalomanana faisait figure de mascotte pour les institutions financières internationales, dont il appliquait les préceptes néolibéraux avec un enthousiasme qui ne plaisait pas toujours aux milieux économiques français installés de longue date sur la Grande Ile[49].

Ainsi, les sujets de crispation franco-malgaches se multiplièrent tout au long de la présidence Ravalomanana. Le groupe Bolloré fut, dit-on, fort marri de se voir souffler la concession du port de

---

[47] Faranirina V. Rajaonah, « Les imaginaires de l'étranger dans la crise malgache », *Politique africaine*, n° 86, juin 2002.

[48] « La France et Madagascar ».

[49] En particulier à travers le Madagascar Action Plan (MAP), adaptation locale de l'Africa Action Plan de la Banque mondiale.

Toamasina, privatisé en 2005, par un concurrent philippin. Quant à Total, il a fallu une très forte pression de l'Elysée pour que le gouvernement malgache signe, en septembre 2008, une licence permettant à la multinationale française d'explorer les sables bitumineux de Bemolanga, à l'ouest de Madagascar. Les quelques sept cents entreprises à capitaux français recensées à Madagascar furent en réalité loin d'être balayées. Les anciennes structures coloniales, à l'exemple de l'historique Henri Fraise Fils et Cie, comme les multinationales françaises (Orange, Colas, etc.), n'ont pas autant souffert qu'on le dit sous la présidence Ravalomanana. Elles ont elles aussi profité, directement ou indirectement, de l'injection massive de crédits internationaux après la prise de pouvoir du très libéral président malgache. Mais l'ambiance avait changé.

A cela, s'ajouta bientôt un contentieux diplomatique. En juillet 2008, l'ambassadeur de France Gildas Le Lidec dut quitter son poste six mois seulement après son arrivée. Il s'est fait *« chasser comme un malpropre, soupçonné par Marc Ravalomanana de porter le mauvais œil »*, rappellera en mai 2009, quelques semaines après l'éviction de M. Ravalomanana, Stéphane Gompertz, directeur Afrique et Océan Indien au Quai d'Orsay, devant la commission des affaires étrangères de l'Assemblée nationale. *« Paradoxalement,* ajouta M. Gompertz, *s'il* [M. Le Lidec] *était resté sur place et que le président* [Ravalomanana] *avait écouté ses conseils, ce dernier serait peut-être encore au pouvoir*[50] *»*.

Il n'en fallut pas plus pour instiller l'idée qu'une main française avait agi pour faciliter le renversement de M. Ravalomanana. Dans les cortèges organisés pour soutenir ce dernier au début de 2009, la France était d'ailleurs vivement prise à partie. *« France, arrête de semer la zizanie au Peuple Malagasy »*, pouvait-on lire sur une banderole lors d'un rassemblement pro-Ravalomanana au stade Mahamasina d'Antananarivo, le 14 février 2009[51]. D'autres menacèrent avec véhémence les Français installés à Madagascar.

---

[50] « Table ronde sur la situation à Madagascar », Commission des affaires étrangères, Assemblée nationale, 6 mai 2009.
[51] Voir le blog photographique « Madagascar : crise de 2009.

« On va s'en prendre physiquement à eux, s'époumona une passante devant une caméra française. *Ils vont rentrer chez eux en cercueil, je vous le certifie*[52]*. »* Des intimidations qui ne sont jamais prises à la légère dans un pays qui abrite une des plus importantes « communautés françaises » d'Afrique (vingt-cinq mille personnes, dont treize mille binationaux).

La thèse d'un « complot français » ne prospéra pas que dans les rues d'Antananarivo. Dans les câbles diplomatiques américains révélés par WikiLeaks à l'automne 2011, la même idée est mentionnée par M. Pierre Van den Boogaerde, ancien représentant du Fonds monétaire international (FMI) à Antananarivo. *« Van den Boogaerde a affirmé que la France a payé la facture pour les "extras" du CAPSAT »,* note l'ambassadeur américain de l'époque, M. Niels Marquart, en référence aux mutins du Corps des personnels et des services administratifs et techniques (CAPSAT), qui ont joué un rôle central dans le renversement de M. Ravalomanana et l'accession de M. Rajoelina au pouvoir en mars 2009. Relevant que le représentant du FMI ne *« peut pas prouver un lien direct avec le gouvernement français »,* l'ambassadeur américain note toutefois que d'autres personnalités, y compris des diplomates étrangers, partagent la même conclusion[53].

Si l'hypothèse d'un soutien français au coup d'Etat a la vie dure, c'est aussi que la France n'a jamais masqué sa proximité avec le président de la HAT Andry Rajoelina. L'inauguration en grande pompe d'un immense hôtel Ibis (groupe Accor) à Antananarivo, le 23 juin 2009, est un exemple intéressant des bonnes relations retrouvées entre la France et Madagascar. Outre les dirigeants du groupe Accor et leurs partenaires malgaches (la puissante famille Rajabali), on voit sur les photos se congratuler pêle-mêle M. Rajoelina, l'ambassadeur de France Jean-Marc Châtaigner nommé à Antananarivo au lendemain de la prise du pouvoir par M. Rajoelina et l'intriguant homme d'affaires franco-malgache

---

[52] « Madagascar : Marc Ravalomanana refuse de partir », AFP, 15 mars 2009.

[53] « Madagascar : How long can the HAT governement sustain itself? », WikiLeaks, 4 juin 2009.

Patrick Leloup, « conseiller spécial » du président de la HAT et considéré comme *« l'homme de Robert Bourgi »* l'ex-« homme de l'ombre » de la Françafrique sarkozienne à Madagascar[54].

Une ambiance étonnamment chaleureuse, entre les coupes de champagne et les crépitements des flashes, quand on sait que M. Nicolas Sarkozy qualifiait quatre mois plus tôt le renversement de M. Ravalomanana de *« coup d'Etat »*, observant de surcroît que *« la suppression du Parlement »*, première décision prise par M. Rajoelina, n'était *« quand même pas un signe très positif[55] »*.

Au cours des négociations entamées depuis 2009 entre les différentes « mouvances » présidentielles malgaches (MM. Ratsiraka, Zafy, Ravalomanana, Rajoelina), la France s'est toujours montrée très favorable à M. Rajoelina. C'est par exemple ce qu'expliquait début septembre 2009 M. Leonardo Simao, ancien chef de la diplomatie mozambicain et membre de l'équipe de médiation de la Communauté de développement de l'Afrique australe (SADC) pour Madagascar, dans une discussion rapportée par l'ambassadeur des Etats-Unis. Après avoir rappelé les contentieux opposant la France et M. Ravalomanana, souligné le soutien apporté par la France au régime de M. Rajoelina et mentionné la pression qu'essaient d'exercer certains Français sur les négociateurs malgaches engagés dans le processus de « sortie de crise », M. Simao tira cette conclusion dénuée d'ambiguïté : *« L'ingérence française dans les affaires malgaches équivaut à un quasi-colonialisme[56]. »*

Bien que l'apartheid a disparu depuis une quinzaine d'années, l'Afrique du Sud contemporaine reste marquée par des distorsions *social*es, par des difficultés *économique*s et des problèmes *politique*s. En effet, même si l'Afrique du Sud est le pays africain le plus industrialisé et qu'elle possède de riches ressources

[54] « L'homme de Robert Bourgi à Tana », *La Lettre de l'océan Indien*, 6 juin 2009.

[55] « Madagascar : Sarkozy parle d'un coup d'Etat, demande des élections rapides », AFP, 20 mars 2009.

[56] « Madagascar talks : local reactions ton Maputo II », WikiLeaks, 2 septembre 2009.

naturelles, il est encore nécessaire d'améliorer la qualité de vie des habitants par des moyens *politiques*, et *économiques*. Le pouvoir *politique* en Afrique du Sud est, théoriquement, une démocratie. En effet, cela se justifie par des critères tels que la séparation des pouvoirs, l'autonomie du *politique* ou encore l'inscription des citoyens sur les listes électorales selon des modalités transparentes. Bien que l'ANC (African National Congress) domine largement le terrain *politique*, l'opposition reste vivace et l'Afrique du Sud est souvent considérée comme le pays le plus démocratique d'*Afrique*. Par ailleurs, l'Afrique du Sud est depuis longtemps confrontée à un afflux important de réfugiés des pays voisins (Zimbabwe, Mozambique, Congo) qui ont entraîné récemment (en mai 2008) des émeutes racistes. En effet, la crise économique qui frappe le pays semble avoir été le déclencheur de ces attaques violentes et les étrangers sont, selon les Sud-africains responsables du chômage, de l'insécurité, de la pénurie de logements et de l'explosion de la criminalité. Des hommes ont été lynchés et des femmes ont été victimes de viols. [...]

L'Afrique du sud, jadis définie comme une poudrière par Mgr Tutu, n'est plus sur le fil du rasoir. Par contre, la nécessité de rassurer les milieux financiers, d'éviter la fuite des compétences et de trouver la réponse aux aspirations des noirs exclus de leur terre, de l'emploi donc des revenus[57] n'est plus à l'ordre du jour. Cette vision pessimiste de l'Afrique du sud a laissé place à une nouvelle dynamique.

Après la restructuration du dispositif militaire français, les accords militaires bilatéraux ont été renégociés entre la France et différents pays francophones tels que la Côte d'Ivoire, le Gabon, la Centrafrique, le Tchad, le Togo, le Sénégal et Djibouti. Les soutiens français, sous la forme du Renforcement des Capacités Africaines de Maintien de la Paix (RECAMP) et américain avec l'Africa Contingency Operation Training Assistance (ACOTA) jouent désormais un rôle dans le renforcement des forces armées avec dans le cas du RECAMP une tendance à l'européanisation du

[57]Afrique : Quel bilan pour quelles perspectives. Par P. Hougon, directeur de recherche à l'IRIS.

dispositif. La constitution de la base d'Abu Dhabi mobilisant les troupes de Djibouti, la transformation du Bima de Côte d'Ivoire en Opex (opérations extérieures), l'appui français à la force Eufor (2/3 des effectifs), le repositionnement au Tchad constituent autant de signes d'un redéploiement du dispositif militaire français en Afrique.

En Afrique du nord, le vent de la révolution démocratique, autrement appelée la révolution des jasmins (dû à l'absence de démocratie et liberté) qui a débuté en janvier 2011 à Sidi Bouzid en Tunisie, a balayé le régime dictatorial de Ben Ali qui s'est finalement réfugié en Arabie Saoudite. Ladite révolution est en train de faire tâche d'huile dans l'ensemble des pays arabes, notamment en Egypte où le régime de Moubarak a été à son tour balayé le 11 février 2011 alors qu'au Yémen, en Jordanie, en Libye, au Royaume du Bahreïn, en Syrie et en Algérie ses régimes sont entrain de connaître aussi leur printemps. En Algérie, en dépit des changements opérés ainsi que les mesures politiques et économiques prises pour apaiser le peuple, rien ne va plus et les choses semblent piétiner, malgré l'exigence du peuple comme préalable à toutes formes de négociation : le départ du chef de l'Etat et la fin de son régime. Par contre, en Libye, Kadhafi « exécuté », une page de l'histoire se tourne ; reste maintenant une multitude d'interrogations et de motifs d'inquiétudes. Les transitions tunisiennes et égyptiennes ne sont déjà pas des sinécures, alors pour la nouvelle Lybie, le plus dur commence.

En Syrie, où la révolution populaire tient bon et malgré la répression brutale du mouvement de protestation par l'usage démesuré des forces armées, nous laisse croire que les jours du président Bachar al-Assad sont comptés, malgré la bataille qu'il mène pour sa survie politique, voire pour sa propre vie.

Il n'empêche que cette nouvelle démonstration prouve que, quand la majorité d'un peuple finit par préférer sa dignité à sa vie, les dictatures tombent. Ceci donne à réfléchir où ce type de situation existe. Il faut rappeler que les peuples arabes ont toujours vécus sous la férule des dictateurs, soutenus par ces mêmes puissances occidentales qui ont toujours laissé croire que ceux-ci étaient les seuls capables de faire barrage à la poussée politique d'un islam intégriste.

Pendant ce temps, en Afrique subsaharienne, où les populations vivent aussi sous des régimes dictatoriaux avec en prime des chefs d'Etat au pouvoir depuis des décennies, rien ne semble les perturber. Tout porte à croire que ce n'est pas vraiment le cas, car dans leurs palais cossus, beaucoup se posent de sérieuses questions. Les uns et les autres se demandent sous cape si ce vent de démocratisation, voire cette révolution populaire qui sévit dans les pays arabes avec son contingent d'exigences ne les balayera pas non plus.

Toutefois, restons prudents, d'autant plus que le contexte socio culturel de l'Afrique subsaharienne est très différent de celui des pays arabes. « Une chose est certaine, l'Afrique noire rêve aussi de sa révolution ».

15) Sarkozy quelle politique pour l'Afrique ?

L'avènement de Nicolas Sarkozy à la présidence en France, suite à ses prises de positions, avait nourrit beaucoup d'espoir à la jeunesse africaine d'autant plus que ce dernier parlait de « *rupture avec le passé* ». *Mais quelle rupture ?*

Nicolas Sarkozy aime surprendre, c'est un adepte de la rupture avec le passé, les idées reçues, comme avec les politiques de ses prédécesseurs. À Cotonou, en mai 2006, alors qu'il n'était que ministre de l'Intérieur, il avait annoncé son intention d'instaurer, s'il venait à être élu président de la république, des relations nouvelles avec les partenaires traditionnels de la France en Afrique. Pourtant, les 26 et 27 juillet 2006, lors de sa première tournée présidentielle au sud du Sahara, il n'a pas vraiment révolutionné l'exercice. À Dakar, en route pour le palais présidentiel, il a apprécié les acclamations de la foule massée le long de l'autoroute. À Libreville, il s'est fendu d'une visite en forêt avec Omar Bongo Ondimba.

Pourquoi ces deux villes ont maintes fois été visitées par ses prédécesseurs ?

« Ce fut un choix très difficile, a-t-il lancé, *en forme de boutade, lors d'une conférence de presse dans la soirée du 25 juillet 2006. Mais, il fallait bien que je me rende dans la ville natale de Rama Yade* » (sa Secrétaire d'État aux Droits de l'Homme). *« Plus sérieusement,* a poursuivi le président français, *il était impossible de ne pas aller voir le président Abdoulaye Wade. Quant au Gabon, je n'y suis jamais allé et, en Afrique, l'ancienneté d'un chef d'État, ça compte ».* Pas d'autres explications, mais les intéressés, piliers de la Françafrique depuis bien longtemps, ont dû rougir de plaisir… *« La diplomatie, finalement, ramène rapidement les dirigeants au principe de réalité »*, admet un proche de Sarkozy. Les surprises, chères à celui que certains de ses compatriotes appelaient déjà « *Super Sarko* », ne sont finalement pas venues de ses actes, mais du discours à l'adresse de la jeunesse africaine qu'il a prononcé le 26 juillet 2006 à l'université Cheikh-Anta-Diop de Dakar. Sans indiquer la moindre direction concrète d'action, il a exposé sa vision du continent. Une conception culturaliste, mythique, presque mystique, dans laquelle « *l'homme africain est censé avoir conservé un antidote au matérialisme et à l'individualisme qui asservissent l'homme moderne ».* Problème : *« Dans cet univers où la nature commande tout, l'homme reste immobile au milieu d'un ordre immuable où tout est écrit d'avance. Fustigeant l'idée selon laquelle la colonisation - bien que néfaste - serait responsable de toutes les difficultés de l'Afrique, critiquant l'immobilisme des sociétés du continent, Sarkozy est convaincu que l'Histoire, malheureuse mais commune, a lié à jamais l'Afrique et l'Europe ».*

Dans une grande envolée lyrique, il s'est pris à rêver d'une hypothétique *« Eurafrique* », qui est en réalité une vieille idée datant des années 1960. Sans craindre les contradictions, il n'a cessé d'opposer « *l'homme africain* » à « *l'homme moderne* », tout en invitant les jeunes Africains à se nourrir de leurs deux cultures. Il a exalté la grandeur d'une Afrique mythifiée, tout en dénonçant ses paralysies. Avec une bonne dose d'ambition, sinon de prétention, il a expliqué aux Sénégalais présents dans l'amphithéâtre UCAD II qui ils étaient, d'où ils venaient et pourquoi leur façon de penser, bien que riche et féconde, était en partie responsable de leur éloignement du reste du monde. Les réactions de son auditoire ont indiscutablement manqué de chaleur. Pour savoir ce que sera concrètement la politique de la France en Afrique, il faudra en revanche attendre.

Interrogé sur la privatisation de Dagris et le renvoi du responsable d'Areva au Niger, Sarkozy admet « *ne pas savoir quoi dire et ne pas avoir de réponse à toutes les questions* ». Sur les crises au Tchad et au Darfour, dans lesquelles la France est largement impliquée, ses réponses ne sont pas si éloignées de celles que son prédécesseur aurait pu donner. « *Que je sache, en l'état actuel des choses, le président Déby Itno n'est pas fauteur de troubles,* a-t-il affirmé. *Il est possible que la force hybride au Darfour stabilise les régimes de Déby Itno et de Béchir, mais tant pis, on ne peut pas laisser des gens se faire tuer* ». La rupture chère à Sarkozy ne se fera donc pas en un jour. Et si le discours de Dakar planait dans les hautes sphères de l'Histoire, de la philosophie et de l'ethnologie, c'était aussi, admet un proche de l'Élysée, parce qu'à chaque jour suffit sa peine et que deux mois d'exercice du pouvoir ne sont pas suffisants pour définir un certain nombre de stratégies et encore moins de programmes. Rendez-vous est donc pris à l'automne pour la deuxième visite de Sarkozy en Afrique subsaharienne.

Après ces prises de position, la jeunesse africaine a vite compris que rien ne bougera, voire ne changera. Une fois de plus, un autre président français brise les illusions de cette jeunesse africaine qui rêvait d'un changement. Alors qu'en France les mesures sociales ainsi que la politique d'austérité en vue de la réduction du déficit budgétaire menée par le locataire de l'Élysée, mettent à mal le peuple français et font grincer les dents, ces mesures, sommes toutes impopulaires, sonnent insidieusement le glas de l'ère Sarkozy et laissent présager sa chute future lors des prochaines élections présidentielles de 2012.

16) Hollande : Quel changement de cap pour l'Afrique ?

Après le départ attendu de Sarkozy de l'Élysée en 2012, avec son nouveau locataire, on s'attendait à un changement de cap. Hélas, Tout comme ses prédécesseurs, François Hollande n'a pas manqué à la promesse de « rompre » avec la « Françafrique »[58]. La modernisation de la politique africaine française du passé, souvent jugée néocolonialiste, est cependant une tâche difficile. Il s'agit non seulement de rompre les liens de dépendance croisés entre la France et l'Afrique mis en œuvre par des réseaux économiques, politiques et militaires officiels ou officieux, mais, également, de « changer le regard français sur l'Afrique »[59]

La rupture avec la Françafrique a été promise par tous les exécutifs depuis l'élection de François Mitterrand. Pourtant, les changements ont été difficiles à mettre en place. La promesse de François Hollande peut-elle être tenue ? En 1981, à son arrivée au pouvoir, la gauche annonça également l'application d'une logique et d'une morale nouvelles dans la politique africaine de la France, dont Jean-Pierre Cot, ministre délégué à la Coopération de mai 1981 à décembre 1982, semblait être le garant jusqu'à ce que la « realpolitik » s'impose[60] Nicolas Sarkozy a lui aussi souhaité une rénovation de la relation franco-africaine, qui s'est effacée sous l'effet d'une politique interventionniste[61] et de la rupture avec une

---

[58] 58e des 60 engagements de François Hollande dans le projet électoral du Parti socialiste : « Je développerai la relation de la France avec les pays de la rive sud de la Méditerranée sur la base d'un projet économique, démocratique et culturel. Je romprai avec la Françafrique en proposant une relation fondée sur l'égalité, la confiance et la solidarité. Je relancerai la Francophonie. »

[59] Interview de François Hollande du 27 mars 2012 dans Afrik.com : http ://www.afrik.com/article25144.html

[60] La nomination de Jean-Pierre Cot annonçait la fin de la « Françafrique » jusqu'à ce que sa démission augure le retour d'une politique africaine plus conservatrice et favorable au maintien de relations privilégiées entre la France et son pré-carré. La politique africaine de François Mitterrand fut dès lors, et jusqu'à la fin de son mandat, marquée par des réseaux de diplomatie parallèle. Voir à ce propos un article de *l'Express* paru, à vif, lors de la démission de Jean-Pierre Cot (http ://www.lexpress.fr/actualite/monde/afrique/l-ecart-de-jean-pierre-cot_498726.html), ainsi qu'un article de Michel Abhervé pour *Alternatives Économiques* (http ://alternatives-economiques.fr/blogs/abherve/2012/05/21/pascal-caffin-sur-les-traces-de-jean-pierre-cot/

[61] Voir à ce sujet un article de Tobias Koepf, « Les interventions militaires de la France en Afrique – Quelles leçons à tirer de la présidence de Nicolas Sarkozy ? », in. Thierry de Montbrial, Philippe Moreau Defarges (dir.), *RAMSES 2013 – Gouverner aujourd'hui ?*, Dunod, Paris, septembre 2012, pp. 178-181.

partie des opinions publiques africaines et une large part de l'intelligentsia provoquée par le discours de Dakar.

Quatre mois après son investiture, François Hollande suscite en Afrique à la fois espoir et attentisme. Le projet socialiste pour l'Afrique défend une profonde rénovation de la relation France-Afrique[62]. Pour la mettre en œuvre, la politique africaine du nouveau gouvernement devra rompre avec le sarkozysme tout en se démarquant du lourd héritage mitterrandien. Le « changement » annoncé verra-t-il le jour en Afrique ? Les socialistes en ont-ils les moyens ? Quelle forme prendra cette rupture ?

Pour sa politique africaine, François Hollande souhaite « rompre » avec le passé et en particulier avec la politique de Nicolas Sarkozy.

Mais, existe-t-il une politique africaine « de gauche » ?

La politique africaine de François Hollande ne différera guère de celle de Nicolas Sarkozy. Dans ce domaine comme dans beaucoup d'autres, la principale différence entre les deux hommes sera une différence de style.

En réalité, la politique africaine de la France ne variera pas significativement avec les alternances. Elle évoluera au gré de la volonté de la normaliser et des résistances opposées à cette volonté de normalisation. C'est ce que nous pouvons appeler le conflit des Anciens et des Modernes.

Il est significatif d'ailleurs que Jean-Marc Ayrault (Premier premier ministre de Hollande), dans son discours de politique

---

[62]Voir à ce sujet un essai de Thomas Mélonio proposant de nouvelles orientations de la politique africaine française en vue des élections présidentielles de 2012. L'auteur, alors délégué Afrique du Parti socialiste lors de la publication de l'essai, est aujourd'hui Conseiller adjoint d'Hélène Le Gal à la « cellule Afrique » de l'Élysée.
Véritable plaidoyer pour une réforme profonde de la relation franco-africaine, cet essai, qui est considéré comme le programme pour l'Afrique du Parti socialiste, est symptomatique du changement de regard sur l'Afrique du nouveau gouvernement français. Thomas Mélonio, *Quelle politique africaine pour la France en 2012 ?*, es Essais, Fondation Jean Jaurès, Paris, juin 2011 (disponible en ligne : http ://www.jean-jaures.org/Publications/Les-essais/Quelle-politique-africaine-pour-la-France-en-2012

générale à l'Assemblée nationale, ait repris, presqu'au mot près, le discours du candidat Sarkozy début 2007. C'est bien la preuve que la « normalisation »[63] de la politique africaine, au moins dans le discours, n'est ni de droite ni de gauche.

Prenez la fameuse « cellule Afrique » de l'Elysée. Sa suppression était demandée, à droite comme à gauche. Nicolas Sarkozy l'a fait en 2007, privant François Hollande d'une réforme qui, cinq ans plus tard, aurait pu marquer le signe de la normalisation.

François Hollande s'intéresse-t-il à l'Afrique ?

Il a certes fait son stage ENA en Somalie à la fin des années 1970 ; mais il s'en est ensuite désintéressé. À la différence de Ségolène Royal qui s'était rendue en Afrique pendant la campagne présidentielle de 2007, François Hollande n'a pas jugé utile de le faire cinq ans plus tard.

En effet, le manque d'intérêt de François Hollande pour l'Afrique est emblématique de la classe politique française et des Français en général. En politique étrangère, comptent avant tout la construction européenne, la relation avec les États-Unis, éventuellement les pays Arabes. Mais la relation avec l'Afrique est passée au second plan.

Au demeurant, Nicolas Sarkozy ne s'intéressait guère plus à l'Afrique ; mais, il a croisé la route de vieux « françafricains » : Pasqua, Balkany… cela n'a pas suffi à faire de lui un Africain. Sarkozy comme Hollande sont des hommes d'une génération pour laquelle la relation franco-africaine est passée de mode.

---

[63]La « normalisation » de la politique africaine de la France est le fruit d'un processus de rénovation des relations franco-africaines entamé depuis quelques années et accéléré aujourd'hui sous la présidence Hollande. Elle peut être expliquée par un double phénomène. D'un côté, l'Afrique est depuis plusieurs années marginalisée par la France qui se désintéresse d'elle. D'un autre côté, la sortie des « Anciens » du système de la relation franco-africaine et l'arrivée de nouveaux décideurs aux profils radicalement différents ont conduit à une profonde reconfiguration de l'équipe « Afrique » du gouvernement français. C'est ce second point qui caractérise, en partie, les évolutions observées dans la politique africaine de François Hollande

Comment une simple rénovation des acteurs peut-elle influer sur la relation franco-africaine ?

Pour comprendre une politique, il faut savoir quels sont les hommes qui la mettent en œuvre, quel est leur parcours professionnel, leurs influences intellectuelles. La lecture des notices biographiques de l'annuaire diplomatique nous apprend autant sinon plus que celle du programme du PS sur la politique africaine qui sera menée.

Ce qui nous frappe, c'est la « normalité » des décideurs français chargés de l'Afrique dans la nouvelle équipe dirigeante. Le temps n'est plus où les conseillers africains du président – ou du ministre des affaires étrangères – avaient, comme Jacques Foccart, Michel Dupuch ou Michel de Bonnecorse, une dimension « françafricaine » plus affirmée.

La « normalité » des nouveaux décideurs de la politique africaine française s'explique par leur approche « banale » de la relation franco-africaine du fait que leur expérience africaine se concentre sur des régions où la France est, aux yeux des Africains, un acteur parmi d'autres (notamment en Afrique australe et orientale). Le profil de ces nouveaux décideurs diffère radicalement de celui des « Anciens » qui, à l'inverse, ont une vision connotée de la relation franco-africaine de par leur expérience qui se concentre sur le « pré-carré » français, soit les États d'Afrique francophone qui entretiennent des relations privilégiées avec la France compte tenu de leur histoire commune. Ainsi, cette différence de perception de la relation franco-africaine, connotée ou banalisée, a une influence importante sur la politique africaine mise en œuvre.

Les africanistes « historiques » du PS, comme François Loncle, Jean-Marie Le Guen ou Jack Lang ne font plus partie de cette équipe Afrique. Est-ce à dire que la Françafrique a disparu ?

Comme l'ont excellemment démontré Antoine Glaser et Stephen Smith, la Françafrique s'est déplacée de la sphère publique vers la sphère privée. La raison en est simple : le désintérêt de l'État français pour l'Afrique, les contraintes budgétaires et la transparence accrue des financements politiques ont réduit drastiquement les marges de manœuvre dont disposaient les acteurs publics. Comme le dit la maxime, un roi nu est plus difficilement corruptible qu'un roi riche !

Si la France semble s'intéresser de moins en moins à l'Afrique, qu'en est-il de l'Afrique vis-à-vis de la France ?

Il faudrait demander aux Africains ce qu'ils en pensent. En réalité la France s'intéresse de moins en moins à l'Afrique mais ce sont plutôt les hommes d'Etat africains qui restent intéressés par la France car, c'est elle qui leur donne l'onction au pouvoir.

Pour preuve : depuis son entrée en fonctions, François Hollande ne s'était pas encore rendu en Afrique[64]. En revanche, en l'espace de quatre mois, sept chefs d'État d'Afrique francophone ont été reçus à l'Élysée – Thomas Yayi Boni, Ali Bongo Ondimba, Alpha Condé, Macky Sall, Mahamadou Issoufou, Alassane Ouattara et Blaise Compaoré, tous issus de l'habituel « pré-carré » français. Finalement, François Hollande se désintéresse peut-être de l'Afrique mais il est bien obligé de continuer à le faire. C'est exactement ce qui est arrivé à son prédécesseur !

Le problème fondamental est que la France reste un partenaire commercial, financier, militaire, diplomatique de premier rang pour ces pays du « pré carré » (alors que la réciproque n'est pas vraie) et de surcroît, la France occupe encore dans l'imaginaire des Africains, et de leurs élites, une place de choix.

La situation au Sahel a longtemps inquiété les autorités françaises qui finalement sont intervenus dans la région. Or, cette intervention militaire, n'entre pas en contradiction avec cet effort de normalisation annoncé ?

La crise malienne concerne la France au plus haut point car elle se situe à l'intersection de deux thématiques : la thématique

[64] Après de longues hésitations, François Hollande se rendra en RDC à l'occasion du prochain sommet de la Francophonie qui se tiendra du 12 au 14 octobre 2012 à Kinshasa. Il fera en chemin une halte au Sénégal. Ce premier voyage du président français sur le continent africain pourrait être l'occasion d'exposer la politique africaine du nouveau gouvernement.

terroriste qui est devenue une priorité de notre appareil de sécurité (DGSE [65] DCRI[66]...) et la thématique africaine. Cette région du monde reste l'une des rares – sinon la seule – où l'expertise de la France est plus importante que celle des États-Unis. Si une intervention a lieu, c'est à la France d'en prendre la responsabilité, avec bien entendu l'accord de l'Onu et des organisations régionales, et si nos partenaires européens se laissent forcer la main, dans le cadre de la Politique européenne de sécurité et de défense (PESD[67]).

La question n'est ni de gauche ni de droite. Ici – comme en Syrie – il y aura peut-être une différence de style, peut-être quelques coups de griffe politiciens, mais la diplomatie de Laurent Fabius traitera la crise malienne grosso modo comme Alain Juppé l'aurait fait.

Si la normalisation actuelle des relations franco-africaines n'est que le fruit d'un processus de transition initié depuis quelques années déjà, quelle est la valeur ajoutée apportée par le nouveau gouvernement ?

François Hollande utilisera un nouveau style vis-à-vis de l'Afrique. Il est certain qu'il n'y aura pas de discours de Dakar et que sa façon de parler de l'Afrique sera bien plus « politiquement correcte » que celle de son prédécesseur. Nous pensons que la relation franco-africaine dépendra de plus en plus des décisions prises dans les prétoires des tribunaux et les bureaux des juges d'instruction. L'exécutif de François Hollande devrait en effet laisser à la Justice plus de marge de manœuvre que les exécutifs précédents. Nous pouvons observer cette tendance aujourd'hui avec l'affaire Kieffer[68]ou celle des Biens mal acquis[69].

---

[65] Direction générale de la sécurité extérieure.

[66] Direction centrale des renseignements intérieurs.

[67] Voir à ce propos : Tobias Koepf, « Interventions françaises en Afrique : la fin de l'européanisation ? », in. *Politique étrangère 2012/2 (été)*, Ifri, Paris, septembre 2012, pp.415-426.

[68] Guy-André Kieffer était un journaliste franco-canadien disparu le 16 avril 2004 au cours d'une enquête qu'il menait sur des malversations dans la filière cacao en Côte d'Ivoire. Si les proches du président Gbagbo ont été soupçonnés, les circonstances de sa disparition n'ont pas encore été élucidées ; l'enquête, suivie

Dans ce contexte de rénovation, on peut se demander ce que vont devenir les sommets France-Afrique. Ils ont certes un côté un peu passéiste, mais il serait sans doute dommage de s'en passer. Après tout, les Chinois le font aussi[70]. Par ailleurs, François Hollande pourrait en profiter pour rénover cette « institution », qui reste une formidable occasion de rencontres et de discussions.

Ainsi donc, le 26e depuis l'instauration de ces "grand-messes" franco-africaines en 1973, montre une fois de plus combien il est difficile pour Paris de rompre avec son traditionnel rôle paternaliste de gendarme de l'Afrique. Cette page-là de l'histoire de la France avec le continent devait être tournée, il est désormais question, à l'heure où les caisses françaises sont vides, de réduire leur présence militaire en Afrique, on doit parler d'égal à égal et non pas en grand-frère. C'est pourtant la France qui intervient, au Mali puis en Centrafrique. Et c'est encore la France qui convoque, chez elle, les Africains à un sommet "sur la sécurité". L'ancienne puissance coloniale s'est fait rattraper par son passé : c'est vers elle que les Africains militairement incompétents et la communauté internationale peu encline à intervenir elle-même se sont "naturellement" tournés.

---

par la justice française, est aujourd'hui toujours en cours. Voir à ce sujet un article du Monde : http ://www.lemonde.fr/societe/article/2012/01/03/affaire-kieffer-un-juge-francais-de-nouveau-a-abidjan_1624978_3224.html

[69] En mars 2007, trois ONG françaises (Survie, Sherpa et Fédération des congolais de la diaspora) portent plainte contre cinq chefs d'État africains (le gabonais Omar Bongo, le congolais Denis Sassou Nguesso, le burkinabè Blaise Compaoré, l'angolais Eduardo Dos Santos et Teodoro Obiang Nguema Mbasogo de Guinée équatoriale) pour détournement de biens publics. Les cinq chefs d'État sont accusés d'avoir obtenu illégalement des biens immobiliers de luxe et des avoirs bancaires par le biais de détournement de fonds publics. L'affaire est classée sans suite en novembre 2007 puis est de nouveau ouverte en janvier 2008. Elle est aujourd'hui toujours suivie par la justice française. Voir à ce propos un article de France24 faisant le point sur les dernières avancées de l'affaire : http ://www.france24.com/fr/20120217-affaire-biens-mal-acquis-franchit-nouvelle-etape-france-afrique-justice

[70] Les sommets sino-africains FOCAC (Forum on China-Africa Cooperation), dont l'objectif est d'améliorer la coopération Chine-Afrique (élaboration de contrats et d'accords d'aide au développement), réunissent tous les trois ans depuis 2000 représentants chinois et africains (49 États représentés en 2009). Ils sont organisés une fois sur deux en Chine.

Paris a accepté ce rôle mais en a aussitôt tiré la leçon : "Avec ce sommet, on veut aider les Africains à devenir à terme autonomes, maîtres de leur territoire", expliquera un officiel, "ça ne se fera pas du jour au lendemain. Le sommet ouvre un chemin". A l'Elysée, on parle désormais de "la doctrine Hollande" comme d'une "évolution majeure" : c'est-à-dire "le soutien aux organisations collectives africaines en reconnais-sant leur légitimité et compétence première en matière de préservation de la paix, de sécurité, de développement". Et de citer pour exemple les interventions militaires de la France au Mali et en Centrafrique "en appui de la force africaine". Au passage, on n'oublie pas de rappeler que François Hollande a été le seul chef d'Etat européen invité aux 50 ans de l'Union africaine en mai 2013 à Addis-Abeba. Car Paris ne cache pas espérer aussi saisir cette occasion pour rasseoir l'influence qu'elle était en train de perdre en Afrique, au moment où le monde entier courtise ce continent perçu comme un réservoir de croissance à venir (les Européens ont eu leur sommet en avril 2014, les Américains au cours de l'été prochain…). "Nous nous considérons comme un acteur majeur au niveau planétaire en Afrique et nous sommes considérés comme tels", affirmera un diplomate français.

Au-delà du clivage droite-gauche, la transition que connaît la relation franco-africaine est le fruit de l'accélération d'un processus de rénovation entamé depuis quelques années déjà. Le « changement » mis en œuvre par le nouveau gouvernement français n'est pas forcément là où on l'attend. Il n'est pas tant dans la politique menée que dans les pratiques mises en œuvre, qui, à terme, mèneront à une réelle rénovation de la politique africaine française.

L'Afrique ne fait plus partie des priorités de la France, dont la politique étrangère s'est davantage concentrée sur la crise européenne et la gestion de la crise financière. Cette marginalisation de l'Afrique s'est faite au détriment des relations privilégiées héritées de notre histoire commune avec l'Afrique francophone.

Dans certains États africains, la France est, elle aussi, marginalisée[71]. Elle doit accepter la naissance d'une nouvelle Afrique multipolaire qui, forte de sa croissance annuelle de 5 %[72], diversifie ses marchés et ses partenaires au profit de nouveaux acteurs beaucoup plus concurrentiels que la France, tels que la Chine, l'Inde ou le Brésil [73].

Certaines pratiques mises en œuvre par le nouveau gouvernement, d'ordre symbolique cette fois, affirment cette nouvelle orientation de la politique africaine de la France. Dans un souci de rupture avec leurs prédécesseurs, les socialistes prennent soin de changer de ton vis-à-vis de l'Afrique en mettant en avant le concept de « normalité ». Par ailleurs, le passage de la « Coopération » au « Développement » symbolise, avec la réforme de la cellule africaine de l'Élysée, la mort institutionnelle de la « Françafrique ».

C- LA POLITIQUE AMERICAINE EN AFRIQUE SUBSAHARIENNE

Dès la fin de la guerre froide symbolisée par la chute du mur de Berlin en 1989 et la balkanisation de l'URSS en 1990-1991, les Etats-Unis ont décidé d'étendre leur influence en Afrique noire, retirant ainsi aux anciennes puissances coloniales le permis de

---

[71] Entre 2000 et 2010, la part de marché de la France en Afrique est passée de 16,2 % à 8,9 % au profit des États émergents, notamment la Chine qui voit sa part de marché passer de 3,4 % en 2000 à 12,5 % en 2010.
(http ://lekiosque.finances.gouv.fr/APPCHIFFRE/Etudes/tableaux/EE_31.pdf)

[72] UNECA (Commission économique pour l'Afrique aux Nations unies), *Rapport économique sur l'Afrique 2012*, Addis-Abeba, mars 2012
(http ://new.uneca.org/Portals/fr/Documents/ERA2012/ERA2012_FRE_fin.pdf)

[73] Voir à ce propos : R. Gutmann, *L'Inde et le nouveau partage de l'Afrique : l''affirmation d'une puissance émergente*, avril 2008
(http ://www.ifri.org/ ?page=detail-contribution&id=5026&id_provenance=97) ;
V. Niquet et S. Touati *La Chine en Afrique : intérêts et pratiques,* décembre 2011(http ://www.ifri.org/ ?page=detail-contribution&id=6945&id_provenance=88&provenance_context_id=1) et T. Patriota *Le Brésil, un partenaire de l'Afrique qui s'affirme. Les relations Brésil/Afrique sous les gouvernements Lula (2003-2010)*, septembre 2011 (http ://www.ifri.org/ ?page=detail-contribution&id=6748&id_provenance=105&provenance_context_id=1).

sous-traitance stratégique. L'Afrique, dont les afro pessimistes ont toujours prétendu qu'elle est source de désordre, facteur de nuisance et n'ayant aucun intérêt stratégique, trouva grâce aux yeux des Etats-Unis qui entreprirent d'y établir leur civilisation. Dès le début de la décennie 1990, les discours des officiels américains avaient comme leitmotiv la démocratie et le développement de l'Afrique. Le 25 avril 1990, M. Herman Cohen alors secrétaire d'Etat adjoint chargé des affaires africaines déclarait : « *Reformes politiques et économiques sont étroitement liées à la croissance et au développement en Afrique* » (*Afrique Etats-Unis* N°9 du 15 juin 1990). Le 27 octobre 1991, Nancy Kassebaum, sénatrice à Washington, considérait que l'administration américaine devrait coopérer avec les Africains pour créer les conditions propices à l'épanouissement de la démocratie. Le 10 octobre 1996, le secrétaire d'état, M. Warren Christopher, prononçait à Addis-Abeba un discours lors du sommet de l'O.U.A. Il disait en substance que la démocratie est la seule condition pour le développement durable en Afrique. Parallèlement aux discours officiels, la promotion de la démocratie se faisait sur le terrain au travers des relais du NED (New Endowment for Democracy). Les Etats-Unis s'impliquèrent dans la transition démocratique en Afrique de l'est, dans la révolution Sud-africaine qui permit la libération de Nelson Mandela ainsi que son accession au pourvoir. Ils agirent également dans les événements qui ont entraîné la chute de Mobutu (Diamond, 1997). Au Cameroun notamment, Frances Cook s'investit beaucoup dans la promotion de la démocratie en s'intéressant aux élections présidentielles d'octobre 1992, ce qui lui valut une convocation le 19 octobre 1992 au ministère des Relations extérieures (Marc Yared « Frances Cook, ambassadeur tout-terrain » dans Jeune Afrique N° 1660 - 1661 du 29 octobre au 11 novembre 1992. P. 8).

Dès son accession à la magistrature suprême en 2000, le président G.W. Bush adopta la politique africaine de son prédécesseur. Cependant, compte tenu des priorités de la Maison Blanche qui étaient d'ordre énergétique, le Golfe Arabo-persique va faire légèrement ombrage à l'Afrique. En effet, l'administration américaine, qui faisait face à une crise énergétique, préconisera l'exploitation massive des réserves extérieures et leur conservation. Or, les intérêts pétroliers américains à cette époque étaient très importants dans le Golfe persique.

Le 16 mai 2001, le président Bush annonce son intention de réunir au mois d'octobre de la même année aux USA les chefs d'Etats de trente-cinq pays africains. A ce moment précis, la politique africaine de George Bush vise à s'appuyer sur des Etats pivots (Anchor-states) dans chaque sous-région et à s'articuler autour de trois points : lutte contre le SIDA, la résolution des conflits et la démocratisation du continent. (Sylvie Deroche *« les 3 piliers africains de G.W. Bush »* dans Jeune Afrique l'Intelligent N° 2106 du 22 au 28 mai 2001. PP. 12-13). La démocratisation s'inscrit alors dans la politique africaine des Etats-Unis dans le but d'exporter la civilisation américaine. Comme le disait Robert Strausz-Hupe : "*Given their passion for democracy, Americans are not comfortable when they are forced to contemplate a U.S foreign policy that does not seem to advance democracy*" (Strausz-Hupe 1995 : 126). Dans cette optique donc, la promotion de la démocratie, comme objectif de politique étrangère américaine s'explique par le souci de cohérence entre l'opinion interne et la politique étrangère.

Mais, surviennent les attentats du 11 septembre 2001 qui imposent un réaménagement de la stratégie américaine dans le monde. La sécurité nationale passe désormais devant toutes les priorités. Elle exige la lutte contre le terrorisme et la recherche de sources pétrolifères alternatives.

La promotion de la démocratie s'inscrit dès lors dans une double logique à savoir : projeter la culture américaine et préserver la sécurité nationale des Etats-Unis. Pour l'Afrique en général et le Cameroun en particulier, la démocratie devient un argument important dans la préservation de l'intérêt national américain.

Or, parler de promotion de la démocratie exige un instant que l'on précise qu'il s'agit en réalité d'assistance à la consolidation démocratique. En effet, la démocratie n'est pas une apparition spontanée, mais bien plus le résultat d'un processus appelé démocratisation. Cette dernière commence avec l'ouverture du régime autoritaire qui laisse apparaître quelques fissures ; l'on parle alors de libéralisation. Ainsi, comme le font remarquer Przeworski, Alvarez, Cheibub et Limongi, contrairement à une idée répandue aux Etats-Unis dans les années 1950, « *the route to démocracy is not a circuitous one* » (Przeworski et Al II, 1996 : 1). Le Cameroun a donc franchi la première étape au cours de la décennie 1990, lors de la quatrième vague de démocratisation portée par le vent d'est. Il s'agit d'admettre que la libéralisation n'est qu'une ouverture et que la consolidation démocratique ne vient que par la suite (Bratton et Hyden, 1992. Huntington, 1991 : 7). Cependant, la consolidation n'allant pas de soi, puisque l'on peut assister au retour vers l'autoritarisme comme le dit Philippe Schmitter (retour vers l'identique), les Etats-Unis assistent le Cameroun dans la consolidation des institutions et des habitudes démocratiques. En fait, de la promotion de la démocratie, il s'agit donc d'assistance à la consolidation démocratique.

Les auteurs tels que Joseph Schumpeter et Robert Dahl ont retenu de la démocratie une définition simpliste et minimaliste. Dans leur acception de la démocratie, ils mettent en relief les mécanismes participatifs réduits au vote. Samuel P. Huntington semble y souscrire lorsqu'il dit : « *Si l'élément fondateur de la démocratie réside dans l'élection des dirigeants par le peuple, alors le moment décisif du processus de démocratisation est celui où un gouvernement choisi selon des critères autres que démocratiques se trouve remplacé par un nouveau gouvernement adopté au cours d'élections libres, ouvertes et honnêtes* » (Huntington, 1991 : 7). L'on ne saurait cependant s'arrêter à cette définition qui fait de la démocratie une « *electoral democracy* » pour reprendre Hans-Jurgen Puhle. En effet, ce dernier stigmatise « *l'électoral democracy* ». Cette dernière, d'après lui, a le mérite d'intégrer en plus du vote, les principes tels que le « *Checks and balances* », l'Etat de droit, la garantie des libertés civiles et politiques. L'on aboutit à ce qu'il appelle « *democratic rechsstaat* » (Etat de droit démocratique) (Puhle, 2005 : 7). La définition qui semble la plus complète est pourtant celle que donnent Diamond (Larry), Lipset (Martin seymour) et Linz (juan j.). En effet, ces auteurs pensent que la démocratie est un système de gouvernement qui satisfait à trois conditions essentielles : la compétition pour la conquête du pouvoir, un degré très large de participation politique et un niveau suffisant en matière de libertés civiles et politiques. (Diamond, Linz et Lipset, 1993).

Larry Diamond a consacré un article à la promotion de la démocratie dans les années 1990 (Diamond, op. cit.). Il présentait l'activisme américain sur la scène internationale pour étendre son mode de pensée politique, ce dans une logique d'expansion de la civilisation américaine. L'Afrique y est évoquée, mais dans un autre contexte international. Cet article est représentatif de ce qui se traitait dans le cadre de la promotion de la démocratie dans la décennie 1990. Joël D. Barkan quant à lui s'interroge sur la capacité des démocraties établies à répandre la démocratie dans le monde (Barkan, 1997). Luc Sindjoun, traitant de la loyauté démocratique, démontre qu'à partir de la trilogie proposée par Albert Hirschmann devant la promotion de la démocratie par une puissance à savoir : la loyauté, la défection et la protestation, l'on peut envisager une quatrième posture : la simulation. Robert Pinkney s'intéresse quant à lui à la consolidation de la démocratie en Afrique de l’Est en se penchant sur les pressions et contraintes extérieures propres à la décennie 1990 qui imposent la consolidation démocratique (Pinkney, 1999). Paul Ndue s'intéresse à l'ouverture de l'Afrique au pluralisme ce, toujours dans le contexte des années 1990. (Ndue, 1994).

Joseph Nye Jr. se penche sur l'extension du leadership américain par le « *Soft power* ». Ce dernier relève le rôle de la démocratie dans la politique étrangère en tant qu'elle est une projection de la puissance (Nye, 1992). Jean Daniel Aba, dans une thèse de doctorat présentée à la Sorbonne en 2000-2001, a traité de la démocratie comme une modalité d'élaboration de la politique africaine des Etats-Unis. C’est dans cette même logique que s'inscrit l'ouvrage de l'ex-ambassadeur du Gabon aux Etats-Unis. Paul Bunduku-Latha, quant à lui, examine la politique africaine de l'administration Clinton. Dans cette dernière, la démocratie occupe une place prépondérante (Bunduku-Latha, 1999), alors que Robert Strausz-Hupe observe que la démocratie dans la politique étrangère américaine relève de la nécessité de cohérence entre l'opinion nationale et sa politique extérieure (Strausz-Hupe, op.cit.).

Ces ouvrages sont représentatifs de deux types de littérature qui se limitent à présenter la démocratie, dans la politique étrangère américaine, comme une exigence de projection de puissance. Appliquée en Afrique dans la décennie 1990, elle vise en plus à aider le continent à connaître la paix et le développement.

Le 11 septembre 2001 a révélé aux yeux du monde que la sécurité nationale dans un monde de plus en plus globalisé ne relève plus seulement de la capacité d'un Etat à garantir sa souveraineté ; tant il est vrai que la souveraineté est de tout temps et aujourd'hui plus encore une illusion, une fiction. L'ordre intérieur dépend donc désormais de la maîtrise des facteurs de puissance qui se trouvent au-delà des frontières nationales. Ainsi, la « *guerre préventive* » engagée contre le terrorisme par le président G.W. Bush au lendemain du 11 septembre 2001 suppose que par l'usage du « *hard power* » et du « *soft power* » (Nye, Op. cit.), les Etats-Unis devront s'assurer le contrôle des pivots stratégiques du globe. Cependant, les Etats-Unis, dans leur entreprise de promotion de la démocratie au Cameroun, font prévaloir que l'absence de démocratie dans ce pays est à l'origine du retard accusé dans le développement économique. Etudier la politique américaine de promotion de la démocratie au Cameroun après le 11 septembre 2001, c'est donc s'interroger sur les fondements de cette politique, c'est s'interroger sur le rôle que le Cameroun peut jouer dans la nouvelle stratégie de sécurité nationale américaine. C'est enfin se demander si le choix du cadre stato-national camerounais est fortuit.

Depuis les années 1990, les Etats-Unis s'emploient à la démocratisation de l'Afrique et ceci pour voler au secours d'un continent qui se meurt. Au-delà du « *politiquement correct* », il peut apparaître que l'ère de la sous-traitance stratégique étant révolue, les Etats-Unis veulent désormais étendre leur influence sur l'Afrique. Septembre 2001 marque une date importante dans cette politique car, avec les attentats des tours jumelles et du Pentagone, des exigences sécuritaires et énergétiques poussent le pays de l'oncle SAM à intensifier sa présence en Afrique. Nous passons de l'ère de la simple « *diplomatie Mère Térésa* » (Aba, 2001/2002, P. 622) à une diplomatie de « *real politik* ». En effet, le golfe de Guinée est à plus d'un titre intéressant pour les Américains pour son pétrole, sa situation stratégique dans la lutte contre la propagation du terrorisme et les autres menaces transnationales. La promotion de la démocratie au Cameroun s'inscrit dans une politique africaine qui vise des objectifs multiples, mais dont la finalité est d'abord l'intérêt des Etats-Unis sur les plans énergétique et sécuritaire. Par ailleurs, il s'agit d'une imposition de l'idéologie qui participe à la projection de la puissance américaine.

Il apparaît donc que dans un contexte de fin des souverainetés, le réalisme se serait métamorphosé ; ce réalisme démocratique qui tend à démontrer que la grille réaliste, que nous convoquons ici, garde toute sa pertinence. L'Etat a perdu le monopole du jeu des relations internationales parce qu'il est concurrencé par d'autres acteurs. Le trait caractéristique de la concurrence est de faciliter la naissance des stratagèmes pour l'amélioration des compétences.

Si l'on convient avec Diane Ethier que les constitutions nationales et le droit international reconnaissent l'Etat comme le seul acteur de la politique étrangère (Ethier, 2003 : 126), il faut noter que l'Etat fait de plus en plus des autres acteurs ses bras séculiers. Les institutions financières internationales font souvent la politique étrangère des grandes puissances, tout comme l'ONU. Dans le cadre de notre analyse, nous accordons aussi une place importante à ce que Larry Diamond appelle « *Quasi Governmental organizations* ». Il s'agit des organisations puissantes telles que le NED (*New Endowment for Democracy*) et des pendants des « *german stiftung* » que sont le NDI (*National Democratic Institute*) et l'IRI (*International Republican Institute*). Celles-ci agissent en connexion avec d'autres ONG de promotion de la démocratie. La Fondation Carter s'inscrit dans la même dynamique. La population camerounaise, « *alliée silencieuse* », sera mise à contribution pour l'enracinement de la démocratie. Tous ces acteurs, *a priori,* non étatiques font finalement la politique de l'Etat américain dans sa quête de puissance et d'intérêts. Cela nous a conduit à préférer l'usage du réalisme au néo-réalisme.

La crise de la souveraineté n'a pas conduit à la crise du réalisme. Cependant, elle a conduit à une mutation, à sa transformation en une forme spécieuse, captieuse, vicieuse car étant comme une nappe d'algues qui cache un lac paisible mais profond. C'est précisément ainsi que se présente le réalisme démocratique des Etats-Unis au Cameroun. Une politique inoffensive qui vient soulager le peuple camerounais du « *règne de l'autocratie* ». Le choix du réalisme reste motivé par la nécessité de lucidité dans les relations internationales. Georges Washington ne disait-il pas qu'aucun Etat ne doit être cru au-delà de ses intérêts ?

Le réalisme n'est donc pas obsolète, il reste tapi dans un fourré appelé « *démocratie* ». Rien n'interdit aux pays de l'Afrique subsaharienne l'usage de ce même réalisme pour maximiser les gains dans cette coopération.

a) Le leadership de la France en Afrique contesté par les Etats-Unis : le choix Tutsi de Washington[74]

L'intérêt particulier que suscitent les Etats-Unis pour l'Afrique Subsaharienne depuis les années 90, a entraîné une remise en question du leadership dans cette région sous l'emprise de la France. Côté français, on est prompt à déceler la main de Washington derrière les déclarations et les menées anti-françaises des pays anglophones de la région des grands lacs ; particulièrement le Rwanda qui est désormais aux mains des Tutsis, l'Ouganda, le Kenya et l'Afrique du sud. Telle est la position défendue par Paris. Cette suspicion n'est certainement pas non fondée. Une constatation s'impose en tout cas : une partie de l'élite tutsie du Rwanda, autrefois francophone (le Rwanda et le Burundi furent des colonies belges), appartient désormais à l'univers anglophone. Ce revirement est le fruit d'un choix délibéré.

[74] Cf. Frédéric Pons, Dossier : Guerre éclair au Tutsiland, le spectacle du monde. Décembre 1996.

Dès la fin des années cinquante, afin de *« préparer »* une accession démocratique à l'indépendance du pays, le colonisateur belge avait pris fait et cause dans ce pays pour la majorité hutu. Une fois l'indépendance acquise, celle-ci réprima lors de plusieurs massacres (1964, 1973, 1986….) les Tutsis dont trois cent mille au moins s'exilèrent en Ouganda où ils se dotèrent d'une structure militaire. Le Front patriotique rwandais (FPR), fort de vingt mille combattants aguerris, avait face à eux. L'armée rwandaise, quoique équipée et entraînée par la France, n'avait qu'une piètre valeur militaire. Seuls les parachutistes français purent lui permettre de résister aux incursions du *FPR*, notamment en 1990, où Kigali manqua de tomber aux mains des rebelles.

Via l'Ouganda, des contacts furent noués entre les rebelles tutsis et les Américains. En effet, la plaque tournante de l'aide politique et militaire américaine aux pays de la région se trouvait sur l'aéroport de Kampala Entebbe, sur les bords du lac Victoria. Les services américains utilisaient également cette plate-forme comme base de relais entre les Etats-Unis et l'île de Diego Garcia dans l'Océan Indien. C'était de là que partait le ravitaillement des maquis anti-islamiques du Sud Soudan. Très vite, Washington a donc vu le parti que les Etats-Unis pourraient tirer d'une alliance avec les exilés tutsis. Celui qui est aujourd'hui l'homme fort de Kigali, le ministre de la Défense Paul Kagamé, fut invité à suivre une formation aux Etats-Unis, comme un grand nombre de ses officiers. Dans le même temps et au lieu de se contenter d'être des réfugiés et des activistes de la cause rwandaise, les Tutsis étaient devenus le bras armé du régime ougandais, dominé par leurs *« cousins »* de l'ethnie ougandaise des *Muhimas* et du président ougandais Yoweri Museveni. C'est avec les appuis des combattants Tutsis que ce dernier a pu prendre le pouvoir à Kampala en 1986. D'ailleurs à l'époque, le patron des services de sécurité de l'Ouganda n'était autre que... Paul Kagamé. C'est que les uns et les autres nourrissaient un projet stratégique commun : depuis longtemps, en effet, à la lumière des écrits et des regroupements de forces, les experts prêtent aux Muhimas d'Ouganda et aux Tutsis du Rwanda et du Burundi, l'intention de créer un vaste empire Mututsi dans la région des Grands Lacs

(Ouganda, Burundi, Rwanda) ; un projet qui a reçu l'aval américain. A l'Ouest, ce serait « *l'Empire Tutsi* » qui déborderait sur le territoire Zaïrois devenu aujourd'hui la République Démocratique du Congo, au Kivu précisément, où venaient de se rebeller les Tutsis Banyamulenges dirigés par Laurent Désiré Kabila, le nouvel homme fort de Goma nom de la principale ville du sud-est de la République démocratique du Congo.

Jusqu'à ces derniers temps, l'affirmation de ce *leadership* régional tutsi se heurtait directement à l'influence française. Paris *« tenait »* le verrou rwandais excluant tout autre *« patronage »* sur la région. La chute du régime hutu de Kigali en 1994, la montée en puissance des Tutsis et leur mainmise sur le Kivu a bouleversé les données. Aux yeux de ces derniers, la France était disqualifiée. Pour un retour du balancier stratégique, les Etats-Unis étaient devenus le nouveau parrain de la région des Grands Lacs, au grand dam de la France. Lors de sa tournée africaine d'octobre 1996, la première visite d'un chef de la diplomatie américaine depuis six ans, Warren Christopher avait donné le ton de cette nouvelle ambition. Au Mali, en Ethiopie, en Tanzanie, en Afrique du sud et puis en Angola, ce fut à chaque fois un discours sans surprise pour défendre la démocratie et pour rappeler l'intérêt porté par Bill Clinton à l'Afrique, en dépit de son véto à la réélection de l'Egyptien Boutros Boutros Ghali au secrétariat général des Nations unis et de la diminution notable de l'aide américaine au continent.

Certes, l'engagement américain en Afrique restait dans les faits plus limité. Les Africains eux-mêmes n'en étaient pas dupes. Les programmes d'aide se réduisaient en peau de chagrin et les fonds américains destinés au continent noir (650 millions de dollars en 1996) avaient chuté de 25%. Selon l'OCDE[75], l'aide publique américaine au développement n'a représenté en 1995 que 0,15% du PNB[76], contre 0,64% pour la France. Et encore, l'Afrique noire n'aurait reçu que 21% de cette aide américaine, le reste étant allé à Israël, à l'Egypte et à l'Amérique latine alors que, 62% de l'aide

---

[75] OCDE, *Organisation pour le commerce et le développement économique.*
[76] PNB, Produit national brut.

française allait en Afrique subsaharienne. En termes d'effectifs, Washington n'entretenait que quelques conseillers dans les pays anglophones.

C'est sur ce continent chroniquement instable que la réflexion stratégique américaine restait marquée par une très forte réticence à l'égard de tout engagement et par un rejet quasi obsessionnel des Nations Unies, comme l'avait démontré la valse-hésitation du mois de novembre 1996 à propos des réfugiés rwandais. Anthony Lake, le conseiller spécial pour les affaires de sécurité à la Maison Blanche, l'avait dit à plusieurs reprises à propos de la Bosnie : *« La première mission de nos forces armées n'est pas de conduire des missions de maintien de la paix, mais de gagner des guerres ».* Vue des Etats-Unis, l'Afrique était une sorte de cauchemar permanent : une nature sauvage et des natifs qui ne le sont pas moins, le chaos quasi permanent, des guerres incompréhensibles, des exodes monstrueux, le Sida, le choléra, la corruption, la drogue. Ce continent faisait le désespoir de la Banque mondiale, du FMI et de tous les organismes de coopération avec son long cortège de projets fantômes, de budgets fous et ses nuées de fonctionnaires criquets.

Ce constat expliquait toutes les réticences à l'égard de l'Afrique et la surprise que provoquait leur sollicitude. Le syndrome somalien taraudait la Maison blanche, le Pentagone, le Département d'état et le Congrès. A Mogadiscio, voici presque vingt ans que l'opération *Restore the hope* avait vu les meilleurs soldats de la première armée du monde bousculés, ridiculisés, rossés par des bandes de pillards efflanqués, à peine sortis de l'adolescence. Cette intervention militaro humanitaire avait été déclenchée par Georges Bush dans la dernière semaine de sa présidence, en décembre 1992. Démarrée en fanfare, conduite de façon erratique par un Bill Clinton obsédé par le concept du *« zero kill »* (zéro mort), elle s'était achevée un an plus tard par une cuisante défaite politique et militaire.

Ce souvenir avait longtemps paralysé les Etats-Unis dans le drame des Balkans, leur interdisant tout engagement militaire aux côtés des Européens. Ils pouvaient donc expliquer leurs hésitations dans la crise du Kivu et leur volonté de créer une force interafricaine de sécurité face aux situations d'urgence. L'idée du département d'Etat était de mettre sur pied une troupe multinationale permanente, intégrée, armée et soutenue par les Etats-Unis pour des missions d'urgence humanitaire sur le continent africain. L'Ouganda devrait être évidemment l'un des pivots de cette force.

Ce projet, présenté au mois d'octobre 1995 par Warren Christopher, secrétaire d'état américain chargé des affaires étrangères, agaçait au plus haut point les autorités françaises. Jacques Godfrain, ministre de la Coopération de l'époque, répliquait sur un mode ironique : « *Je me réjouis que l'Afrique devienne une priorité du gouvernement américain à quelques semaines de l'élection présidentielle aux Etats-Unis* ». Charles Millon, le ministre de la Défense, affirmait sur un mode plus technique que : *« Cela fait plusieurs années que la France travaillait avec ses partenaires africains à l'idée d'une force interafricaine. Ce dossier essentiel demandait du temps, du sérieux, du réalisme et exigera une véritable adhésion des pays africains ».*

Paris contestait en fait la légitimité des Etats-Unis à traiter cette question et le bien-fondé de leur choix militaire. Les diplomates et militaires français y voyaient une nouvelle preuve de la méconnaissance américaine du dossier africain. Cependant, Paris mettait en cause des ambitions américaines en Afrique qui étaient nourries par des enjeux économiques que recouvrent les *« zones d'influence »* des puissances sur le continent. Les Américains y sont surtout présents et actifs à travers les contrats gaziers ou pétroliers signés avec les principaux pays producteurs de matières premières (L'Afrique du Sud, la Zambie, le Zaïre, le Gabon, l'Angola, le Tchad).

C'est peut être l'une des clés de la querelle franco-américaine : la maîtrise française d'une partie du pétrole africain dérangeait certainement les multinationales américaines, car Elf aquitaine est solidement installé au Congo, au Gabon, au Cameroun. Entre grands groupes, la concurrence est à couteaux tirés. Leur bras de fer est relayé par les politiques. *« Le temps est révolu où l'Afrique pouvait être découpée en zones d'influence, où les puissances extérieures pouvaient considérer des groupes entiers de pays comme leur domaine privé. »* Cette déclaration de Warren Christopher, le 14 octobre 1996 en Afrique du Sud, a été interprétée comme un coup de semonce pour la France. *« Aujourd'hui,* avait-t-il ajouté, *l'Afrique a besoin du soutien de ses nombreux amis et non plus seulement du patronage de quelques-uns. »*

A la différence, le Royaume-Uni et la Belgique, anciennes puissances coloniales, ont distendu très vite tout lien passionnel avec leurs anciens territoires, pour ne conserver que des relations politiques et commerciales, empreintes du plus grand pragmatisme. Par contre, la France a conservé avec l'Afrique des relations politiques, culturelles, économiques et stratégiques d'une manière telle qu'elles lui garantissent les derniers restes de sa grandeur d'autrefois.

Deux années après les déclarations musclées de Warren Christopher, le président des Etats-Unis se rendait en Afrique.

Il nous a semblé que le voyage effectué, du 22 mars au 2 avril 1998, par le président des Etats Unis, Bill Clinton, dans six pays africains (Ghana, Ouganda, Rwanda, Afrique du Sud, Botswana et Sénégal) constituait un événement historique. Historique parce que c'était la première fois qu'un chef de l'exécutif américain faisait un aussi long périple dans le continent noir. D'aucuns interpréteront ce périple comme la main tendue aux peuples noirs ; d'autres comme l'occasion pour l'Amérique d'inaugurer un nouveau partenariat avec l'Afrique tout en mettant en avant la nouvelle doctrine de l'Amérique de Clinton : *« Trade not aid »* (du commerce et pas d'aide). Il faudra certainement attendre quelques années avant de mesurer l'impact de ce premier contact avec ses homologues africains. Pour l'heure, on assiste toujours au ballet des diplomates, des ministres et des hommes d'affaires américains, ce qui est peut-être bon signe ; sans toutefois oublier que les Etats-Unis restent les derniers en matière d'aide pour l'Afrique.

b) Obama, l'espoir d'un renouveau[77]

Après son accession au pouvoir en novembre 2008, les espoirs que suscite la présidence de Barack Obama sont grands aux Etats Unis comme partout dans le monde. Le continent africain n'échappe pas à cette vague, d'autant plus que le premier président noir des Etats Unis a un père originaire du Kenya. La question que tout le monde se pose est : quelle sera la politique africaine de ce Commander in chief Afro-Américain ?

Premier indice : elle sera empreinte de renouveau. A l'instar de la diplomatie américaine. « *A tous les autres peuples et gouvernements qui nous regardent aujourd'hui, depuis les capitales les plus prestigieuses jusqu'au petit village où mon père est né, sachez que l'Amérique est l'amie de toutes les nations et de tous les hommes, femmes et enfants qui aspirent à la paix et à la dignité* », a déclaré Barack Obama, après avoir prêté serment le 20 janvier 2009. Le programme du 44ème président américain en matière de politique étrangère, disponible sur le tout nouveau site de la Maison blanche, fait mention d'un renouvellement de la diplomatie américaine. Dans cette section, il est question de façon explicite de l'Afrique dans le paragraphe relatif à l'expansion de la présence diplomatique des Etats-Unis. L'administration Obama envisage de ne plus fermer ses ambassades africaines, un mouvement persistant depuis les attentats perpétrés en 1993 en Somalie, puis en 1998 contre les ambassades américaines en Tanzanie et au Kenya. L'administration Obama entend également épouser les objectifs du millénaire pour le développement. Pour lutter contre la pauvreté et réduire de moitié, à l'horizon 2015, la famine dans le monde, les Etats-Unis devraient doubler leur aide. Voilà pour ce qui est écrit.

L'urgence : le Darfour

De façon concrète, le Darfour devrait constituer une priorité absolue. La question préoccupe Barack Obama depuis quelques années déjà. Avant de retrouver son Kenya natal pour la deuxième

[77] Politique africaine des Etats-Unis : Obama, l'espoir d'un renouveau Afrik.com. Falila Gbadamassi.

fois en 2006, il visite un camp de réfugiés darfouris au Tchad. La situation au Darfour hante aussi Susan Rice, "*l'ex-Madame Afrique*" de l'administration Clinton, nommée ambassadrice des Etats Unis aux Nations unies par Barack Obama. Elle ne s'est pas remise de l'attentisme de la communauté internationale au moment du génocide rwandais en 1994. Cependant, le chef d'orchestre de la politique étrangère de Barack Obama, Hillary Clinton, constitue le second indice important de la direction que prendra la politique africaine de la Maison blanche ; une politique qui devrait être fortement marquée par celle du président Clinton et, par conséquent, en rupture avec l'unilatéralisme de George Bush.

Le 13 janvier 2009, lors de son audition de confirmation à son poste devant le Sénat, la nouvelle secrétaire d'Etat américaine rappelait, encore une fois, que l'Amérique s'attellerait à « *renouveler l'influence de l'Amérique* » grâce à une « *diplomatie intelligente (smart diplomaty)* ». Cependant, lutter contre la présence d'Al-Qaïda « *dans les Etats en faillite* » de l'Afrique de l'Est est toujours d'actualité. Un autre dossier africain important pour Hillary Clinton c'est » *d'*arrêter *la guerre au Congo (un dossier bien connu des Etats-Unis sous la présidence de Bill Clinton), mettre fin à l'autocratie au Zimbabwe et au désastre humanitaire au Darfour* (…) ». « *A ceux qui s'accrochent au pouvoir par la corruption, la tromperie, en faisant taire l'opposition, sachez que vous êtes du mauvais côté de l'Histoire,* a prévenu Barack Obama durant son discours d'investiture, *mais que nous vous tendrons la main si vous êtes prêts à desserrer le poing.* » De fait, Hillary Clinton entend aussi *« soutenir les démocraties africaines telles que l'Afrique du Sud et le Ghana* », rechercher des solutions à la piraterie galopante au large des côtes somaliennes, de même qu'à l'insécurité dans le delta du Niger. Sur le plan socio-économique, la lutte contre le sida est bien évidemment au cœur des priorités de la présidence Obama. En 2006, le 44ème président américain et son épouse avaient passé le test de dépistage pour sensibiliser les Kenyans à la pandémie. *« Au peuple des nations pauvres,* a aussi promis Barack Obama, *nous nous engageons à coopérer avec vous pour rendre vos fermes* *prospères et vous apporter de l'eau potable, pour nourrir les corps de ceux qui ont faim et nourrir les esprits affamés. »*

Dans les pas de Clinton.

En choisissant, comme acteurs de sa politique étrangère, des piliers de l'administration Clinton, Barack Obama ferme la parenthèse, au-delà du clivage démocrate républicain, qu'a constituée la présidence Bush et poursuit la révolution initiée par le président Bill Clinton. « Lorsque je devins président, confiait ce dernier en 2006, lors d'une cérémonie qui rendait hommage à son action en faveur de l'Afrique, il était clair à mes yeux que notre politique africaine avait été sporadique et parfois destructrice ». En juin 1997, Clinton lance son "*Initiative africaine*". L'année suivante, il entame la première tournée africaine d'un président américain depuis plus de 20 ans. La politique africaine de Clinton sert à la fois les intérêts économiques des Etats-Unis avec la mise en place en 2000 de l'African Growth Opportunity Act (AGOA). L'une des mesures phares de son administration est la croissance économique des pays qui y sont éligibles. Patrick Sabatier note, dans un article publié par Libération le 19 juin 2006, que « *les démocrates libéraux (qui veulent aider les pauvres), les républicains conservateurs (qui veulent réduire l'aide au développement) et les politiciens afro-américains (...) qui veulent qu'on s'intéresse à l'Afrique* ».

Dans le cas d'Obama, à ces trois groupes de pression, s'ajoute celui des immigrés africains qui ont beaucoup œuvré pour son élection. Dans une tribune publiée sur Allafrica, Witney W. Schneidman, un ancien (encore) de l'administration Clinton qui a conseillé le candidat Obama sur les questions africaines, en témoigne : les immigrés africains ont joué un rôle important dans la campagne américaine, notamment ceux qui ont la double nationalité. *« Nous voulons ces dix mille Ethiopiens-Américains en Virginie (pour gagner la Virginie le 4 novembre)* », écrivait-il alors avant le scrutin, « *nous voulons tous les Nigérians Américains qui vivent dans l'Ohio, la communauté somalienne américaine de Minneapolis pour qu'elle nous aide à remporter le Minnesota. »*

Le politicien compte aussi sur les réseaux d'immigrés africains pour battre campagne.

L'Afrique chevillée au cœur

Comme le périple de Bill Clinton avait mis les projecteurs sur ce continent, l'accession d'Obama à la magistrature suprême attirera de nouveau les regards sur l'Afrique. Du renouveau donc, mais pas une révolution car, les Africains les premiers en sont pour la plupart conscients à juste titre. Le président des Etats-Unis préservera les intérêts d'un pays qui l'a choisi pour le diriger, en dépit des contingences raciales et dans une des périodes les plus tourmentées de son histoire.

La différence fondamentale entre le 42ème président des Etats Unis et son successeur démocrate se résume à cette Afrique immédiate qu'Obama porte dans ses gènes. A Kogelo, le village de son père, rapporte Simon Robinson dans le Time en 2006, Barack Obama disait : « *Même si j'ai grandi de l'autre côté du monde et si je n'y pense pas quotidiennement, quand je viens ici, je sens l'esprit parmi ce peuple qui me dit que j'appartiens à ce lieu* ». Aux Etats-Unis, il éprouve le même sentiment. "*Clinton, l'Africain*", "*Obama l'Africain-Américain*", tour à tour la compassion, puis l'appel du sang. Les Etats Unis semblent de plus en plus enclins à payer leur tribut à la grande Afrique, en redonnant confiance aux Africains-Américains et par extension aux Africains.

Continuité avec Obama

Les visites effectuées au cours des deux derniers mois sur le continent par le 44ème chef de l'exécutif américain et sa secrétaire d'Etat Hillary Clinton sont deux périples au cours desquels chacune des personnalités a réaffirmé l'engagement fort de la première puissance mondiale à l'égard de l'Afrique et l'espoir de voir ce continent poursuivre ses efforts dans la voie de la démocratie et de la prospérité. Revisitant le discours du 11 juillet 2009 à Accra, Barack Obama invitait les Africains à prendre leur destin en main. « *Il revient aux Africains de décider de l'avenir de l'Afrique* », mentionne le texte.

Le 29 avril déjà, dans un discours au sénat américain, Barack Obama a énoncé les principes de la politique guidant son administration vis-à-vis de l'Afrique : soutien au renforcement des institutions démocratiques (avec en bonne place la lutte contre la corruption), à la résolution des conflits, au développement économique, puis partenariat avec plusieurs pays africains dans la lutte contre le changement climatique, l'insécurité alimentaire et le VIH/SIDA. C'est la même option mise en lumière par l'administration Bush. Lors de sa récente visite sur ce continent, Barack Obama a annoncé la priorité au financement des organisations de la société civile, afin de les rendre efficaces, dans l'optique de l'amélioration du processus démocratique. Quant au discours d'Hillary Clinton à Nairobi, elle a insisté sur le renforcement du leadership féminin.

Barack Obama a beau avoir du sang africain dans ses veines, les problèmes du peuple américain lui imposent d'autres priorités, à l'instar de la réforme du système de santé.

D- LA POLITIQUE CHINOISE EN AFRIQUE SUBSAHARIENNE

L'un des plus importants développements économiques des dernières années a été l'émergence rapide de la Chine comme puissance économique mondiale. Une combinaison de bonnes gestions économiques, de réformes politiques et une ardeur au travail a conduit la Chine à une croissance économique de plus de huit pour cent par an pendant la dernière décennie.

La Chine a intensifié ses relations diplomatiques avec l'Afrique au cours des dernières années. Sous les auspices de la coopération Sino Africaine, du Forum de 2000, qui comptaient 46 des 53 pays africains, les échanges bilatéraux et les coopérations économiques sont entrés alors dans une nouvelle ère. En janvier 2006, le gouvernement chinois a officiellement publié sa politique africaine, faisant d'elle-même (la Chine) le grand pays en développement, recherchant l'établissement d'un nouveau partenariat stratégique avec l'Afrique. Celle-ci s'est manifestée par une intensification du dialogue sur le front politique, combinée avec une coopération économique (ministère de la Chine Affaires étrangères 2006).

En novembre 2006, le sommet Sino-africain qui a eu lieu à Pékin a vu la participation de plus de 40 chefs d'Etats africains. La Chine a encore une fois de plus renforcé ses relations de commerce et d'investissement avec les économies d'expansion du continent des plus pauvres du monde. Les signes de l'expansion économique de la Chine se sont de plus en plus manifestés en Afrique subsaharienne, au cours de cette dernière décennie. Elle a construit un réseau de commerce, d'aides et d'investissements avec près de 50 pays africains et il y a eu même une ruée pour acheter des concessions de ressources naturelles de l'Afrique. Les entreprises chinoises œuvrent à l'extraction minière, du pétrole en Angola ainsi qu'au Soudan ; à la construction de routes en Éthiopie, en collaboration avec le secteur de l'électricité au Kenya ; à la construction d'infrastructures et participent au développement de l'industrie touristique en Sierra Leone ainsi qu'à la mise sur pied du réseau de téléphonie mobile au Kenya et au Nigeria.

Dans toute l'Afrique subsaharienne, les entreprises chinoises construisent des infrastructures vitales, notamment des barrages, des ports ainsi que des routes ; elles aident à la rénovation des bureaux des gouvernements et d'autres bâtiments.

Toutefois, l'intérêt chinois ne se limite pas uniquement aux ressources naturelles, vu que les entreprises chinoises se sont aventurées dans l'industrie légère, le secteur des services et elles sont aussi entrées dans l'agro-alimentaire, les vêtements et les télécommunications. L'Afrique subsaharienne est aussi de plus en plus inondée par des motocyclettes chinoises à bas prix, des produits électroniques et des tee-shirts de plus ou moins bonne qualitédont bénéficient les consommateurs de ce continent.

Cependant, la taille économique de la Chine en 2005, mesurée en parité de pouvoir d'achat, est plus de cinq fois celle de l'Afrique subsaharienne (FMI 2006). Selon la méthode de l'Atlas de la Banque mondiale, le RNB par habitant en 2005 était de 745$ en Afrique subsaharienne contre 1740 $ en Chine. Toutefois, nous pouvons dire qu'il y a une grande convergence d'intérêts économiques entre la Chine et l'Afrique subsaharienne. Elle est fondée sur les complémentarités et les possibilités d'entraide de fort gain.

Quelles sont les implications de cette nouvelle relation sino-africaine ?

Premièrement, même si la Chine a tenté une large pénétration en Afrique, la plupart de ses principales activités économiques se réalisent avec essentiellement cinq des cinquante-trois pays d'Afrique : le Soudan, l'Afrique du Sud, le Mozambique, l'Angola et le Nigeria. Ainsi, toute analyse qui généralise les relations de la Chine avec le continent composé de 53 pays doit être tempérée. Quant aux perspectives africaines, la Chine offre une alternative à l'Occident, qui a toujours placé ses conditions sur le commerce et l'aide. Cette nouvelle option est une arme à double tranchant. Avec les échanges et sa politique que nous appellerons « *politique de ficelle* », elle encourage la mauvaise gouvernance au sein du continent. Gouvernés par des dictateurs, la Chine valide ces régimes corrompus et l'Occident pour sa part étouffe toutes les tentatives de réforme et isole le continent sur le long terme.

En outre, la Chine a une forte base de fabrication des produits qui concurrencent les produits africains, tant au niveau local qu'à l'étranger. Le flot de textiles chinois a conduit à la perte de nombreux emplois africains, surtout en Afrique du Sud. Mais, pour l'Occident, l'implication de la Chine en Afrique ne constitue pas une menace. Une des plus grandes préoccupations des pays occidentaux, notamment des Etats-Unis, est la propagation du terrorisme. À l'heure actuelle, le tiers des terroristes d'origine étrangère qui combattent en Irak sont originaires d'Afrique, puisque dans ces Etats en déliquescence, la pauvreté et l'instabilité servent de vivier pour de futurs terroristes. Les Etats-Unis et d'autres puissances occidentales pourront travailler avec la Chine pour éliminer ces problèmes, car tous ont un intérêt dans la stabilité de l'Afrique.

A cette relation, s'ajoute l'implication technologique de la RPC dont l'expertise occidentale est nécessaire à l'extraction du pétrole de l'Afrique, compte tenu du fait de l'existence de nombreuses réserves encore inexploitées. Toutefois, la disparité technologique entre la Chine et l'Occident empêche toute perte immédiate de l'influence occidentale. Pourtant, la Chine ne cesse à cet égard de travailler dans l'optique de combler ce fossé technologique. En dépit de cet écart technologique, la présence de la république populaire de Chine en Afrique est actuellement dénoncée comme inquiétante par les nations occidentales.

Dès les années 50, au moment de la conférence de Bandoeng, la Chine a manifesté un réel intérêt pour l'Afrique. Les motivations de la république populaire de Chine étaient alors essentiellement idéologiques et politiques. La Chine apportait uniquement son aide à plusieurs mouvements anticolonialistes comme en Algérie, en Angola ou en Rhodésie du Sud[78].

L'Afrique était aussi un terrain d'affrontements entre l'Union Soviétique et les États-Unis. C'est ainsi que ce soutien au continent noir permit à Pékin, en 1971, de récupérer un siège permanent au Conseil de sécurité de l'ONU, jusque-là occupé par le représentant de l'île de Taiwan. Mais, après la mort de Mao Zedong, la présence de la RPC en Afrique devint plus discrète et limitée à certains États comme le Bénin, le Cameroun ou le Togo. La Chine n'a jamais réellement quitté l'Afrique, mais depuis quelques années, son intérêt pour ce continent est plus marqué, comme en témoignent les visites successives du président Hu Jintao et la mise en place d'un Forum bilatéral de discussion sino-africaine (FOCSA), dont la quatrième session s'est tenue au Caire en 2009. Désormais, la Chine est le troisième partenaire commercial de l'Afrique, après les États-Unis et l'Union européenne. La position de Pékin est encore plus avantageuse, en considérant séparément chaque pays de l'Union européenne. La Chine se classe alors au deuxième rang des partenaires commerciaux de l'Afrique, après les États-Unis mais

---

[78] En Rhodésie du Sud, alors dirigée par Ian Smith, le mouvement ZANU (Zimbabwe African National Union) dirigé par Robert Mugabe et qui regroupe principalement des populations Shonas a bénéficié de l'aide matérielle et militaire de la Chine. En Angola, la Chine a soutenu Jonas Savimbi dans son combat contre le Portugal (entre 1965 et 1975), alors que ses adversaires comme Roberto Holden étaient soutenus par les États-Unis et Agostinho Neto par l'URSS. La Chine sera également l'un des principaux soutiens de Julius Nyerere en Tanzanie.

devant la France. Maintenant, il est certain que la Chine deviendra très prochainement (dans les années à venir) le premier partenaire commercial de l'Afrique.

Pourtant, selon François Lafargue, ce discours alarmiste[79] est à nuancer. Même si la présence de la république populaire de Chine en Afrique est actuellement dénoncée comme inquiétante par les nations occidentales, il est contredit par la réalité. La présence de la RPC en Afrique est certes indéniable, mais les intérêts chinois demeurent encore très limités par rapport à ceux des États-Unis ou des Européens[80]. La part de la Chine dans le commerce avec les pays africains reste modérée, puisque seulement 10,3 % des exportations des pays africains vont à destination de la RPC, contre près de 40 % vers l'Union européenne et la part de la RPC dans les importations de l'Afrique s'établissait en 2007 à 10,1 % contre 6,62 % pour les États-Unis et 38,5 % pour l'UE[81]. Par contre, le continent noir ne représentait que 3,3 % du commerce de la Chine populaire en 2007, puis 4,1 % en 2008.

En fait, c'est la progression du commerce sino-africain (294 % entre 2003 et 2007) qui suscite de nombreuses interrogations. Pour la Chine, le continent noir est devenu un véritable réservoir de matières premières comme les hydrocarbures et les minerais indispensables à sa croissance économique, ainsi qu'un débouché commercial pour sa puissante industrie manufacturière. Sa diplomatie africaine vise également à marginaliser Taiwan, qui a perdu en dix ans la plupart de ses alliés en Afrique dont l'Afrique du Sud (1998) et le Sénégal (2005). Aujourd'hui, seuls le Swaziland, la Gambie, le Burkina Faso, Sao Tomé et Principe entretiennent des relations diplomatiques avec Taipeh. L'Afrique du Sud, l'Angola, le Nigeria, le Soudan, l'Égypte et l'Algérie

---

[79]Gomes A-M, (2007), « La politique chinoise et ses effets sur l'Afrique », Rapport du Parlement européen, Bruxelles.

[80] Lafargue F, (2009), « La Chine en Afrique une présence limitée et une puissance contrariée », *Perspectives chinoises*, n°1/2009, pp. 10-15. Voir également, Chris Alden qui souligne que les relations sino-africaines sont complexes avec des intérêts réciproques. Alden C, (2007), *China in Africa, Partner, Competitor Org Hegemon,* Londres, Zed book.

[81] EU : Union Européenne.

figurent parmi les partenaires privilégiés de la Chine en Afrique. Ces six pays représentent les 2/3 des échanges sino-africains, alors que vingt pays d'Afrique n'assurent que 1,7 % du commerce bilatéral[82]. Plusieurs rapports d'institutions internationales comme ceux de la Banque mondiale (2006) et de l'OCDE (2006) soulignent les limites de la présence de la Chine en Afrique. La Chine se contente d'importer des matières premières, aggravant la dépendance des États africains envers les richesses minières et pétrolières (les hydrocarbures[83] représentent à eux seuls 71,7 % des importations de la RPC en provenance du continent noir et les métaux 14,1 %). Le pétrole constitue 94 % des exportations de l'Angola et 80 % pour le Soudan. Une situation qui rappelle les échanges inégaux de l'époque coloniale puisque la Chine exporte, pour sa part, principalement des biens de consommation. D'ailleurs, en dépit de ses importations massives des matières premières, la Chine ne déplore qu'un déficit commercial limité avec l'Afrique (alors même que la valeur de ses achats, comme le pétrole par exemple, s'est fortement appréciée). Pourtant, une analyse plus affinée montre que la nature des échanges commerciaux entre la RPC et l'Afrique est comparable aux relations entretenues entre le continent noir et les États-Unis ou l'Union européenne, puisque la part des hydrocarbures est prépondérante. Les critiques formulées contre la RPC portent moins sur son influence commerciale en Afrique que sur ses méthodes, (*recours à une main d'œuvre immigrée de Chine, pratique du dumping, opacité des comptes des entreprises publiques chinoises…*). La recherche acharnée de nouveaux gisements de matières premières exacerbe également les conflits locaux, conforte les régimes autocratiques[84], favorise la corruption et finalement ne concourt guère au développement durable et social

---

[82] Sources : Ministère du commerce extérieur, http ://www.mofcom.gov.cn/.

[83] La Chine est devenue importatrice nette de pétrole en 1993. En 2008, le pays, le 2ème consommateur mondial de pétrole devant le Japon, doit importer de l'étranger la moitié de sa consommation.

[84] Aux Nations Unies, la RPC est l'un des principaux soutiens de Robert Mugabe et d'Omar el Béchir. En juillet 2008, la RPC a utilisé son droit de veto au Conseil de sécurité afin d'empêcher l'adoption d'une résolution visant à instaurer un embargo sur les armes à destination du Zimbabwe.

des nations[85]. La déforestation massive, à laquelle se livrent les sociétés chinoises, émeut de plus en plus les opinions publiques africaines et les ONG. La Chine ne parvient pas à effacer son image de prédateur, se contentant d'acheter des matières premières, sans se soucier du développement social de ses fournisseurs. La contrefaçon des marques de textile, comme Uniwax (*qui fabrique des pagnes*) en Côte d'Ivoire ou celle des motocyclettes japonaises *Yamaha* au Cameroun accentue la concurrence déloyale (le non-paiement des taxes douanières, le dumping) avec surtout des conséquences désastreuses pour les économies locales. Les produits *made in China,* plutôt bien accueillis initialement car bon marché pour une population confrontée à des difficultés persistantes, font l'objet aujourd'hui de reproches : faible fiabilité, dangerosité, toxicité même de certains médicaments[86]. Paul Wolfowitz, alors président de la Banque mondiale, avait vertement critiqué cette diplomatie africaine de la Chine[87]. L'économie Sud-africaine est l'une des plus fragilisées par la concurrence chinoise, particulièrement dans le textile et la confection. Le commerce entre

[85] Le rapport du Parlement européen « La politique chinoise et ses effets sur l'Afrique », est très sévère : « il y a également une multiplication des plaintes concernant des pertes de capacité de production, des bas salaires, de très mauvaises conditions de travail et l'absence de normes de sécurité dans les sociétés chinoises présentes en Afrique. Mais, la concurrence déloyale et le dumping social et environnemental qui entourent ces exportations chinoises entravent les activités des industries africaines, conduisant des usines à la faillite et aggravant, dès lors, le taux de chômage, en particulier dans le secteur textile (on parle du tsunami textile de la Chine) ». p.11.

[86] Le journaliste Noé Ndjebet Massoussi du quotidien *Le Messager* relate en 2007 les défaillances des routes construites par la Chine et conclut par cette phrase « L'image jadis collée aux Chinois fournissant des prestations médiocres, vouées à une courte vie ne rattrape-t-elle pas ces autres œuvres des ressortissants de l'Empire du milieu ? ». Noé Ndjebet Massoussi, *Le Messager*, n°2 301, 31 janvier 2007, p. 3.

[87] *Les Echos*, 24 octobre 2006, entretien avec Françoise Crouïgneau et Richard Hiault : « Mon inquiétude porte sur l'ensemble de l'Afrique. Les principes de l'Equateur ont été mis en place. Près de 80 % des banques commerciales dans le monde respectent ces principes lorsqu'elles financent des projets. Les grandes banques chinoises, elles, ne les appliquent pas. C'est vrai qu'elles sont relativement nouvelles dans ce genre d'activités en Afrique. Mais, il ne faudrait pas qu'elles commettent les mêmes erreurs que la France et les États-Unis avec le Zaïre de Mobutu... ».

l'Afrique du Sud et la Chine a été multiplié par trois depuis 2004, la Chine étant maintenant le deuxième fournisseur du pays après l'Allemagne. Mais, cette croissance est au détriment de l'Afrique du Sud, qui entre 2004 et 2007, a déploré un important déficit commercial. En 2008, l'Afrique du Sud a dégagé un léger excédent, dans ses échanges avec Pékin, qui s'explique en partie par les cours élevés des métaux et du pétrole[88] jusqu'à l'été 2008. La Chine est désormais l'objet de multiples récriminations. Thabo Mbeki[89] a été l'un des premiers dirigeants africains à se montrer très critique devant une présence chinoise jugée envahissante, un état d'esprit de plus en plus partagé dans la région. Ce ressentiment envers la Chine s'est exprimé lors de la visite du président Hu Jintao en Zambie, en février 2007. Dans ce pays, l'opposition emmenée par Michael Sata dénonce depuis plusieurs années, le comportement des hommes d'affaires chinois accusés de négliger les règles de sécurité dans les mines, de rémunérer de manière dérisoire leurs salariés africains, de faire venir leur propre main d'œuvre de Chine et de se livrer à un dumping entraînant la disparition d'activités artisanales locales… Lors de ses réunions électorales, M. Sata affirmait que « *la Chine ne devait pas considérer la Zambie comme l'une de ses provinces* ». Plusieurs manifestations contre la présence chinoise se sont déroulées en Zambie, notamment lors des deux derniers scrutins présidentiels (septembre 2006 et octobre 2008). Lors de sa visite officielle (3 et 4 février 2007), Hu Jintao avait dû renoncer à se rendre dans la mine de Chambeshi, de crainte d'être pris à parti dans un pays où l'hostilité envers les Chinois est forte.

La Chine en Afrique : Une réalité à nuancer

Parmi les vingt premiers partenaires commerciaux de la Chine en Afrique (qui représentent 92 % du commerce bilatéral), neuf dégagent un excédent commercial. Le solde commercial de la

[88] Le quart des exportations sud-africaines vers Pékin est constitué de fuels synthétiques fabriqués à base de charbon.

[89] En décembre 2006, le président sud-africain Thabo Mbeki a déclaré, au Cap lors du XIVe congrès du syndicat des étudiants sud-africains, que l'Afrique ne devait pas entretenir avec la Chine une relation coloniale en se contentant d'être un fournisseur en matières premières (dépêche Reuters).

Chine avec l'Afrique se dégrade régulièrement et depuis cinq ans, la RPC a toujours déploré un déficit dans ses échanges avec le continent noir (à l'exception de l'année 2007). Le taux de couverture de la RPC avec l'Afrique s'établit à 90,7 %, un chiffre proche de celui de l'Union européenne. L'image d'une Chine « *pillant* » le sous-sol de l'Afrique se révèle contredite par les chiffres. L'Afrique assure en 2007, selon l'Agence internationale de l'énergie (AIE)[90], le tiers des importations en pétrole de la RPC avec comme principaux fournisseurs : l'Angola, le Soudan et le Nigeria. Pourtant, la Chine n'est pas le premier acheteur de pétrole africain, ce rang revient à l'Union européenne. Grâce aux achats massifs des matières premières et à sa forte demande, la RPC a amplement contribué à la croissance économique du continent noir au cours de ces dernières années. Les investissements chinois en Afrique demeurent encore faibles, comparés à ceux des Européens ou des Américains. La RPC n'arrive qu'au 10ème rang parmi les investisseurs étrangers sur le continent noir, bien après la Grande-Bretagne qui est la première.

Les États africains ont conscience qu'ils doivent conserver un équilibre dans leurs relations commerciales et politiques. Le Nigeria, le premier producteur de pétrole en l'Afrique subsaharienne, n'est qu'un fournisseur marginal de la Chine en dépit des efforts diplomatiques de Pékin. Le Nigeria maintient des liens étroits avec les États Unis qui, en 2008, avaient été les destinataires de 44 % de ses exportations pétrolières. De surcroît, les sociétés pétrolières chinoises ne maîtrisent guère les techniques de forage en *off shore* profond. L'Algérie, pourtant le 4ème client de la Chine en Afrique, a montré sa proximité avec Washington en participant aux exercices navals de l'OTAN. L'Algérie joue un subtil jeu d'équilibre entre Washington, Paris, Moscou et Pékin. L'Algérie voit dans les États-Unis, la puissance susceptible d'assurer la stabilité et la sécurité du pays à long terme ; dans la France, un partenaire commercial et culturel traditionnel ; dans la Russie, un fournisseur d'armes et un investisseur dans le secteur des hydrocarbures et enfin dans la Chine, un soutien diplomatique

---

[90] Tanaka N, (2007), *World Energy outlook, China and India insights*, Paris, Agence Internationale pour l'énergie.

et commercial. Abdelaziz Bouteflika considère la Chine comme un allié susceptible d'accélérer la modernisation de son pays sans lui imposer de contraintes particulières. Les Africains ont compris l'intérêt de faire jouer la concurrence, notamment entre la Chine et l'Inde, puisque New Delhi, également en quête de matières premières (hydrocarbures, minerais) et de reconnaissance internationale (afin d'obtenir un siège permanent au conseil de sécurité), investit massivement en Afrique.

L'Inde a surtout comme mérite de privilégier la coopération avec les pays africains en favorisant le transfert de technologie et en améliorant les conditions de vie locale. L'Inde est le premier fournisseur de molécules génériques en Afrique, un marché délaissé par les laboratoires occidentaux car peu rentable. Le Brésil s'intéresse également au continent noir, qui était devenu l'une des priorités de la diplomatie de Lula da Silva depuis son élection en 2002. Le commerce entre le Brésil et l'Afrique a été multiplié par quatre depuis 2002. La présence de la Chine populaire en Afrique suscite des commentaires fréquemment désobligeants, qui condamnent le comportement de certaines entreprises chinoises et soulignent le contraste entre les discours prônant une coopération sud-sud et les résultats peu tangibles. La forte immigration chinoise en Afrique ces dernières années a renforcé cette animosité envers la Chine. Alors que plus de cent mille ressortissants français résident en Afrique (dont un nombre important de couples mixtes), le nombre de Chinois est estimé entre sept à neuf fois supérieur[91], une situation qui attise les sentiments xénophobes et alimentent les discours démagogiques. Pourtant, pour le moment, l'influence économique de la RPC en Afrique demeure encore limitée.

E- LA POLITIQUE BRESILIENNE EN AFRIQUE SUBSAHARIENNE

Depuis l'accession au pouvoir de Lula da Silva, les relations politiques et commerciales du Brésil avec le continent africain se sont amplifiées. Le montant des échanges commerciaux entre

[91] Comme le note J.-R. Chaponnière (2009), le nombre de Chinois en Afrique fait l'objet d'estimations très contradictoires entre 480 000 et 750 000.

l'Afrique et le Brésil a été multiplié par quatre depuis 2002, 12 nouvelles ambassades brésiliennes ont été ouvertes dans la région. Le Brésil se présente désormais comme une nation de culture africaine, ayant une "*vocation naturelle*" à être présente sur le continent. Lors de son discours d'investiture, le 1er janvier 2003 à Brasilia, Lula da Silva affichait ainsi son ambition : *« Nous réaffirmerons les liens profonds qui nous unissent à tout le continent africain et notre disposition à contribuer activement pour qu'il développe son énorme potentiel ».* En six années de présidence, Lula avait effectué plus de sept voyages dans le continent noir.

À l'occasion de sa visite au Mozambique en novembre 2003, le président brésilien, qui évoquait très souvent dans ses discours le rôle des esclaves africains dans la fondation du Brésil, avait souligné *« l'obligation politique, morale et historique du Brésil à l'égard du continent africain »* et avait rappelé que son pays était, après le Nigeria, la nation qui compte la plus forte population noire. Environ 90 millions de Brésiliens, dont la moitié de la population du pays est sinon noire, du moins métisse se revendiquent des origines africaines. Pour le Brésil, dont le sous-sol extrêmement riche n'est que partiellement mis en valeur, l'Afrique n'est pas un "*réservoir de matières premières*" car les entreprises brésiliennes souhaitent avant tout promouvoir en Afrique leur technologie dans des domaines de compétence très précis, comme les biocarburants ou l'agriculture tropicale. L'entreprise brésilienne de recherche agro-alimentaire Embrapa a ainsi ouvert un laboratoire au Ghana en février 2007, afin de transmettre à plusieurs États africains son savoir-faire pour la fabrication d'éthanol à partir du manioc. Les anciennes colonies du Portugal sont perçues comme la sphère d'influence naturelle du Brésil. Une association entre pays lusophones a été institutionnalisée en 1996, avec la fondation de la Communauté des pays de langue portugaise (CPLP) comprenant outre le Brésil, l'Angola, le Cap-Vert, la Guinée-Bissau, le Mozambique, le Portugal, Sao Tomé et Principe et le Timor-Leste. La CPLP vise à définir des positions communes sur des sujets de politique internationale et à renforcer la coopération militaire. (...)

La diplomatie de Brasilia vise cependant désormais à nouer des relations avec l'ensemble des pays africains. Ainsi, le Brésil et le Nigeria ont été à l'origine du premier sommet Afrique/Amérique du Sud, qui s'est tenu au mois de novembre 2006 à Abuja. Cette réunion a permis aux gouvernements africains de présenter leurs projets de coopération avec le continent sud-américain et de définir des positions communes afin de peser davantage au sein des instances internationales, particulièrement l'Organisation mondiale du commerce et l'ONU.

F- LA POLITIQUE INDIENNE EN AFRIQUE SUBSAHARIENNE

En avril 2008, le premier sommet Inde-Afrique s'est tenu à New Delhi en présence de quatorze chefs d'État et de gouvernements dont ceux de l'Algérie, de l'Égypte et de l'Afrique du Sud. Le commerce bilatéral entre l'Inde et le continent africain est en progression constante (25 milliards de dollars en 2007), tout en restant sensiblement inférieur au commerce sino-africain. Depuis son indépendance en 1947, l'Inde a toujours entretenu des relations étroites avec l'Afrique du Sud et les pays d'Afrique de l'Est, comme le Kenya, l'Ouganda et la Tanzanie où vivent d'importantes communautés indiennes. L'influence indienne s'élargit désormais à l'ensemble du continent et particulièrement à l'Afrique de l'Ouest.

Les deux principaux objectifs de New Delhi en Afrique sont d'élargir son influence commerciale et d'accéder à de nouvelles sources d'approvisionnement en hydrocarbures, puisque le pays importe déjà 70 % de sa consommation en pétrole. New Delhi sollicite particulièrement les pays qui, comme le Nigeria son principal partenaire commercial en Afrique, n'entretiennent pas de relations trop étroites avec le Pakistan. Les principales entreprises indiennes sont déjà très actives sur le continent.

La présence des industriels indiens sur le continent africain est certes plus discrète que celle des Chinois, mais elle est tout aussi importante. En effet, comme son voisin chinois, l'Inde portée par le secteur privé s'est également lancée ces dernières années à la conquête des marchés africains. Mais, à la différence de la Chine dont les investissements sont toujours publics et négociés d'État à État, les industriels indiens vont négocier directement avec leurs homologues africains. Ainsi, sur les cinq dernières années, 85 acquisitions et prises de participations ont été réalisées par les entreprises indiennes en Afrique, qui ont investi un montant de 16 milliards de dollars dans des secteurs très variés allant de l'énergie aux biens de consommation, en passant par l'industrie du ciment, du textile, des télécommunications, de l'agriculture et des matières premières. Bref, les entreprises indiennes investissent dans tous les secteurs économiques africains.

Le rachat des activités africaines du géant koweïtien de la téléphonie mobile Zain par l'indien Baharti Airtel en juin 2010 a souvent été cité comme l'exemple même de cette nouvelle présence indienne en Afrique. Avec cette transaction d'une valeur de 9 milliards de dollars, le groupe est devenu le numéro deux de la téléphonie mobile sur le continent africain. Au même moment, Godrej consumer products, un groupe spécialisé dans les produits cosmétiques à bas prix, rachetait le fabricant de savons nigérian Tura dont les produits sont essentiellement commercialisés en Afrique de l'Ouest ; tandis que Tata Hispano, filiale du géant Tata Motors qui est spécialisé dans la conception et la commercialisation de bus, a annoncé investir plus de 10 millions de dollars dans une chaîne d'assemblage, pour augmenter sa production et ses exportations vers l'Afrique subsaharienne. Il a d'ailleurs commencé avec la modernisation de la ligne de train Dakar Thiès. On parle également de la société indienne WACEM qui a investi, en 2009 plus de 130 millions de dollars dans une cimenterie au Mali. La capacité de production de cette cimenterie sera de 800 000 tonnes dès la première année et passera à un million de tonnes à sa troisième année. Diamond cement au Mali est un projet d'économie mixte. Son capital social est de 20 milliards de FCFA. La société sera détenue à hauteur de 70% par WACEM-SA et la Société financière internationale (SFI), 10% par l'Etat malien, 10% pour des investisseurs privés maliens et 10% par des petits porteurs. Enfin, dans le but de valoriser et de transformer la production cotonnière du Burkina Faso, l'un des groupes indiens spécialisés dans le textile, Alok Industrie, a ouvert une usine de filature à Bobo-Dioulasso, seconde ville du pays. Considéré comme le leader de la production de coton en Afrique, le pays des hommes intègres va ainsi connaître, selon certains experts, une sorte de révolution avec l'implantation de cette usine qui promet de transformer 12 000 tonnes de fibres par an et de couvrir à long terme toute la chaîne de valeur, de la confection à la commercialisation d'articles en textile, ce qui permettrait entre autres au Burkina Faso de faire face aux nombreux problèmes liés aux rituelles fluctuations du marché international du coton.

Une politique d'investissement encouragée par l'Etat indien

La troisième puissance économique de l'Asie, qui a donc accéléré ses acquisitions sur le continent africain ces cinq dernières années, envisage de continuer à accroître ses financements et sa présence dans la réalisation de grands projets. Depuis quelque temps, le gouvernement indien semble s'être décidé à soutenir son industrie dans ses projets de conquête africaine en tentant d'instaurer davantage des négociations d'État à État, notamment en ce qui concerne les grands projets comme la construction des routes ou des raffineries. Ainsi, comme l'a affirmé récemment le ministère indien des affaires étrangères, faire du continent africain un de ses principaux partenaires économiques est un objectif politique officiel pour le pays.

Enfin, la recherche de nouveaux partenaires ne doit pas être faite au détriment de la main d'œuvre locale. Il a été constaté que certains partenaires, après avoir signé des contrats de marchés publics et autres, se préoccupaient plus de faire venir les ouvriers de leurs pays en lieu et place de la main-d'œuvre locale. Compte tenu de cette attitude, pourrait-on parler d'un partenariat gagnant-gagnant ? Sachant qu'avec les plans d'ajustements structurels, bon nombre d'entreprises dans différents secteurs ont fermé leurs portes. Avec la reprise économique qui semble s'amorcer, suivie par la réouverture de certaines entreprises, voire la création de nouvelles, un certain nombre d'Africains auront l'opportunité de renouer avec le travail. Il se trouve malheureusement que les emplois proposés par ces nouveaux partenaires sont précaires, parce qu'ils ne proposent pas de vrais contrats de travail et qui plus est, les rémunérations sont très faibles pour être attrayantes. C'est l'une des raisons pour lesquelles dans certains pays d'Afrique, la présence de certains asiatiques (Chinois et Indou) est mal acceptée.

Il faudrait que dans les multiples accords de partenariat que signent les pays du continent asiatique avec ceux de l'Afrique subsaharienne, qu'il y ait une clause qui stipule que dans toutes les entreprises (commerciales ou industrielles) dont la gérance revient aux nouveaux partenaires sociaux, ces derniers recrutent exclusivement dans l'encadrement supérieur et moyen 30% de nationaux et 50% d'ouvriers subalternes pour éradiquer le chômage que connaît le continent noir.

CHAPITRE II

LES PROBLEMES ÉCONOMIQUES

Alors que les experts du Fonds monétaire international (FMI) et de la Banque mondiale laissaient croire que les *"réformes de structure*[92]*"* assureraient la stabilité de l'économie des pays africains, suite au processus mis en place visant à intégrer les économies nationales des pays de la zone franc dans la sphère mondiale. Après les avoir appliquées durant plusieurs années, on a constaté avec amertume les résultats catastrophiques de ces réformes qui en réalité n'étaient pas adaptées aux pays de la région.

L'application des mesures drastiques visant à la réduction des dépenses publiques *(affectant notamment les services sociaux),* la privatisation des entreprises d'Etat avec en sus la compression des effectifs, la baisse des salaires et enfin la dévaluation de la monnaie pour améliorer la compétitivité ont entraîné le chaos dans l'ensemble de ces pays. Alors que les entreprises fermaient leurs portes les unes après les autres, la délinquance juvénile et le chômage chez les jeunes diplômés ne cessaient de croître. Bon nombre d'africains vivent aujourd'hui encore sans aucune perspective d'avenir. La misère jadis refoulée se lit désormais sur les visages fermés, le comportement ainsi qu'à travers les nouvelles habitudes acquises suite au difficile contexte socio-économique et politique.

Compte tenu de ce constat, la soumission totale de toutes les sociétés aux lois du marché, donc du plus fort, paraît être l'aboutissement de la politique dite *« d'ajustements structurels »* visant à intégrer les économies nationales dans une sphère mondiale et qui n'a cure des indépendances.

Cette soumission s'est faite avec l'accord des élites du Sud avides de pouvoir et de richesses, les organisations internationales

---

[92] Réforme de structure : Relative aux plans d'ajustements structurels mis en place par le FMI et la Banque mondiale.

censées œuvrer pour une plus grande justice planétaire n'ont eu qu'à s'effacer.

A- LA POLITIQUE D'AJUSTEMENT STRUCTUREL ET SES CONSEQUENCES

a) Après le plan d'ajustements structurels, quels desseins pour les peuples concernés ?

Si le Fonds monétaire international *(FMI)* et la Banque mondiale font parler d'eux aujourd'hui, c'est surtout à cause des critiques que leur ont values leurs programmes d'ajustements structurels dans le Tiers-monde. Depuis 1980, plus de 70 pays ont dû se plier à de tels programmes où les plans de stabilisations économiques aux nombres multiples n'ont pu améliorer les conditions des peuples de ces pays. Les populations qui en ont fait les frais n'ont sans doute pas le cœur à se réjouir.

Loin d'être les promoteurs d'une croissance et d'une stabilité généralisées, comme Lord Keynes l'imaginait à Bretton Woods, ces deux institutions (B.M & FMI) sont en effet considérées comme fortement responsables de la stagnation et du déséquilibre qui affectent l'économie mondiale. Voilà maintenant plus de trente ans que la Banque mondiale a accordé son premier prêt d'ajustement structurel. Quand éclata la crise de la dette, au début des années 80, les pays africains qui avaient emprunté dans les années 70 auprès des banques privées occidentales se virent sur le point de manquer de fonds pour assurer le paiement des intérêts de leurs dettes. On leur conseilla alors des *"réformes de structures"*, censées assurer une croissance soutenue et préserver la stabilité de leurs économies. Ces pays n'eurent pas d'autres choix que d'appliquer les mesures exigées par le FMI et la Banque mondiale à savoir : la réduction des dépenses publiques affectant notamment les services sociaux, le contrôle et la baisse des salaires, l'ouverture du marché domestique, l'allégement des restrictions aux opérations des investisseurs étrangers, la dévaluation de la monnaie locale pour améliorer la compétitivité des exportations, etc. Mais, force est de constater que la plupart des Etats qui avaient appliqué ces recettes attendent toujours les résultats miracles.

Voyant les critiques s'accumuler à l'encontre de sa politique dans les pays du Sud, la Banque mondiale s'est employée à démontrer que les pays africains qui avaient le plus scrupuleusement appliqué les programmes d'ajustements structurels[93] étaient ceux qui avaient obtenu les meilleurs taux de croissance. Il est vite apparu que ce constat n'était que le fruit d'un exercice classique de manipulation statistique, jouant sur des différences marginales et cela à des fins idéologiques. Son optimisme fut d'ailleurs démenti par les difficultés dramatiques dans lesquelles se débattaient maints pays d'Afrique, par des émeutes, voire d'autres mécontentements populaires qui se produisaient périodiquement et dont les plus spectaculaires, depuis le début de l'année 94, eurent lieu au Mali après la dévaluation du franc CFA.

Au Mali, après douze années d'ajustements structurels et la dévaluation, selon une source syndicale, le coût de la vie avait augmenté de 117%. La situation en Côte d'ivoire était aussi alarmante, signalait récemment un journaliste américain[94], d'autant plus que le revenu des particuliers avait chuté de 50% dans ce pays depuis 1980. Une autre étude traitant des effets de l'ajustement structurel sous la houlette du FMI concluait que *"le taux de croissance s'était notamment réduit dans les pays soumis à un programme d'ajustements structurels par rapport à ceux qui ne l'étaient pas"*. De même, M. Rudiger Dorsbusch, professeur au Massachusetts institute of technology (MIT), écrivait que, *" même en réalisant de gros efforts d'ajustements, les pays ne retombent pas sur leurs pieds en courant, mais ils tombent dans un trou "*[95].

En dépit de tels efforts, le fardeau de la dette globale des pays en voie de développement s'est accru[96]. Pour faciliter le paiement

---

[93] *L'Ajustement en Afrique : réformes, résultats et chemin à parcourir*, Banque mondiale, Washington DC, 1994.

[94]Steve Coll. « Why Africa is Losing World Economic Race », *International Herald Tribune*, 8 Août 1994.

[95] Rudiger Dornbush, cité dans Jacques Polak, « The Changing Nature of IMF conditionality », *Essays in International Finance*, n°184, Septembre 1991, Princeton University, Princeton, p.47.

[96] Banque mondiale, *World Debt Tables 1993-94*, Vol, 1, Washington DC, 15 décembre 1993.

des intérêts dus aux banques, des prêts d'ajustements structurels ont été accordés. Après quoi, des mesures draconiennes ont été imposées aux Etats pour assurer les remboursements à moyen et à long terme. Ces derniers ont dû, entre autres, concentrer leurs activités économiques sur la production destinée à l'exportation, afin d'engranger les devises nécessaires au paiement d'une dette libellée en dollars et, ce fut un immense succès. Par exemple, dans la période 1984-1990, le transfert net des ressources financières en provenance du Sud vers les banques commerciales avait atteint 178 milliards de dollars. Mais, la pauvreté avait gagné du terrain.

Depuis la mise en œuvre des politiques d'ajustements structurels en 1980, le nombre de pauvres en Afrique noire a considérablement augmenté : 200 millions de gens vivent en dessous du seuil de pauvreté sur un total de 690 millions et les projections les moins pessimistes de la Banque mondiale estiment que le nombre de pauvres va augmenter de 50%, pour atteindre les 300 millions aux environs de l'an 2000[97], voire plus au-delà des années 2010. Devant des effets aussi désastreux, le principal responsable économique pour l'Afrique à la Banque mondiale a fait cet aveu : *"Nous ne pensions pas que les coûts humains de ces programmes seraient aussi élevés et les gains économiques aussi lents à venir[98]"*.

L'environnement ne pouvait pas ne pas être affecté par la surexploitation des ressources d'exportation. Un exemple était donné par le Ghana, ce *"bon élève"* de la Banque mondiale et du FMI dont les forêts ne couvrent plus que 25% de leur superficie originelle, parce que la production de bois de charpente avait doublé entre 1984 et 1987[99]. Sous peu, le pays pourrait devenir importateur net de bois et on craignait même une totale disparition

---

[97] Banque mondiale, *Global Economic Prospects and the Developing Countries*, Washington DC, 1993, p. 66.

[98]Cité dans Morris Miller, *Debt and the environnement : Convergent Crises*, Nation unies, New-York, 1991, p. 64.

[99] The Other side of Adjustment : The Real Impact of World Bank and IMF Structural Adjustment Programs, Development Group for Alternative Policies, Washington DC, 1993, p. 25. Cf. Banque mondiale.

des arbres aux environs de l'an 2000[100]. La Banque mondiale prétendait alors que la paupérisation était l'une des grandes causes de la dégradation de l'environnement, sans toutefois remonter aux raisons premières d'une telle pauvreté qui oblige les gens à surexploiter les ressources de la nature[101].

Les succès économiques de maints pays d'Asie orientale contrastaient avec ce tableau. Une part d'explication tenait au fait que la plupart des grandes économies de la zone Asie pacifique n'avaient point souffert au cours des années 80, de la chute des apports de capitaux extérieurs observés en Amérique latine ou en Afrique. Bien au contraire, plus de 40 milliards de dollars d'investissement japonais s'étaient déversés sur la région entre 1985 et 1990, alors que les sociétés nippones, en quête de main-d'œuvre à bon marché déplaçaient nombre de leurs unités de production, au lendemain de l'accord du Plazza en 1985, qui avait eu pour effet de hausser substantiellement la valeur du yen par rapport à la devise américaine. Durant la seule année 1987, le conseil des investissements de Thaïlande avait eu à approuver des investissements japonais dont la somme dépassait le montant de tous les apports de ce pays durant les vingt années précédentes. Un tel afflux de capitaux ne pouvait que favoriser la croissance.

Pourtant, l'ajustement structurel n'avait pas sévi partout de la même manière. En Asie, la Malaisie et Taïwan n'avaient point eu à appliquer de tels programmes drastiques. Tandis qu'ayant à s'y soumettre, des pays comme la Corée, la Thaïlande ou l'Indonésie ont pu éviter de les appliquer à la lettre. Aujourd'hui, la Corée demeure une forteresse commerciale. La Thaïlande, pour le moins aussi protectionniste, avait appliqué une politique de substitution aux importations industrielles dans la seconde moitié des années 80

---

[100] Hilary French, « Reconciling Trade and the Environment », *in Stade of the World*, Norton, New-York, 1993, p. 161, et Fantu Cheru, « Structural Adjustment, Primary Ressource Trade and Sustainable Development In Sub-Saharan Africa », *World development*, vol. 20, n° 4, Washington DC, 1992, p. 507.

[101] Banque mondiale, *Rapport sur le développement dans le monde 1992 : Le développement et l'environnement,* Washington DC, 1992, et Wilfredo Cruz et Robert Repeto, *The Environmental Effects of Stabilization and Structural Adjustment,* World Ressources Institute, 1992, Washington DC, p. 48.

et, c'est à cette époque-là que son taux de croissance a été porté à deux chiffres. Quant aux Philippines, demeurées au bas de l'échelle de 1980 à ce jour, elles ont été soumises à quinze programmes de stabilisations et d'ajustements.

Ceux des pays asiatiques, qui avaient le mieux réussi : la Corée et Taiwan, ont de fait adopté des stratégies économiques diamétralement opposées à celles du marché libre, qui est l'un des piliers de l'ajustement structurel car, l'Etat a son rôle à jouer dans la planification de l'économie, le choix des industries à développer ou à aider à coups de subventions. Le marché domestique était réservé à la production des industries locales. Les importations et les investissements étaient soumis à de sévères restrictions, ...etc. Bref, les taux de croissance élevés n'étaient point là-bas le fruit de l'ajustement structurel au modèle du FMI et de la Banque mondiale, mais bien plutôt le résultat d'une ferme résistance à leurs injonctions.

Contre toute évidence, les institutions de Bretton Woods persistaient dans leur politique aux effets si désastreux. En réalité, l'ajustement structurel avait eu pour vocation non pas de favoriser la croissance des pays en voie de développement comme on le prétendait, mais de mettre un coup d'arrêt aux progrès économiques qu'ils avaient accomplis de 1950 à 1980 ; les trente années dont on dit parfois qu'elles furent leurs *« trente glorieuses ».*

Ce furent effectivement trois décennies marquées dans le tiers-monde par de forts taux de croissance, par le succès des luttes de libération nationales et par une concertation qui aboutit à l'exigence d'un *« nouvel ordre économique international »,* devant assurer une répartition plus équitable de la richesse globale. En cette période, l'Etat et le secteur public étaient déterminants puisque, tantôt le secteur d'Etat était le moteur du développement, tantôt il prêtait son soutien critique aux secteurs privés qui souhaitaient se mesurer au capital étranger. La propriété privée de la terre, des ressources naturelles et des entreprises appartenaient à l'Etat dans la plupart des sociétés du Sud qui venaient d'accéder à l'indépendance et les échanges se faisaient en grande partie sous l'égide du marché. Toutefois, l'intervention des gouvernements était une chose répandue de sorte qu'ils assumaient un rôle stratégique dans la transformation de l'économie. L'Etat n'avait point usurpé le rôle de l'entreprise privée ; il avait au contraire pallié à ses insuffisances dans le domaine industriel : « *L'Etat s'est fait le fondé de pouvoir de l'entreprise privée, il pouvait conduire la modernisation sans concurrencer les intérêts établis ; au contraire, il a continué à les protéger, sans abandonner complètement le pays aux milieux d'affaires étrangers*[102] ».

Finalement, les élites du tiers-monde tenaient un double rôle. Redoutant les mouvements de revendication des couches inférieures, elles coopéraient avec les pays occidentaux dans leurs campagnes anticommunistes. Toutefois, en essayant d'accroître leur maîtrise de l'économie et les surplus dégagés, les élites du Sud ont été amenées à prendre des initiatives de plus en plus audacieuses. C'est ainsi que, sous l'impulsion des principaux alliés stratégiques des Etats-Unis dans le golfe, l'organisation des pays exportateurs de pétrole (OPEP) a pu s'assurer le contrôle du prix du pétrole, décrétant l'embargo en 1973 et en 1979, qui a entraîné une augmentation massive du cours.

Les milieux d'affaires américains ne pouvaient que s'alarmer d'une telle évolution dans le tiers-monde, en particulier dans deux marchés qui leur étaient proches : le Brésil et le Mexique, avec cette perception d'une menace grandissante venant du Sud, avivée par l'image d'impuissance que donna d'elle-même l'Amérique lors de la crise des otages en Iran en 1979-1980.

Les Reaganiens qui accédèrent au pouvoir savaient que l'une de leurs grandes tâches consisterait à restaurer la subordination du tiers-monde. Leur principale cible fut alors le capitalisme assisté par l'Etat, d'autant plus que le programme contre le Sud coïncidait avec l'idéologie néolibérale de la nouvelle administration de Washington. Ils choisirent donc, pour instrument, l'ajustement structurel à la façon du FMI et de la Banque mondiale. La crise de la dette éclata en 1982, ce qui permit à Washington de protéger les intérêts financiers de l'Amérique tout en conjurant la menace du

---

[102] Karin Lissakers, *Banks Borrowers, and the Establishment : A Revisionist Account of the International Debt Crisis*, Basic Books, New-York, 1991, p. 69.

Sud. *« Les Etats-Unis ont alors saisi l'occasion de cette période de tension financière, pour soumettre l'attribution des crédits à la condition que l'Etat se désengage de l'économie ».* C'est de la même manière que l'essence des programmes d'ajustements structurels visait à la *« réduction ou à la disparition de l'intervention directe de l'Etat dans les secteurs de la production et de la distribution »*, conclut un rapport sur les programmes d'ajustements structurels préparés par la Commission économique des Nations Unies pour l'Afrique[103].

En 1992, au terme de douze années de présidence Reagan et Bush, le Sud était transformé : la participation de l'Etat dans l'économie avait été radicalement réduite au nom de l'efficacité ; les entreprises publiques continuaient de passer aux mains du secteur privé ; les dispositifs protectionnistes destinés à limiter les importations en provenance du Nord étaient en voie d'être éliminés ; les restrictions aux investissements étrangers ont été en grande partie levées. Et, au moyen d'une politique privilégiant l'exportation, les économies nationales se sont trouvées de plus en plus étroitement intégrées au marché mondial. Après l'élection de M. Clinton en 1992, le discours s'est fait plus agressif pour exalter le marché libre et le libre commerce comme un moyen de réaffirmer l'hégémonie économique des Etats-Unis face à tous ses concurrents à savoir : les pays du Sud, les pays nouvellement industrialisés d'Asie, la communauté européenne et le Japon.

Cette hégémonie aura pour conséquence l'affaiblissement des pays en voie de développement. On assistera à l'effacement des organisations internationales qui relayaient leurs aspirations au changement et essayaient d'œuvrer pour une répartition plus équitable de la puissance mondiale avec notamment : le mouvement des non-alignés, la conférence des Nations Unies sur le commerce et le développement (CNUCED*)* et le groupe des 77 (qui, au sein de la CNUCED[104], représentaient plus spécialement

---

[103] Cité dans Seamus Cleary, « Towards a New Adjustment in Africa », *In Beyong Adjustment,* numéro spécial d'*African Environment*, vol. 7, n° 1-4, Londres, 1990, p. 357.

[104] CNUCED, *Conférence des Nations Unies sur le commerce et le développement.*

les intérêts du tiers monde), pour ne citer que les principales. La même décomposition s'est faite sentir aux Nations Unies, où les Etats-Unis s'efforçaient à nouveau de promouvoir les intérêts des grandes puissances et de faire légitimer leurs expéditions guerrières, à l'instar de celle contre l'Irak en 1990-1991 et 2003-2004.

A l'aube des indépendances dans les années 50 et 60, les peuples du Sud avaient cru que l'avenir était à eux. Ceux-ci qui comptaient pour 80% de la population mondiale et qui avaient si longtemps été traités par le colonialisme comme des citoyens de troisième classe avaient l'occasion de prendre leur revanche. Les illusions des peuples du Sud se sont finalement dissipées en ce début du XXIème siècle. La commission Sud peut ainsi résumer le sens de cette évolution : *« Peut-être n'est-il pas exagéré de dire que la perspective de voir s'installer un système économique international, consacrant le statut de seconde classe réservé au sud, est maintenant devenue un danger immédiat*[105] *»*.

Il nous semble évident qu'avec les contraintes qu'ont imposées la Banque mondiale et le FMI[106] aux pays africains, ces derniers ne pourront jamais sortir de la précarité, voire de la misère dans laquelle les plans d'ajustements structurels ont plongé leurs peuples.

Qu'en était-il donc de la situation de l'un des bons élèves de la Banque mondiale, en l'occurrence le Ghana des années 90 ?

b) Ghana : Le bon élève du FMI et de la Banque mondiale à la tourmente

Considéré dans les années 90, à tort ou à raison, comme l'enfant choyé du Fonds monétaire international, le Ghana a pu bénéficier de tous les prêts octroyés par cet organisme en vue de l'application

---

[105] Commission Sud, *the Challenge to the South*, Oxford University Press, New-York, 1990, pp. 72-73. Composée de personnalités du tiers-monde, la commission Sud a été créée en 1987 sous la direction de M. Julius Nyerere, ex. président de la Tanzanie (Centre Sud, 17, chemin du Champ-d'Anier, case postale 228, 1211 Genève, Suisse).

[106] FMI, *Fonds monétaire international*.

des mesures relatives à la politique dite d'ajustements structurels. Les résultats concluant de ces mesures ont fait parler de « *l'exception ghanéenne* ».

Force est de constater que la crise sociale résultant de la politique d'ajustements structurels a fini par faire douter de la pérennité de cette *« exception ».* Au cours de l'année 1995, la vitrine de la Banque mondiale sur le continent africain qu'était devenu le Ghana, étalant le pseudo-miracle de ses programmes de libération à marche forcée, a volé en éclats. Ici comme ailleurs, l'ajustement allait révéler ses limites et ses effets désastreux.

En avril 1983, au bord de la faillite financière, le pays signait un accord avec le FMI. La situation était critique, l'économie en ruine avec de vives[107] tensions politiques. L'injection de capitaux extérieurs et le rééchelonnement de la dette s'imposaient. Par nécessité, la Banque mondiale et le FMI furent appelés à la rescousse[108] : un expédiant plutôt qu'un ralliement. Ce sera l'amorce d'un pacte de longue durée avec les institutions financières internationales. L'application résolue, scrupuleuse, obstinée de leurs directives vaudra au Ghana une réputation d'élève modèle[109].

L'expérience apparemment fut un succès selon M. Ravi Kanbur, ancien représentant de la Banque mondiale au Ghana. *« Toutefois, le brillant exemple d'un ajustement structurel impulsé par le secteur public, qui a réussi dans une large mesure, à réhabiliter les infrastructures de base sans lesquelles l'investissement privé ne peut prendre son essor. Cependant, le moment est venu de passer le flambeau au secteur privé. Le secteur public ne peut continuer de croître au même taux que celui qu'il a connu durant la phase d'ajustement* [110] ». Le bilan de la décennie 1983-1993 donnait la mesure de cette réussite : un taux moyen de

---

[107] Nugent, *Big Men, Small Men and Politics in Ghana,* Pinter, Londres 1995.
[108] *World Bank, Policies and Program for Adjustment*, Washington, 1984.
[109]Lynne Rienner, *Ghana. The politcal Economy of Recovery.* D. Rothschild, Londres, 1991.
[110] R. Kanbur, *Welfare economics, political economy and policy reform in Ghana, Accra,* World bank, 1994.

croissance, jusque-là négatif, était passé à 5% et une inflation réduite à 10%.

L'originalité du cas ghanéen tenait du rôle central joué par l'Etat. Le président Jerry Rawlings s'était refusé à abandonner les recommandations en ralentissant le démantèlement du secteur public, en freinant les privatisations, en protégeant la fonction publique, tout en réussissant à attirer massivement les capitaux extérieurs à un rythme annuel équivalent à 8% du PIB. Dans le même temps, les investissements publics se maintenaient à un niveau élevé de 10% à 15% du PIB, les crédits allaient en priorité à la modernisation des zones rurales, aux équipements de base, à la réhabilitation des infrastructures et aux projets de développement local. Visible et sensible, cette politique d'investissements publics avait été appréciée. En outre, le pouvoir se montrait soucieux d'atténuer l'impact social négatif de l'ajustement par des mesures compensatoires : hausse des salaires, contrôle des tarifs des transports et des programmes d'aide sociale.

C'est alors que les déséquilibres se sont accentués avec la reprise de l'inflation qui allait atteindre 70% en 1996, le gonflement de la masse monétaire, l'accroissement des dépenses publiques[111] et le taux de croissance ramené à 3%. Pendant ce temps, la monnaie locale, le cedi, continuait de se déprécier et les taux d'intérêts devenaient exorbitants. En l'absence d'une relance du secteur privé, le marché de l'emploi s'effondrait, tandis que les capitaux et les talents quittaient le pays. De plus, ces politiques précipitées de libéralisation ont engendré des distorsions structurelles et provoqué le retour en force de l'économie de traite, avec la ré spécialisation dans l'extraction et l'exportation à l'état brut d'une gamme étroite de matières premières : cacao, bois, or, diamant. Le mince flux des capitaux privés n'irriguait que trois secteurs : l'industrie extractive, l'import-export et les services. L'industrie périclitait et la productivité agricole stagnait. Face à ce marasme, le président a multiplié des missions à travers le monde pour attirer les capitaux. Pendant ce temps, le pays restait sous la

[111] Jebuni, W. K. Asenso-Okyere, the *State of the Ghanaian Economy in 1994*, University of Ghana, Legon, ISSER, 1995.

perfusion des financements publics internationaux et rien n'assurait qu'il pourrait continuer de bénéficier d'un traitement privilégié, même si la Banque mondiale entretenait le mirage d'un décollage économique proche qui propulserait le Ghana dans le sillage des « *dragons* » asiatiques à l'horizon 2020[112] ; alors que la désillusion, le pessimisme et l'impatience se propageaient.

Au départ, les mesures de rééquilibrage drastiques et de restructuration n'avaient guère rencontré d'opposition. Le pays vivait alors dans un état d'exception, avec le souvenir vivace du chaos de la période précédente. La stabilisation, la restauration des infrastructures, la reprise de la production et des échanges furent favorablement accueillies. A partir de 1993, les couches populaires et intermédiaires des grandes villes exprimaient sporadiquement leur rejet des effets sociaux de la politique d'ajustements structurels. Au printemps 1995, c'est l'explosion sociale, provoquée par l'introduction sous pression de la Banque mondiale, d'un système de taxe à la valeur ajoutée. En quelques semaines, les prix firent un bond de 60 %. Le seuil de tolérance était franchi. A Accra, une puissante manifestation, la première émeute « *anti-FMI* », fit plusieurs morts.

Cette crise embarrassait le pouvoir. Quelle autre politique proposer ?

Personne n'osait évoquer la possibilité de prendre ses distances avec les programmes d'ajustements dont les Etats africains étaient devenus les otages. A moins que, pourrait-on penser, les pays d'Afrique subsaharienne mettent sur pied un système économique fondé sur les échanges inter et intra-communautaire, lequel leur permettra de développer des pôles industriels orientés vers des secteurs spécialisés. Ces derniers pourront éventuellement être crées en tenant compte du niveau d'industrialisation de telle ou telle région. Par conséquent, l'on s'attellera à développer des zones à prédominance agricole en raison des conditions favorables et industrielles, suite à la forte teneur en matières premières ceci, en

[112] *Ghana -2000 and Beyond. Setting the Pace for Accelerated Growth.*, Washington, World Bank, West Africa Department, 1992.

étroite collaboration avec la CEE et les Etats Unis, voire les pays de l'Asie du Sud-est.

c) Ces deux institutions doivent-elles continuer à conduire les économies en développement ?[113]

Faut-il brûler Bretton Woods ? Chose impensable en 1980 alors que l'économie mondiale bruissait de générosités servies aux pays sous-développés taxés de « *bons élèves* ». Il y a trois décennies, lorsque les programmes d'ajustements structurels ont commencé à capoter, aucun de ces pays soumis à cette perfusion n'a osé remettre en question ces programmes. La question aujourd'hui semble dépassée.

L'échec du Fonds monétaire international, de la Banque mondiale et de leurs institutions connexes n'est plus à démontrer. Démons du sous-développement à leur création, ces supers banques se sont inexorablement muées en instruments de libération mondiale par le marché. Mais, c'est précisément à l'heure du marché triomphant qu'elles ont étalé leur incurie, voire leur perversité. L'évidence du constat n'a d'égale mesure que l'acharnement de certains à l'éluder. Notamment des marginaux qui, de plus en plus nombreux, s'étaient fait de mieux en mieux entendre. Des questions osées leur venaient à l'esprit, comme celle de savoir « *si un état africain comme le Cameroun peut encore se laisser payer le luxe de laisser le leadership de ses réformes économiques, sociales et politiques à la diligence de la Banque mondiale et/ou du Fonds monétaire international ?* »

A l'instar de l'ingénieur financier Babissakana, le directeur du cabinet Prescriptor qui est l'auteur d'une note d'analyse technique publiée le 6 août 2001 et intitulée : « *Performance des prêts de la Banque mondiale en Afrique ; la grande illusion qui pèse sur les perspectives de développement au Cameroun* ». En parcourant cet ouvrage, le constat semble clair. « *La médiocrité des performances de la Banque mondiale est plus prononcée en Afrique que dans toutes les autres régions du monde en développement. L'évaluation des performances effectuées par la Banque mondiale elle-même*

[113] Se'nkwe P. Modo, La nouvelle presse du Cameroun, 20, nov 2001.

établit un taux d'échec des projets de 73% en Afrique de 1990 à 1999, contre une moyenne d'échec de 57% pour l'ensemble des pays en développement ». D'où la question : *« Comment est-il possible que les mauvaises performances de la Banque mondiale en Afrique notamment puissent se transformer en succès de plus en plus éclatants au Cameroun ? »*

Au cours de cette décennie, douze projets de la Banque mondiale étaient en cycle d'exécution au Cameroun, dont le projet de partenariat public/privé pour la croissance et la réduction de la pauvreté. *« En considérant la globalité du portefeuille, ce projet était potentiellement porteur de plus d'externalités que tous les autres sur l'ensemble de l'économie nationale et la société camerounaise ».* C'est pourquoi l'analyste avait choisi de le disséquer particulièrement.

Il s'agissait d'un projet d'assistance technique lié au programme FMI et à l'initiative PPTE[114]. Son coût était estimé à US$ 26 millions sur quatre ans (octobre 2000 – décembre 2004) et financé à hauteur de 80% par la Banque mondiale, soit US$ 20,9 millions. Ses bénéfices économiques probables (estimation des effets directs et indirects sur l'Etat et sur la société camerounaise) se chiffraient à US$ 38,1 millions en quinze ans. Les indicateurs clés de mesure du succès du projet concernaient l'accroissement des investissements privés (450 milliards de francs Cfa en quatre ans) ; avec un taux réel de croissance économique de 6% par an et un meilleur approvisionnement en infrastructures mesuré par le niveau de service et de croissance en nombre de clients et en prix compétitifs pour les secteurs eau, électricité et télécommunications ; enfin, une amélioration du filet de sécurité pour les populations urbaines à travers la réforme du système de sécurité sociale.

Selon Babissakana, le profil du projet se traduisait par *« l'absence de vision stratégique ou de leadership pour le développement du pays »* ; absence qui matérialisait *« la prééminence du business plan de la Banque mondiale par rapport*

[114] Ppte : Pays pauvres très endettés.

aux priorités économiques et sociales du Cameroun ». La raison en était écœurante de trivialité : parce qu'elle fonctionnait en vase clos (les anciens fonctionnaires) car, « *les domaines où la banque n'a pas de compétence étaient écartés au maximum de son plan d'affaires par rapport à un pays* ».

Parmi les écueils relevés dans le projet, on notait spécifiquement une parcellisation de l'économie. Le projet privilégiait les privatisations. Il était inutile d'insister sur l'importance de ces opérations qui engageaient la sécurité économique et sociale d'un pays.

Le problème était qu'au Cameroun, « *la politique industrielle était inexistante depuis plusieurs années, les privatisations s'étaient déroulées comme des ventes ordinaires de biens ou de meubles* ». Et, il en sera toujours ainsi dans le cadre du projet en question, puisque ce projet en lui-même est « *une garantie contre toute velléité de stratégie industrielle du pays au moins pour les quatre prochaines années. C'est ce qui arrange le mieux les affaires de la Banque mondiale, parce qu'elle n'a jamais formulé et piloté une politique industrielle, et donc n'a pas les compétences pour conduire un pays vers l'industriali-sation* ».[115]

Le projet était caractérisé par des problèmes d'importance à savoir :

- Une exclusivité institutionnelle et un verrouillage contre le leadership local. Babissakana constatait une concentration des activités, d'autant plus que « *la garantie de contrôle par la Banque mondiale des réformes économiques structurelles au Cameroun, ainsi que le champ de compétence de la politique économique restaient rigoureusement réparties avec le Fonds monétaire international. Mais, cette exclusivité et cette concentration institutionnelle constituaient la clé de voûte du verrouillage de la Banque mondiale puisque que, les dirigeants et les fonctionnaires qui l'exécutaient leur étaient soumis, au dépens de toute velléité*

[115] Lire le rapport Meltzer au congrès américain (mars 2001) sur les mauvaises performances de la Banque mondiale.

d'initiative économique endogène visant la reprise en main de la stratégie économique du pays ».

- Une mauvaise évaluation des coûts et des avantages du projet. Des US$ 26 millions que coûtait ce projet, 76% allait à l'étranger sous forme de frais pour les consultants, les formations, les séminaires, etc. Il faudra y ajouter la perte d'opportunité et l'accumulation négative d'expériences de gestion économique suscitées par les deux premiers problèmes évoqués plus haut. Evalués à US$ 38,1 millions, les avantages du projet seront en outre « *peu crédibles dans la réalité et théoriquement insoutenables compte tenu du décalage dans la période de référence (de 15 ans pour les bénéfices contre 4 ans pour les coûts) de l'élévation* ». « *En réalité, si l'on considère seulement les deux problèmes tels que présentés supra, les bénéfices retenus dans ce projet se transformeront, in fine, en pertes économiques et sociales (flux financiers net négatifs) pour le pays* ».[116]

Au regard d'une rentabilité financière attrayante sur le papier, mais qui conduit à des performances médiocres, voire négatives sur le terrain pour un projet économiquement vital. La conclusion tombe : « *L'exigence de se réapproprier la stratégie de développement économique en Afrique subsaharienne et au Cameroun en particulier devenait plus que jamais d'actualité ».*

Et comment ! Pourrait-on s'exclamer, la Banque mondiale fait du business et ce n'est pas la faiblesse (technique et surtout éthique) des fonctionnaires africains qui l'en empêchera. Qu'on en juge : le groupe de la Banque mondiale employait, en mars 2000, 10000 experts dans 127 bureaux dans le monde, « *sans compter l'étendue de son réseau de 1500 consultants permanents et leurs activités de lobbying pour lever les contrats d'affaires* ». Cette machine lourde d'intérêts privés « *a obtenu US$ 290 milliards des trésors publics nationaux et détenait un portefeuille de prêt de*

[116] Le détail des chiffres sur le projet Banque mondiale en cours d'exécution au Cameroun est disponible sur www.Worldbank. org/projects. On trouvera notamment le « Rapport n°20396 Cm, Project Apraisal Document for a Public/Private partnership for growth and Poverty reduction Project, World Bank, May 4, 2000 »

l'ordre de US$ 210 milliards lequel portefeuille s'accroîtrait chaque année de pas moins de US$ 32 milliards ».

Comment résister à un tel mastodonte, quand on est hanté par « *la frilosité liée à la quête de financement à tout prix* », quand on se sacrifie à la présomption des « *compétences économiques élevées de la Banque mondiale* » ? L'étude de Babissakana montre que ces tares aidant, « *les dirigeants de la politique économique du Cameroun ont laissé carte blanche aux fonctionnaires de la Banque mondiale, pour l'identification et l'évaluation des actions d'assistance technique qui leur paraissaient nécessaires* ». Pourtant, les idées et les projets endogènes ne manquaient pas, ni pour le Cameroun, ni pour l'Afrique.

d) La logique économique de développement pour l'Afrique mise aux oubliettes

Un des aspects capitaux de la prise en main par les Africains du destin de leur continent consiste en la nécessité de négocier des relations différentes avec les partenaires du développement. Car, la manière par laquelle l'assistance au développement est fournie est en elle-même génératrice de sérieux problèmes pour les pays en développement. Nous appelons à un partenariat différent, qui prenne les programmes nationaux comme point de départ. Ce nouveau partenariat devra élaborer des objectifs mutuellement acceptés avec des différences valables tant pour le bailleur de fonds que pour le bénéficiaire. Plusieurs cas montrent clairement que l'échec des projets n'est pas imputable à la seule mauvaise performance des bénéficiaires, mais aussi aux mauvais conseils des bailleurs de fonds. (The New African Initiative, July 2001, p.51).

Le nouveau partenariat voulu par les concepteurs de la nouvelle initiative africaine s'articule autour de la politique industrielle. Il est évident que la dynamique de rattrapage de l'Afrique n'est pas concevable sans la maîtrise de la technologie industrielle savamment ciblée et dans une perspective de son insertion dans le système international de production des biens et services à haute valeur ajoutée ou à fort contenu d'intelligence. Depuis la dernière guerre mondiale, l'histoire a montré trois fois plutôt qu'une, que « *la relation Etat-industrie avait des effets robustes, dynamiques et surtout structurants sur la compétitivité de chaque pays, donc sur son développement et sa prospérité. Nous pouvons prendre pour exemple, la reconstruction de l'Europe de l'après-guerre, le rattrapage japonais et de celui des nouveaux pays industriels d'Asie.* »

Les enseignements de l'histoire nous révèlent que la politique des réformes systématiques des institutions de Bretton Woods est une aberration.

En ce qui concerne l'économie camerounaise, son défaut le plus important est sans doute son extraversion. Ce diagnostic a été établi il y a plus de vingt-cinq ans, avant l'intrusion de Bretton Woods (cf. Célestin Monga, Cameroun : Quel avenir ? silex, 1986, pp. 177 et suivantes). Rendue en 2001, cette extraversion, plutôt que d'être réduite, a été renforcée et la Banque mondiale et le FMI y sont pour beaucoup. Selon Vianney Ombé Ndzana (Lnp[117] 16/7/01), *« Le développement colonial obéissait au principe que l'économie des colonies doit être complémentaire de l'économie métropolitaine. Cette logique explique largement la géographie des investissements des anciennes AEF (Afrique Equatoriale Française) et AOF (l'Afrique Occidentale Française), axée sur l'évacuation des matières premières ».*

Rien n'a changé depuis lors, vu le désengagement tout azimut de l'Etat sous la houlette du FMI et de la Banque mondiale. L'on ne saurait comprendre le laisser-faire de nos dirigeants, alors que la politique de privatisation systématique ne s'est révélée nulle part en faveur d'une solution durable. Les échecs en série du FMI ont d'ailleurs inspiré à Philippe Cohen dans son article de politique-fiction intitulé : « *Crise argentine, turque, gênes…face au désastre, le président du FMI démissionne* » (Marianne, 23-29/07/01).

Cet exercice a été entièrement fondé sur des faits économiques et des chiffres exacts, P. Cohen fait dire à Horst Köhler alors président du FMI : *« Il est temps pour nous de prendre conscience de notre terrible erreur collective. Nous avons pensé qu'un modèle de développement unique fondé sur l'ouverture brutale aux*

---

[117] Lnp : Livre non publié auteur Vianney Ombé Ndzana.

marchés devait s'imposer aux pays émergents. Nous avons cru qu'un désengagement massif de l'Etat assainirait leur économie. Nous avons ainsi imposé à ces pays une destruction des Etats providences que nous n'étions même pas capables – heureusement ?- d'instaurer dans nos pays développés. Les cas argentin et turc montrent la limite de cette politique. » Ah ! Si l'autocritique n'était pas inconnue des institutions monétaires…

Enfin, il serait souhaitable que ces toutes puissantes institutions, qui sont à la fois les bailleurs de fonds, les inspirateurs politiques et les gendarmes des politiques de redressement économique, n'étouffent pas assidûment l'initiative nationale. Il a bien été élaboré une charte des investissements au Cameroun, dans laquelle le pays s'était fixé comme grandes orientations, entre autres, *« l'engagement à promouvoir un réel partenariat entre l'Etat, le secteur privé et la société comme conditions de recherche d'une meilleure efficacité globale de l'économie ».* Pour son malheur, cette charte a été élaborée au moment même où se négociaient avec la Banque mondiale, le projet de partenariat public/privé pour la croissance et la réduction de la pauvreté.

Pourquoi son malheur ? Babissakana explique : « *Connaissant l'existence du projet de la charte et la menace qu'il implique pour son business plan et son leadership, le projet d'assistance technique va être utilement approuvé par la Banque le 30 mai 2000 ».* Le projet de charte des investissements, première production du comité d'études et de prospectives industrielles, qui est alors logé au sein du ministère de l'Industrie et du Commerce, était déjà dans le processus décisionnel en novembre 1999. Ce projet de charte des investissements, qui traduit en réalité la volonté de reprise du contrôle endogène de la stratégie économique du pays centrée sur la production et les exportations notamment industrielles, entre en conflit avec les méthodes et surtout le business plan de la Banque mondiale. La Banque mondiale va naturellement le verrouiller. Le projet de charte des investissements entre dans un tourbillon technico-administratif, voire politique, apparemment incompréhensible, mais qui est pourtant, la conséquence logique de la stratégie « *d'Aide Pays Banque* ».

On connaît la suite : le projet de charte est enterré au moyen de méthodes abondamment expliquées par la nouvelle presse du Cameroun (25/06/01).

e) De plans en plans pour les pays de l'Afrique subsaharienne[118]

Les pays africains ont amorcé depuis quelques temps, un changement radical de perception de l'action de la Banque mondiale et du FMI, en reconnaissant officiellement les limites de ces institutions et surtout en cherchant à prendre l'initiative économique et sociale, afin de reprendre en main le destin du continent dans un monde aux mutations de plus en plus contraignantes. L'année 2001 aurait pu être retenue par les historiens comme l'année d'inflexions effectives des perceptions et d'actions pour les Africains face à la mondialisation. C'est en décembre 1999, que le président de la République du Cameroun Paul Biya, signa le décret n° 99/278 portant création d'un comité d'étude et de prospectives industrielles dans un contexte de fin du programme triennal avec le FMI et la Banque mondiale (1997-2000), ainsi que celui d'une quête de l'allégement supplémentaire de la dette publique extérieure du pays (initiative Ppte[119]). La première production de ce comité a été le projet de loi de charte des investissements au Cameroun, dont l'implémentation sera obstruée jusqu'à ce jour par les fonctionnaires internationaux « corrompus » et certainement aux compétences douteuses du FMI, de la Banque mondiale d'une part et d'autre par leurs interlocuteurs locaux, les hauts fonctionnaires camerounais, presque tous, pouvons-nous penser, aussi incompétents et corrompus et donc incapables de saisir les enjeux des mutations en cours.

Janvier 2001, avait été la période d'émergence de deux initiatives visant la renaissance économique du continent : le Plan Oméga du président de la République du Sénégal, Abdoulaye Wade, présenté pour la première fois lors du sommet France Afrique à Yaoundé (1996) et le « *Programme renaissance de l'Afrique pour le millénaire* » Map, sous la direction conjointe des

[118] Extrait étude Babissakana pour la nouvelle presse du Cameroun.
[119] Ppte : Pays pauvres très endettés.

présidents Tabo Mbéki d'Afrique du sud, Boutéflika d'Algérie et Obassanjo du Nigeria, présenté pour la première fois au forum économique mondial de Davos en Suisse.

En février 2001, lors de leur visite en Afrique, Horst Khôler et James Wolfensohn, respectivement Directeur général du FMI président de la Banque mondiale ont pour la première fois été invités officiellement par les 22 chefs d'Etat africains ayant pris part à la rencontre de Bamako (Mali) et de Dar es Salam (Tanzanie). Il leur a été demandé, à l'occasion, de freiner leurs ardeurs d'omniscience économique et de laisser les Africains prendre le leadership dans la résolution de leurs problèmes de développement.

En juillet 2001, la « *Nouvelle initiative africaine* », issue de la fusion des deux plans Oméga et Map approuvée au sommet de l'UA à Lusaka, a été présentée par le président Wade entouré de quatre autres leaders africains fut couronnée par un accueil favorable au sommet des Chefs d'Etat du G8 à Gênes en Italie, avec de sérieuses perspectives opérationnelles à approuver au Canada en juin 2002.

Cette reprise progressive du leadership de développement économique ne sera viable que si et seulement si elle est fondamentalement rendue endogène au niveau de chaque pays du continent. Le Cameroun, qui possède déjà un potentiel pratique de reprise de l'initiative en matière de développement, a intérêt à appuyer sur l'accélérateur tout en s'ouvrant à la « *Nouvelle initiative africaine* » de développement économique, sociale et politique. Ainsi, la Banque mondiale et le FMI, tout comme les partenaires bilatéraux ou multilatéraux, devraient intervenir en fonction des besoins du continent, de chaque sous-région et de chaque pays au regard de leurs avantages comparatifs relatifs.

f) L'Afrique subsaharienne à la recherche des voies de la croissance

Naine économiquement, l'Afrique subsaharienne souffre sans doute d'une forme de marginalisation. L'année 1996 n'a guère fait espérer que ce continent, toujours en proie à la pauvreté, cesserait d'être tenu à l'écart des foyers de croissance et des grands flux du commerce mondial. Même si une poignée de pays ont confirmé leur capacité à produire un surplus de richesse, l'Afrique subsaharienne demeure l'un des plus pauvres du continent. Elle abrite les deux tiers des pays les plus démunis. Trois pays seulement sur quarante-sept à savoir le Botswana, l'Ouganda et l'Ile Maurice avaient dégagé une croissance par tête supérieure à 5%.

Ces rares embellies n'avaient rien de comparable avec les brillantes performances enregistrées en Asie et à un degré inférieur en Amérique Latine. Elles étaient dues à une hausse fragile et temporaire de certains produits agricoles, notamment le cacao, le café et le coton. La richesse africaine dépassait à peine 1% du PNB mondial (pour 10% de la population du globe). Ce pourcentage était du même ordre s'agissant des échanges (contre 3% environ dans les années 50). L'Afrique était en outre le seul continent qui commerçait moins avec lui-même.

Sa faiblesse commerciale tenait en partie à son protectionnisme tarifaire qui, loin de la favoriser, empêchait sa compétitivité et lui faisait perdre des parts de marché. L'Afrique du sud, consciente des bienfaits d'une économie ouverte, avait entrepris d'alléger progressivement ses protections douanières héritées de l'apartheid. Les investisseurs étrangers délaissaient presque totalement le continent noir qui ne recevait que 3% des capitaux dont bénéficiait le monde en développement, contre 60% pour la région Asie pacifique et 20% pour l'Amérique latine et centrale.

Même si les situations de famine se faisaient de plus en plus rares, l'Afrique, dans son ensemble, poursuivait son déclin agricole. Sa production agricole avait diminué de 12% depuis les années 60. Les pays naguère exportateurs comme le Zaïre ou la Zambie, etc., peuvent aujourd'hui difficilement se nourrir d'eux-mêmes.

C'est donc un échec majeur pour un continent dont deux habitants sur trois sont des paysans contraints à une agriculture de subsistance. On estime que 40% des produits des récoltes africaines sont perdus à cause de la médiocrité du réseau routier, de l'insuffisance des moyens de transport et du stockage.

B- L'AFRIQUE SUBSAHARIENNE FACE A LA MONDIALISATION DE L'ECONOMIE

Lorsqu'on parle de mondialisation de l'économie, on a l'impression que ce terme, sorti des sphères des économistes chevronnés, apporte une signification particulière au niveau des échanges économiques. Alors que par le passé les économies mondiales étaient régionales, il a fallu une nouvelle donne politique, voire économique pour que naisse ce terme ; en l'occurrence depuis l'affaiblissement du bloc soviétique. On pourrait donc penser que ce terme, assez barbare, symbolise le meilleur comme le pire.

Meilleur pour les économies fortes, pire pour les économies faibles, notamment pour les pays sous-développés car, il incarne à bien des égards les ruptures les plus fortes, cristallise les angoisses et résume les craintes du triomphe du libéralisme insolent.

La mondialisation des économies oblige les nations à accéder au processus de régionalisation de leurs économies pour faire face aux défis du XXIème siècle. Il s'agit pour chaque région économique de se préparer à une concurrence mondiale de plus en plus rude. Les entreprises nationales *(privées et publiques)* doivent améliorer coûte que coûte leur compétitivité en augmentant le volume de leurs investissements, en produisant davantage et donc en baissant les prix ; ce qui incitera la demande et poussera à la croissance.

Pour faciliter le financement de l'investissement, les libéraux de la nouvelle école classique préconisaient le désengagement de l'Etat de l'économie. Cette conception, dite offre de l'Etat, était basée sur une politique de privatisation importante et de déréglementation. Ce système avait déjà été appliqué aux Etats-Unis, au Royaume-Uni, en France et dans la plupart des pays de la zone franc d'Afrique où hélas les résultats ont été peu probants, et plus catastrophiques, parce que non adaptés au système sociétal.

En effet, le terme mondialisation à lui seul résume toutes les grandes mutations de l'économie mondiale. Face à cette situation nouvelle, l'Afrique fébrile résistera-t-elle ?

Comment supporter ce dessein imprévu face à un monde qu'elle n'a jamais pu maîtriser, un monde où la promesse d'un monde meilleur s'est effondrée et où les intérêts nationaux l'emportent sur la solidarité internationale ?

Suite à la mise en application de la politique *« d'ajustements structurels »,* on pourrait à bien des égards croire que la mondialisation serait un projet conçu pour recoloniser et même anéantir l'Afrique toute fragile. Ce constat se résume sans doute par les ambitions d'un certain nombre d'Etats, de créer une sorte de gouvernement mondial qui assoirait sa domination sur un monde de plus en plus fragilisé par les écarts de richesse dont le G8 est le fer de lance des pays dits les plus riches ; même s'ils ne concentrent que les 2/3 du PIB de la planète, ne contrôlent plus la croissance et ne représentent que 11% de la population mondiale. Nous sommes certains que l'intégration des économies nous semble inévitable, mais elle pose de nombreux problèmes aux pays sous-développés et particulièrement à l'Afrique subsaharienne.

Comment intégrer les pays sous-développés dans l'économie mondiale sans tenir compte de leur niveau de production et d'échange dans le concert international, sachant que ces deux données économiques sont largement contrôlées et dominées par les pays les plus riches ?

Il aurait certainement été plus intéressant pour ces pays, afin de pouvoir équilibrer leur niveau de production et d'échange, que la communauté internationale élabore une sorte de plan « *Marshall* » pour l'Afrique, dans l'optique de relever leurs économies en attendant l'obtention des résultats économiques appréciables (taux de croissance, PIB, PNB, dette extérieure, etc.) de chaque pays en vue d'une éventuelle intégration de leurs économies dans l'économie mondiale. Il va de soi que l'accroissement des échanges est loin d'être la voie du bonheur de ces populations. Car, il est regrettable qu'en 40 ans sinon plus, les échanges de biens et de services soient passés de 25% du PIB à 45% ; alors que les pays sous-développés ne profitent guère de ces échanges et restent largués. Pendant la même période, leur part dans les échanges mondiaux est passée de 4% à 1% ; alors qu'ils représentent 10% de la population mondiale. La détérioration des termes de l'échange est insupportable, si bien qu'on peut se demander s'il ne serait pas plutôt intéressant que les pays sous-développés se déconnectent de l'économie mondiale ?

Que faire, compte tenu de la détérioration des termes de l'échange pour que cette inévitable mondialisation donne espoir aux plus faibles ?

Il nous semble évident que l'abandon définitif de la dette africaine et une reconsidération des rapports économiques, voire politiques permettraient à ces pays pauvres de devenir des acteurs et non des victimes de la mondialisation. La relance du dialogue Sud-sud s'impose avec une coopération dynamique au regard de la nouvelle configuration géopolitique qui s'est désormais amorcée.

La mondialisation, en dépit des promesses, n'a pas tiré l'Afrique vers le haut. La croissance estimée par l'OCDE (sources 2001 de 3,5% pour les années 2003) se faisait toujours attendre pendant qu'une grande partie de la population vivait dans des conditions inacceptables.

Ces perspectives, aussi sombres qu'elles pouvaient paraître pour l'Afrique, laissaient néanmoins poindre des lueurs d'espoir, d'autant plus que l'on observait une nette reprise économique dans les pays développés en Afrique subsaharienne. Nous osons donc espérer que la mondialisation deviendra dans les prochaines années, une chance pour l'Afrique vu la jeunesse de ces pays, les richesses naturelles et par d'éventuels transferts de technologies. Cette mondialisation tant décriée finira par briser les chaînes de l'ignorance, de la faim, de l'injustice et du sous-développement pour ouvrir enfin une nouvelle ère : « *celle de la solidarité internationale* ».

a) Mondialisation et bonne gouvernance en Afrique Subsaharienne

Le phénomène de la mondialisation fait l'objet d'un débat théorique très controversé entre plusieurs auteurs et se présente comme "le prolongement des divisions philosophiques traditionnelles en matière de systèmes socio-économiques"[120] que sont le libéralisme, le conservatisme et le marxisme. Les tenants du libéralisme ont toujours soutenu que la mondialisation "serait l'expression même de la "modernité", notamment en ce qu'elle marquerait la victoire des "forces du marché" enfin libérées, au moins partiellement, des entraves nocives mises en place pendant un demi-siècle autour de l'État"[121].

L'ouverture des marchés qui permet aux États l'engrangement des flux internationaux de capitaux à court terme suppose qu'il soit mis en présence "des agents économiques égaux, dotés chacun d'attributs qui leur permettraient tous de concourir et de participer à la vie économique dans des conditions à peu près similaires"[122]

Lorsque l'on considère les flux d'investissements directs à l'étranger et les échanges commerciaux, ce postulat ne peut cependant résister au constat qui établit l'existence d'une dramatique "marginalisation de continents ou sous-continents entiers"[123]. Cette marginalisation est renforcée par une "prédominance du processus dit de "régionalisation" dans les économies de l'OCDE"[124] qui sont directement liées aux économies des États-Unis et du Japon.

Dans le cadre d'une mondialisation du capital prédominante, les entreprises multinationales de ces pays ont "la liberté de s'implanter où elles veulent, le temps qu' elles veulent, pour produire ce qu' elles veulent, en s'approvisionnant et en vendant où elles veulent et en ayant à supporter le moins de contraintes possibles en matière de droit du travail et de conventions sociales"[125]. Seule l'accumulation du capital, rendue possible par la répartition des marchés solvables au plan international, détermine

[120] Bolduc David, Ayoub Antoine, La mondialisation et ses effets : revue de la littérature, p. 30, novembre 2000

[121] Chesnais François, Mondialisation du capital & régime d'accumulation à dominance financière, in "Misère de la mondialisation", Revue Agone, Marseille, Agone Éditeur, numéro 16, 1996, p. 16, 272 pages.

[122] Idem, p. 111.

[123] Idem, p.4.

[124] Idem.

[125] Idem.

le comportement des multinationales dans l'élaboration de leurs stratégies globales.

Dans cet environnement où le rôle prédominant de l'État-nation est remis en question par les auteurs du libéralisme économique qui suggèrent son déclin, voire sa disparition[126], il faut constater que les grandes entreprises multinationales capitalistes, les institutions financières et les investisseurs des marchés financiers se sont substitués désormais aux administrations publiques et aux États dans la prise de décisions d'intérêt national et même celles pouvant intéresser l'humanité toute entière. Ils agissent de façon anonyme et irresponsable, en dehors de tout contrôle démocratique externe.

Pourtant, à cause de leur pouvoir de manipulation des capitaux et de spéculation sur les marchés financiers, les institutions financières et les multinationales ont acquis une capacité énorme d'influence sur les enjeux socio-économiques de la planète. Elles influent allègrement sur l'emploi et l'épargne des classes dominées tant moyennes que pauvres, sur l'endettement et le développement des pays pauvres, ainsi que sur le commerce et l'économie mondiale.

Il n'empêche que la mondialisation reste encore aujourd'hui cet espace de rivalité où s'exercent un "ensemble de rapports de domination et de dépendance politiques entre États"[127]. Le processus de la mondialisation a accentué les facteurs de hiérarchisation entre les pays, ainsi que l'abîme qui les sépare, en renforçant la domination économique et politique des pays développés sur les pays en voie de développement.

Grâce à leur supériorité technologique et financière, les pays développés "imposent aux autres pays les règles du jeu qui leur conviennent le mieux et qui sont calquées sur les besoins du capital financier à caractère rentier"[128]. Du fait de leurs positions dominantes au sein des institutions qui règlent la finance et le commerce international, tels la Banque mondiale, le Fonds

---

[126] Strange Susan, The retreat of the State : The diffusion of power in the world economy, Cambridge, Cambridge University Press, 1996.
[127] Chesnais François, op. cit., p. 112.
[128] Idem.

monétaire international, l'organisation mondiale du commerce, les pays développés "imposent aux pays les plus faibles les politiques de libéralisation et de déréglementation qui achèveront de plonger les masses dans le dénuement le plus total"[129]

Certains pays d'Asie orientale semblent néanmoins résister à cette dépendance et arrivent à concurrencer sans peine les économies des pays occidentaux. Il n'en est pas de même pour les pays de l'Afrique subsaharienne dont les économies vacillent depuis leur sortie de la colonisation.

En effet, plus que tous les autres pays en voie de développement, les États de l'Afrique noire subsaharienne subissent depuis les années 60 qui ont suivi leurs indépendances, une double dépendance internationale qui finalement hypothèque leur développement économique et le bien-être social de leurs populations. Il s'agit de la dépendance internationale économique et financière d'une part et de la dépendance internationale politique de l'autre.

La dépendance internationale économique et financière résulte de la dette contractée durant les années 1960 à 1980 par les États africains nouvellement indépendants pour financer leur développement économique. La crise de l'endettement des années 80, provoquée par l'augmentation exponentielle du taux d'intérêts des emprunts et par la chute des cours des matières premières et des produits agricoles, a conduit les pays d'Afrique subsaharienne à se soumettre aux mesures draconiennes du Fonds monétaire internationale en vue de bénéficier de nouveaux prêts, du rééchelonnement des remboursements des dettes antérieures, de leur réduction ou de leur suppression.

Les mesures imposées par le Fonds monétaire internationale ont provoqué la perte de souveraineté et la domination des États africains par des multinationales et des entreprises occidentales dans un cadre étatique affaibli et corrompu. Comment alors parler de la bonne gouvernance dans cet environnement délétère ?

---

[129] Chesnais François, op. cit., p. 112.

La dépendance internationale politique découle de la première, du fait que les pays occidentaux qui contrôlent le Fonds monétaire international, la Banque mondiale et l'organisation mondiale du commerce imposent désormais aux pays d'Afrique noire leur domination politique, économique et commerciale momentanément escamotée lors des indépendances. Cette double dépendance des pays de l'Afrique noire subsaharienne, si elle n'est pas l'unique cause de la pauvreté, des inégalités et du blocage du développement, elle les amplifie néanmoins.

C'est pour sortir de cette double dépendance internationale que plusieurs économistes et scientifiques s'accordent à mener une réflexion approfondie sur les stratégies et les mécanismes à mettre en place pour permettre le développement économique des États de l'Afrique noire subsaharienne, moteur essentiel de son indépendance économique.

Faudra-t-il pour cela s'allier aux tenants de la théorie du remodelage des stratégies existantes ? Celle qui oppose d'une part la stratégie de la soumission à la logique du marché mondial et d'autre part, la stratégie de la rupture totale.

Devrait-on en effet suivre l'analyse libérale de Rostow[130] qui soutient la théorie de la croissance transmise grâce à la logique du marché mondial, modèle prétendu être à l'origine du développement des pays du Nord à partir du 19ème siècle ?

Devrait-on au contraire épouser l'analyse marxiste de Samir Amin[131], d'Emmanuel Arghiri[132] ou encore de ces autres auteurs Mohamed Bedjaoui, Chive Thomas, Walter Rodrey, qui soutiennent la stratégie de la rupture totale en prônant le développement endogène des pays en voie de développement ?

Peut-être enfin, devrait-on privilégier l'approche comparative inspirée par le miracle économique asiatique dont la Banque mondiale se fait l'écho en fustigeant le manque de vision

---

[130] Rostow W. Walt, Les étapes de la croissance économique, Paris, Seuil, 1970.

[131] Amin Samin, L'accumulation à l'échelle mondiale : Critique de la théorie du sous- développement, Paris, Éditions Anthropos, 1970.

[132] Emmanuel Arghiri, L'échange inégal, Paris, Éditions Maspéro, 1969.

stratégique du développement de la part des élites politiques africaines, incapables d'anticiper l'intégration des économies des pays dans l'espace économique mondial et d'assurer par ce fait le bien-être social de leurs populations.

Dans cette analyse, la mauvaise gouvernance dans l'État, voire les inégalités dans les échanges avec les pays du Nord ne peuvent donc être justifiées par l'intervention extérieure et la domination des pays développés sur les pays du Sud.

Tel est l'ensemble des questions que posent aujourd'hui dans le contexte de la mondialisation les rapports séculairement controversés entre les pays du Nord et les pays de l'Afrique noire subsaharienne.

b) L'Euro, quelle monnaie unique ?

Pour une grande partie de la population africaine, les débats qui agitaient l'Union européenne sur les critères de convergence en vue de la réalisation en 1999 de la monnaie unique pouvaient sembler de lointains enjeux pour les plus nantis. Il ne fallait pourtant pas se tromper. Les peuples du Sud et plus particulièrement ceux de la zone « *franc* » avaient eu des soucis à se faire. Par conséquent, ils ne pouvaient rester indifférents à la question centrale à poser en Europe : Quelle aurait été la logique de cette unification monétaire ?

S'agissait-il de se mouler, comme l'ont souhaité les gouvernements conservateurs du vieux continent, dans le processus mondial de dérégulation, d'abaissement du coût du travail et de destruction des systèmes de protection sociale ?

Dans ce cas, la monnaie unique, même si elle parvenait à relativiser le poids du dollar, ne contribuerait en rien à l'allégement du fardeau aujourd'hui imposé au Sud. Peut-on au contraire concevoir l'unification monétaire comme le moyen d'une relance de l'emploi, d'une résistance à la domination du dollar, à la dictature des marchés financiers et enfin, à la préservation du modèle social dont la logique ne repose pas sur l'exclusion des femmes et des hommes ?

Dans cette hypothèse progressiste, la monnaie unique européenne aurait pu devenir un nouvel instrument efficace en vue d'engager entre l'Europe et le Sud, des politiques de co-développement susceptibles, pour les uns comme pour les autres, de desserrer les étaux. Utopie auraient dit certains, tant a toujours été forte et apparemment immuable la mainmise des dogmes monétaristes et libéraux. Et pourtant, il semblerait bien que ces idées aient cheminé et les mouvements sociaux qui eurent lieu dans différents pays l'ont attesté. En France par exemple, les forces progressistes ont cherché à sortir du faux dilemme entre l'acceptation pour l'Europe et la logique libérale ou le choix du repli national.

Cet éveil de conscience n'en était sans doute qu'à ses débuts, mais il aurait pu porter loin. Les peuples du Sud seraient alors les grands perdants car, ils auraient beaucoup plus à craindre d'une Europe dressant des murailles pour se refermer sur des égoïsmes et, sans doute pas mal à gagner d'une mondialisation.

c) Le franc CFA : quelles perspectives ?

Après sa dévaluation de 50% en janvier 1994, la destinée du franc CFA restait très incertaine avec notamment l'échéance monétaire européenne qui se profilait. Il est vrai que l'Union européenne s'est dotée d'une monnaie unique « *l'euro* » dès le premier janvier 1999, terme adopté par les chefs d'Etats et de gouvernements de l'Union lors du Conseil de décembre 1995 à Madrid. Cependant, quelles étaient les perspectives pour le CFA à cette date qui inexorablement se rapprochait, d'autant plus que l'absence de transparence sur les implications éventuelles sur le franc CFA de la disparition du franc français au profit de l'euro ne suscitaient apparemment pas d'inquiétude. Il était évident que les autorités, aussi bien françaises qu'africaines, observaient un certain mutisme sur la question tout en laissant entendre à travers certaines de leurs déclarations, qu'il y aurait certainement un passage en douceur à la zone euro sans grand choc sur la parité, voire sur les mécanismes de la zone franc.

Une fois de plus, le manque de clairvoyance et d'analyse auront encore sans doute eu raison des dirigeants africains, mais aussi de leurs interrogations et leur capacité d'écoute comme lors de la dévaluation du CFA suite à la décision unilatérale de la France. Le CFA cette année-là se trouvait de nouveau à mal, puisque mêlé sans le vouloir dans la tourmente monétaire européenne, alors que bon nombre d'Africains s'interrogeaient sur le sort de leur monnaie. Et pourtant, aucun signal apparent ne leur était jusque-là donné sur le devenir du franc CFA après l'échéance de 1999. Leurs dirigeants ne semblaient même pas se soucier des souffrances induites à leur peuple, comme il en avait été le cas lors de la précédente dévaluation du CFA suite à leur manque de courage et à leur résignation face aux décisions humiliantes vis-à-vis de leurs économies et de leurs ressortissants.

Le moment était propice, voire le plus approprié pour s'asseoir et réfléchir sur le devenir de cette coopération qui aurait pu prendre fin. Une fois de plus, l'occasion était donnée aux dirigeants africains de se rencontrer et de discuter en vue de créer les conditions pour instituer une zone monétaire régionale ou sous-régionale sans la tutelle de la France. Autrement dit, il s'agissait que les pays de l'Afrique noire s'entendent pour créer leur propre monnaie.

Car, la période où la France ouvrait gracieusement le robinet financier au profit des pays africains était révolue. Aujourd'hui, en proie aux difficultés économiques et sociales internes (chômage qui ne cessait de grimper plus de 9%, déficit de sécurité sociale de plus de 50 milliards) et des convulsions sans cesse permanentes dans sa zone d'influence, la France ne savait plus où donner de la tête. La morosité du contexte économique, en raison de la forte récession qu'elle connaît toujours aujourd'hui, lui imposait beaucoup de prudence dans la gestion de ses finances. A cela, s'ajoutaient les accords de Maastricht relatifs aux efforts de convergence des économies en vue de la création de la monnaie unique.

A l'aube de cette évolution, nous n'avions aucune certitude sur les éventuelles secousses qui risqueraient de balayer le franc CFA avec en prime, une impossibilité d'établir les échanges régionaux vue l'étroitesse des marchés intérieurs mais aussi, de faire du commerce avec les pays de la communauté européenne faute de convertibilité. Fort de ce constat, il était temps que les chefs d'Etats des sous régions impulsent un débat afin que soient discutées les meilleures conditions pour instituer une zone monétaire avec ou sans la tutelle de la France, voire de préserver les acquis de l'union monétaire.

Après les assurances renouvelées de Dominique Strauss-Khan, l'ex-ministre français de l'économie et des finances et celles de son homologue autrichien par ailleurs président du Conseil économique et financier de l'Union européenne, Rudolf Edlinger, en octobre 1998 relatives à la non dévaluation du franc CFA, ont donné un peu de baume au cœur des populations africaines apeurées par les rumeurs insistantes d'une imminente dévaluation du franc CFA avec à la clé, une nouvelle fuite des capitaux.

Il était évident que l'arrimage du franc CFA sur l'euro qui a effectivement eu lieu ne s'était pas faite que sous certaines conditions ; lesquelles n'ont en somme pu être basées que sur les critères de convergences des économies de ces Etats à savoir : de régler des arriérés extérieurs et intérieurs, voire leur apurement, de résorber les déficits budgétaires, de réduire l'écart entre les taux d'inflation et la maîtrise de la masse salariale dans le cadre de la surveillance multilatérale de leurs politiques économiques.

Or, si l'on avait tenu compte des indicateurs économiques des mois qui ont précédé la création de la monnaie unique, à savoir la crise économique asiatique et ses implications sur l'ensemble des places boursières et des économies du monde entier, on aurait pu justifier les résultats économiques en demi-teinte des pays de la zone franc si dégradés pour les années (1998) et (1999), avec le risque de contagion de la tourmente financière vers les pays de l'Amérique latine.

L'Afrique, longtemps boudée par les investisseurs étrangers, nous semblait à l'abri d'un retrait massif des capitaux spéculatifs.

Toutefois, on aurait pu redouter que se transmette cette crise dans les pays de la zone franc à moyen ou long terme si nous nous appuyions sur les échanges internationaux ou de certains indicateurs à savoir : bon nombre de pays de la zone franc, en particulier les pays producteurs de pétrole et de bois subissaient de plein fouet les convulsions de la crise asiatique avec en prime la baisse du cours des matières premières, la baisse du dollar par rapport à l'euro et enfin le tassement de la croissance mondiale. L'arrimage du franc CFA sur l'euro a été une solution immédiate en attendant que les Etats africains assainissent leurs économies et se donnent les moyens pour se doter d'une monnaie digne de ce nom.

A ce jour, il est toujours inadmissible que le pouvoir monétaire reste domicilié en France ou en Europe, privant ainsi les pays africains d'un outil économique et de rationalisation de leur tissu industriel, les obligeant par conséquent à recourir à l'endettement qui hypothèque son avenir.

La question que nous pouvons nous poser est celle de savoir, quand l'Afrique subsaharienne cessera-t-elle d'être une région d'exception ?

« La vie nationale en son fondement économique et social impose cette capacité de l'Etat à disposer de sa politique monétaire » affirmait Michel Debré, ancien premier ministre français.

Cependant, cette question, à bien des égards, pourrait trouver une éventuelle réponse si l'on abonde dans le sens de l'analyse que font Célestin Monga et Jean Claude Tchatchouang.

d) La zone franc : une machination

C. Monga et J.C Tchatchouang dans leur ouvrage tentent de montrer que la zone franc est une machination ourdie contre les gouvernements de l'Afrique francophone. Car, c'est une *« structure imposée »* qui ne profite pas aux économies africaines, puisqu'elle est avant tout une *« source de plus-value pour la France ».* C'est sur la base de cette vérité que Michel Roussin n'a pas hésité à déclarer à *Paris-Match* : *« La France ne s'appauvrit pas avec l'Afrique »* (août 1994).

La France s'est toujours bien organisée pour s'enrichir avec l'Afrique. L'un des exemples cité par ces deux auteurs est le fameux compte d'opérations qui n'a fondamentalement servi qu'à rapporter des devises à la France sur le dos des Etats africains. Tant que le compte était créditeur, la France *« aidait »* l'Afrique. Mais dès 1986-1987, la frilosité de ce compte, devenu débiteur, a poussé la France à dévaluer le CFA pour ne pas avoir à supporter la moindre ardoise d'une Afrique à la dérive. Les économies africaines se sont vues ainsi réduites à fonctionner avec une monnaie de singe.

Ces mêmes auteurs ont découvert que la convertibilité illimitée du franc CFA est *« un véritable mythe »*. Seuls le Maroc et la Tunisie (qui sont sortis de la zone franc) ont réussi une véritable convertibilité avec le dinar et le dirham, grâce à la discipline économique et de gestion appliquées à travers des décisions audacieuses, sériées et suivies. *« Ces deux pays ont entrepris d'importantes réformes visant à accroître le rôle des forces du marché : ils ont notamment libéré les prix, privatisé et reformé les entreprises publiques, réduit les droits d'importation et reformé le système financier »*. C'est par ce type de travail, qui ne souffre pas d'amateurisme qu'on parvient à *« une gestion économique saine » ;* laquelle *« garantit par elle-même la convertibilité »*.

La fixité de la parité aggrave la mystification de la convertibilité du franc CFA, alors que même le système monétaire international tend vers la flexibilité du taux de change (58,2% de pays en 1994 contre 14% en 1976). L'Afrique francophone reste en retard d'une monnaie et ne semble pas apte à choisir entre le flottement généralisé, dirigé ou indépendant. Bref, les pays de la zone franc sont comparables à la chèvre au piquet : « *vous avez beau couper sa corde, elle n'ose pas quitter son piquet ; elle y est restée attachée trop longtemps pour s'émanciper de sa corde »*. Comment comprendre l'immobilisme monétaire d'un pays comme le Cameroun alors que dans les accords de coopération du 13 novembre 1960, il était mentionné que *« La qualité d'Etat indépendant et souverain lui conférait le droit de créer une monnaie nationale qui lui soit propre, d'autant plus que le taux de change est un instrument de politique économique »*. Les pays de la zone franc s'en privent par suivisme et à tort, alors que seul un taux de change moins rigide peut leur permettre de stabiliser leur produit national brut. Il est donc curieux de croire que ce soit le maintien de la parité fixe qui a provoqué le désinvestissement en Afrique, alors que ses défenseurs le présentaient comme l'appât irrésistible des investissements. On peut, fort de ce constat, affirmer que les pays de la zone franc ne sortiront d'aucune crise sans politique monétaire indépendante, bref sans s'affranchir de la zone franc.

« La France s'est toujours comportée comme un banquier, et pas nécessairement comme un généreux tuteur ». (Paul Fabra) Voilà pourquoi, précise Mamadou Diarra, *« on pourrait être tenté de croire que, sous prétexte de garantie monétaire de convertibilité illimitée (...), la France a cherché à perpétuer les avantages économiques qu'elle tirait du régime colonial ».*

e) Quitter la zone franc

Nos deux auteurs interpellent l'intelligentsia africaine, en particulier celle qui a fait des études en France, plus particulièrement à Paris. « *Cette maladie consiste à croire qu'avoir étudié à Paris est un certificat de compétence et d'efficacité, qui fait de soi une valeur incontournable, même si l'on brille par la stérilité la plus désertique quant aux solutions requises par les problèmes de son pays ».* L'héxagonalité semble généralisée en Afrique dite francophone et se manifeste par la « *castration* » de l'imagination au Sud du Sahara. Mais, bien qu'ils ne se privent guère de remonter les bretelles aux *« propriétaires »* des vérités de ce monde (Kouchner) ainsi qu'aux « *crypto intégristes des taux de change fixe et de la relation privilégiée avec la France », sortir du piège monétaire* est un essai polémique pour les uns et non pour les autres ; surtout si l'on tient compte du piteux état dans lequel se trouvent les économies des pays de l'Afrique subsaharienne. Il serait plutôt suicidaire pour une grande partie d'entre eux de se doter d'une monnaie nationale, voire régionale. Certes, cet ouvrage est exigeant, pertinent au niveau de l'analyse et à la fois très serein. Il se situe à contre-courant de l'Afro pessimisme et du défaitisme qui inspirent ces dernières années des conclusions morbides sur le destin et l'avenir de l'Afrique.

Monga et Tchatchouang rappellent d'une façon véhémente que l'Afrique n'a pas le monopole de l'adversité et de la malchance. Plutôt que de dormir sur ses lauriers et parler du fatalisme, l'Afrique noire francophone, qui s'est spécialisée dans *« l'indolence, l'apathie et l'indignité »,* devrait sincèrement *« se disloquer de la zone franc »*, cette *« camisole de force »* qui est tout sauf une arme sérieuse pour prendre part aux combats économiques que le nouveau millénaire réserve à l'Afrique.

Parler du franc, affirment-ils, c'est parler des pays de la zone subsaharienne, leur faire comprendre *« qu'ils doivent quitter la zone franc et créer chacun leur monnaie, sinon la créer au niveau de la sous région »* car, pour ces pays, le franc cfa n'est autre qu'un *« piège monétaire ».*

Les propos de ces deux chercheurs sont un pavé à la marre pour les défaitistes qui n'imaginent pas l'horizon économique africain hors du cercle européen. Cet ouvrage s'inscrit résolument dans une dynamique universelle.

C- LES PROBLEMES MONETAIRES : COMMENT L'AFRIQUE SUBSAHARIENNE PEUT ELLE S'EN SORTIR ?

a) Un défi

Célestin Monga et Jean Claude Tchatchouang[133] font dans leur ouvrage une analyse sur les effets néfastes de l'arrimage du franc CFA au franc français et de facto à l'euro. Ils pensent qu'aucune monnaie ne doit être prise pour argent comptant. *« Monnaie n'est point argent ».* Et, lorsqu'une monnaie vous empêche d'avoir de l'argent propre à vous, la question devient un problème. C'est donc la préoccupation première de ces deux chercheurs camerounais. La monnaie de France, constatent-ils, draine tout l'argent des Africains et anémie les économies de l'Afrique dite francophone. Ainsi donc, le vampirisme du franc est si prononcé que les

[133] *Sortir du piège monétaire* », Paris Economica, 1996, 233p.

économies du Sud du Sahara sont de plus en plus exsangues, malgré les perfusions financières des « *amis* » de l'Afrique.

Que faire ? Comment le faire ? Pourquoi ne pas se décider enfin à quitter le piège monétaire qu'est la zone franc, au lieu de persister à en confier la garde à la France ?

« Poser de grandes questions, disait Georges Steiner, c'est risquer de se tromper. Ne pas les poser du tout, c'est paralyser l'intelligence ». L'Afrique est à l'heure des grands questionnements. Quiconque fait office de penser est donc en demeure de choisir entre le risque de l'erreur et celui de la paralysie. Monga et Tchatchouang ont choisi le premier.

b) Pour une portée universelle

Au regard du phénomène de mondialisation, on peut aisément comprendre la portée de notre inquiétude ; d'autant plus que la mondialisation implique de grandes mutations économiques, politiques, sociales et psychologiques. Cette optique suggère de passer de l'économie quotidienne, fondée sur une gestion au jour le jour, à l'instar de celle de l'épicier, à une économie de possibilités. Peter Drucker écrivait en 1970 : « *Ce n'est pas la richesse qui est nécessaire dans ce monde d'aujourd'hui. C'est une vision. C'est la conviction de l'individu qu'il existe des possibilités, de l'énergie et un but dans la vie, plutôt que des problèmes, de l'inertie et du désespoir* »[134]

Sortir du piège monétaire s'inscrit dans cette dynamique des possibilités. Cet ouvrage déplore que l'aide au développement ne soit, tout compte fait, qu'une aide à la dépendance, puisque les occidentaux préfèrent parachuter des sacs de farine avariée aux Africains plutôt que de distribuer des semences hybrides. Ces deux auteurs prônent une économie humaniste où la richesse, matérialisée par telle ou telle matière première, est de loin et moins importante que l'organisation du pouvoir à créer des richesses afin d'élever leurs populations au rang de « *forces productives* ». Les

---

[134] cf. La Grande mutation, (vers une nouvelle société), les Editions d'Organisation, Paris, 1970, 429p.

deux auteurs rejettent la prédestination de ces économies antihumanistes, ce qui feraient le salut des peuples africains.

Il en découle que la création, voire l'existence et le maintien du CFA autrement appelé « *Comptoir Français d'Afrique* » sont une sévère contradiction de la France républicaine, un démenti embarrassant de la tradition colbertiste de l'économie humaniste. Cette contradiction française n'aurait pas surpris Voltaire pour qui « *Quand nos actions démentent notre morale, c'est que nous croyons qu'il y a quelques avantages pour nous de faire le contraire de ce que nous enseignons* » (cf. traité sur la tolérance). A cause de l'intolérance des *« intérêts »* et des avantages *« pour nous »*, les discours humanistes les plus appuyés ont été noyés par le bruit de la machine à calculer. Il faut chaque soir faire la caisse, car, l'Afrique francophone n'est qu'un *« gisement d'affaires »*. Les deux auteurs estiment *« impératif pour les pays francophones que la zone franc se disloque et que se développent des souverainetés monétaires individuelles, voire collectives »*.

Contrairement, le développement ne consiste pas à rendre les pauvres riches, mais à les rendre productifs, à les amener à se constituer un tissu socio-économique autonome, adapté à leurs propres besoins et pour leur propre survie. « *Sortir du piège monétaire* » serait donc se libérer de cette chaîne d'exploitation où l'on voit une Afrique plantation, cracheuse des matières premières pour les seules économies des autres. Car, si l'éthique de l'économie *(néo)* coloniales cataloguent les pays en fonction de ce qu'ils possèdent passivement pour les en déposséder *(pétrole, bois, diamant et or.... par exemple)*, une certaine éthique valorise ce que les peuples produisent activement et contrôlent dans l'esprit du « *fais-le-toi-même » (Do it yourself)*. C'est l'exigence même de cette troisième vague décrite par Alvin Toffler, où *« notre destin est de créer notre destin »* et non de l'espérer béatement des autres.

c) La porte de sortie

Il est donc très *« urgent de redéfinir les fondements des politiques économiques à mettre en œuvre, d'élaborer une nouvelle définition du développement, d'adopter un certain nombre de principes fondamentaux devant permettre de dynamiser les civilisations africaines et d'affiner les stratégies de réinsertion de nos pays dans le monde actuel ».* Au-delà des idéologies, la crise qui ravage l'Afrique est *« une crise de civilisation ».* Nous avons accepté un système que nous ne maîtrisons pas et dont les morsures sont concrètes et quotidiennes. La restauration des économies africaines exige qu'on sorte des rafistolages sectoriels auxquels les maîtres du monde ont réduit l'Afrique. Il s'agit de repenser le continent comme civilisation à travers la réappropriation du développement ; lequel s'étendra, comme le suggère *Dasgupta*, « *à l'individu, au ménage, à la communauté et à l'Etat* ». L'accroissement des exportations des matières premières ne suffit plus. Il faut accéder à la production des biens de service, base de la répartition des richesses et de l'élargissement de la « *Population Economique* ».

Développer l'Afrique consisterait donc à susciter un vrai processus de lutte contre la pauvreté de masse, initier une dynamique de prise de conscience qui transforme les consommateurs en producteurs ; d'où la nécessité d'une grande solidarité ainsi que la participation nationale bâtie sur un contrat moral de gouvernance. Seule une réelle volonté politique permettra à l'Afrique subsaharienne de restaurer les économies de l'ensemble de ses pays et de sortir la tête haute de cette hécatombe qui reste l'un des grands défis à relever.

d) Un défi de génération

Il s'agit aujourd'hui de *« se réapproprier la souveraineté intellectuelle dans le domaine des politiques publiques »* sans pour autant s'abandonner aux béquilles de l'aide et d'une amitié philanthropique dont les principes de collaboration demeurent les plus flous, sinon douteux. C'est un défi de génération à relever au-delà des crises d'indignation.

A ce propos, Gunnar Myrdal recommande aux Africains *« le courage »* de rejeter les structures et les doctrines dépourvues de sens, de renoncer aux approches trop théoriques et de *« commencer une réflexion neuve »* à partir de leurs besoins propres et de leurs problèmes, *« ce courage qui consisterait à se donner aux grandes causes, sans savoir quelle récompense réserve à notre effort l'univers profond, ni s'il lui réserve une récompense »* J. Cheminade.

Il reste donc aux intellectuels africains de se trouver des ressorts psychologiques pour préserver au continent sa puissance pour que renaissent une économie et une politique viables.

L'Afrique doit surmonter ce déficit de créativité et de respectabilité qui fait d'elle le paria des organisations internationales par lesquelles on la maintient dans le piège monétaire. Sur ce plan, la responsabilité des intellectuels est immense, d'autant plus qu'on voit très peu leur contribution, voire leur rôle au niveau du pouvoir. Car, *« si les gens honnêtes et idéalistes jettent le pouvoir dans le caniveau, disait Peter Drucker, les voyous s'en emparent. Si ceux qui sont capables et instruits refusent d'exercer les responsabilités du pouvoir, les irresponsables et incompétents s'assoient dans les fauteuils des puissants et s'emparent des leviers du pouvoir »,* pour l'exercer contre l'intelligence, la raison et la société. Il est donc urgent que les intellectuels de l'Afrique francophone s'assument en se posant les questions essentielles dont le piège de la zone franc en fait partie.

On s'est longtemps demandé pourquoi la France républicaine semblait si compréhensive à l'égard des dictatures tropicales. Mireille Duteil s'est étonnée que la prime à la démocratie promise par Mitterrand à la Baule se soit dégradée en *« prime au statut quo »* (cf. Le Point, 12 février 1994) et d'aucuns se sont scandalisés d'entendre Jacques Chirac déclarer, à partir de la terre africaine, que *« la démocratie est un luxe pour l'Afrique ».* C'est que *« pour ce qui est de l'Afrique, la politique de la France est au-dessus des contingences partisanes »,* reconnaît le député socialiste Jeanny Lorgeaux (cf. Ces Messieurs Afrique, p.79).

Mais, la vraie explication et la seule explication capitale est liée à la monnaie ; laquelle nous vient de la réflexion de Mayer Amschel Rothschild : « *Give me control over a nation's currency and i care not who makes its law* » (Que je contrôle la monnaie d'une nation et je me moquerai de savoir qui en fait les lois). En clair, voilà pourquoi les discours circonstanciels sur la démocratie à plusieurs vitesses en Afrique ont plutôt consolidé le statu quo ; mais chacun aura compris que la souveraineté africaine sera monétaire ou ne le sera pas. Le troisième millénaire dans lequel nous sommes entrés s'annonce comme le siècle des grandes concrétisations dont celui du *« gain »* ; il importe d'abandonner tout système régalien.

Pour n'avoir pas su produire de vrais partenaires en Afrique, la France est aujourd'hui handicapée face à la concurrence et à la compétitivité internationales. Pour tenter de survivre dans cette Afrique à la dérive, où l'informel, le chômage, la corruption et la famine ont pris le pas sur l'ensemble des activités légales, les divers gouvernements des pays africains ne savent plus quelle attitude adopter.

D- L'EXACERBATION DE L'INFORMEL

a) Pourquoi la montée en puissance du secteur informel ?

Avant la dévaluation, le secteur informel existait. Cependant, son développement n'avait pas encore atteint une aussi grande proportion. Aujourd'hui, nous constatons que la majorité de la population africaine, y compris les cadres et fonctionnaires, s'investit dans des activités de type commercial supposées être les plus rémunératrices en l'occurrence, le transport, voire l'ouverture de petits bistrots ou des gargotes.

La conférence du Caire sur la population et le développement (*Août-Septembre 1994*) avait attiré l'attention de l'opinion publique internationale sur l'explosion démographique que va connaître l'Afrique subsaharienne dans les prochaines années. Les Etats africains se trouveront inéluctablement confrontés au dramatique problème d'emploi de leurs ressortissants. Ceci, par le fait que les possibilités d'embauche du secteur qualifié de *« moderne »* seront excessivement limitées. On est sans ignorer que les plans d'ajustements structurels, imposés par le FMI et la Banque mondiale ont eu des conséquences négatives pour l'emploi à savoir, plus d'embauche au niveau de la fonction publique suivie de la diminution drastique du nombre de fonctionnaires (de *plus de 35%*). A cette note salée, il s'est ajouté 45% environ de jeunes diplômés à la recherche d'un emploi, sans compter les autres chômeurs dont les statistiques locales peu fiables indiquent des pourcentages d'environ 18 à 25% de la population active. Les entreprises privées ou d'Etat endettées et peu compétitives suite à la dévaluation et à la baisse de la consommation ont fermé leurs portes les unes après les autres. On estime, depuis la dévaluation du franc CFA, qu'environ 50% d'entreprises des pays de la zone franc ont déposé leur bilan. Sachant d'autant plus qu'en Afrique noire, un seul salarié peut nourrir une famille qui compte une vingtaine de personnes.

Suite à ce constat, pour tenter de sortir de cette misère, les Africains continueront à se tourner vers le secteur informel comme depuis plusieurs années, ils ont eu à le faire. Alors que les entreprises modernes, publiques ou privées rencontrent de grandes difficultés, celles relevant du secteur informel résistent à la crise et même se multiplient. Aussi, en milieu urbain, le secteur informel est devenu la principale source d'emplois pour les populations locales. On peut donc se demander pourquoi il attire autant d'Africains et pourquoi ces unités de production résistent mieux que les entreprises « *officielles* » ou « *classiques* » ? C'est à dire plus proches des conceptions occidentales de ce que doit être une entreprise.

Quatre raisons principales peuvent expliquer le choix de tant d'entrepreneurs africains pour le secteur informel.

1- L'Etat est suffisamment lâche et les contrôles assez laxistes pour qu'ils puissent échapper à son emprise. Il est bien évident qu'il est plus facile de vivre en dehors du cadre légal dans un pays peu et mal administré que dans un pays développé où l'administration est omniprésente et dispose considérablement des moyens pour contraindre les acteurs à respecter les règles du jeu qu'elle a fixées.

2- Le coût du respect des règles légales est tel qu'il y a intérêt économiquement à « *fuir* » l'Etat et ses contraintes. De plus, dans ces pays non seulement l'Etat « *coûte par les diverses taxes* », mais puisqu'il est faible et désorganisé, il apporte peu aux acteurs économiques. Une analyse montre que l'entrepreneur informel s'enrichie alors que l'Etat semble être un partenaire dont il n'a rien de positif à attendre.

3- Le fait d'œuvrer dans l'informel est parfaitement admis en Afrique et n'a aucune conséquence sociale négative pour l'entrepreneur. Comment pourrait-il d'ailleurs en être autrement, quand le secteur informel constitue, tout au moins en milieu urbain, la première source d'emplois pour les populations africaines ? Si en France travailler « *au noir* » peut être considéré comme un élément constitutif de marginalité, en Afrique, par l'importance respective occupée par celui-ci, c'est plutôt le secteur économique formel qui est marginal.

4- Les possibilités d'emplois officiels sont tellement disproportionnées par rapport au nombre de gens à la recherche d'un emploi que cela les oblige à chercher ailleurs, voire à faire autre chose. Ainsi donc, l'espoir de trouver un emploi dans le secteur formel est quasi nul. De plus, ces pays n'ont pas de système de protection sociale, d'où la nécessité de trouver rapidement une source de revenu pour pouvoir vivre.

De nombreux chercheurs se sont intéressés à ces unités de production afin de comprendre pourquoi elles résistaient et se multipliaient. L'explication essentielle qui ressort de leurs travaux est culturelle : l'emprise informelle doit son succès au respect de la culture et des valeurs africaines. Mamadou Dia[135] dénonce la conception mécaniste et linéaire de l'histoire du développement, mais aussi l'approche technologique de la gestion, partant de l'idée que la modernisation passe obligatoirement par l'assimilation des méthodes et des techniques de gestion occidentales, avec une approche ethnocentrique de la culture fondée sur l'idée que toute société tend, in fine, à épouser les mêmes valeurs que les pays développés, et que le refus de les partager est synonyme de sous-développement. Pour cet auteur, la réussite des unités informelles, pourtant aux prises avec un environnement hostile et sans aide de l'Etat, s'explique avant tout par *« leur aptitude à concilier les*

---

[135]Mamadou Dia, *« Développement et valeurs culturelles en Afrique subsaharienne »,* Problèmes économiques n°2.281, 24 juin 1992, p. 28-32, la documentation française, Paris.

valeurs sociales et culturelles de l'Afrique avec la nécessaire efficacité économique ».

Philippe Engelhard parle d'une adéquation qui nous échappe entre le mode d'organisation des entreprises de ce *« secteur »* et les caractéristiques du système culturel et du système économique environnant. Taoufik Ben Abdallah et P. Engelhard[136] indiquent que l'ensemble des systèmes et des processus économiques et sociaux du secteur informel sont *« en osmose »* avec les cultures ambiantes. Ces auteurs reconnaissent donc que, si le secteur informel constitue une réponse de survie, il semble correspondre assez bien aux valeurs socioculturelles africaines.

Une autre raison de ce succès est certainement le bas niveau des prix pratiqués, rendu possible par le non-respect des obligations sociales et fiscales. Il faut enfin relever la mise en œuvre par l'entrepreneur informel d'un véritable marketing-mix implicite pour satisfaire aux besoins de la clientèle. Les produits proposés, les prix pratiqués, les méthodes de distribution et de communication utilisées sont parfaitement adaptés à la demande locale.

b) Coût de la formalité

Il est possible d'évaluer le coût de la formalité en Afrique ; mais toutefois, le respect des règles légales n'est jamais gratuit. Ces coûts sont de deux ordres : d'une part le règlement des taxations diverses, d'autres part le temps nécessaire au respect des formalités. Dans les pays en voie de développement, deux contraintes supplémentaires s'ajoutent : le mauvais fonctionnement des administrations locales qui augmente considérablement la durée des formalités donc leur coût et la nécessité parfois incontournable de verser des *« pots de vin »* pour faire avancer un dossier. Les fonctionnaires des PVD[137] sont mal payés, voire pas du tout. Ils ont souvent de lourdes charges familiales ; par

---

[136]Taoufik Ben Abdallah, Philippe Engelhard, *« Quel avenir pour l'économie populaire en Afrique ? »*. Revue Quid Pro Quo, Volume 1, n° ¾ Octobre 1990, p. 14-17, Bruxelles.

[137] PVD, Pays en Voie de développement.

conséquent, nombreux sont ceux qui monnaient leurs services, transformant ainsi leur emploi en source de rente.

Plusieurs chercheurs ont donc essayé de mesurer le coût du respect des règles légales pour les acteurs informels. Le premier et le plus connu est Hernando De Soto[138] qui a mené ses travaux dans le contexte péruvien. A la suite, d'autres auteurs comme Sourou Joseph Attin, Ridha Ferchiou et Pierre Pingeon ont réalisé des enquêtes équivalentes dans divers pays africains.

c) Coût de la formalité en Afrique : Exemple du Bénin

Sourou Joseph Attin[139] s'est intéressé aux entreprises informelles béninoises. Il a étudié dans 92 entreprises exerçant divers métiers, l'influence du respect des obligations sociales et fiscales sur le taux d'excédent brut d'exploitation (EBE) dégagé.

Ce tableau résume les résultats obtenus.

Métiers	Taux d'EBE sans légalité (%)	Taux d'EBE en respectant les obligations sociales et fiscales (%)	Baisse du Taux d'EBE due au respect de la légalité (%)
Maçon	85	56	29
Menuisier	78	29	49
Tailleur	88	65	23
Mécanicien velomoteur	95	76	19
Mécanicien Auto	82	74	8
Soudeur	84	73	11
Ferblantier	53	25	28
Photographe	50	22	28
Restaurateur	66	34	32
Taxi-moto	35	-62	97
Taxi-Auto	37	12	25
Commerce	99	79	20
Moyenne	71	40	31

Il faut noter que dans le contexte béninois, la baisse moyenne du taux d'EBE (31%) est nettement plus imputable au respect des obligations sociales (27%) qu'à celui des obligations fiscales (4%).

138 Hernando De Soto, *« L'économie informelle avenir du tiers monde ? ».* Revue Alternatives économiques, n° 122 décembre 1994, p. 42-44, Paris.

139 Sourou Joseph Attin, *Perspectives du passage du secteur informel au secteur formel au Bénin (coût de la légalité)* Bureau international du travail, document de travail Série WEP 2-19/WP. 54, Juillet 1990, Genève.

Ainsi, le respect des obligations légales amènerait les entrepreneurs béninois, pour maintenir leurs revenus constants, soit à augmenter leurs prix en moyenne de 31%, ce qui poserait des problèmes à leur clientèle peu solvable et réduirait un peu plus la demande, soit à améliorer la productivité de leur personnel donc à réduire leurs effectifs.

Pierre Pingeon a étudié 103 entreprises de Bangui, en Centrafrique. Il a adopté la même méthodologie qu'ATTIN : déterminer la rentabilité de l'unité informelle et les revenus de l'entrepreneur, puis estimer ce qu'ils deviendraient en cas de respect des législations sociales et fiscales.

Il obtient les résultats suivants en millions de Fcfa :

Type d'activité	Revenu mensuel en FCFA sans la légalité	Revenu mensuel en FCFA en respectant la légalité	Baisse de revenu	
			Exprimée en FCFA	Exprimée en %
Production	75	34	- 31	- 41,33
Service	49	-4	- 53	- 108,16
Petit commerce	188	4	- 184	- 97,87
Bâtiment	82	44	- 38	- 46,34
Transport	149	-16	- 165	- 110,74
Ensemble de l'échantillon	540	12	- 90	- 88,23

Dans le contexte « *Banguissois* », la législation non seulement diminuerait les revenus des entrepreneurs, mais entraînerait à court terme la disparition de la plupart de ces unités avec des conséquences extrêmement dommageables pour l'environnement économique et social local. Autrement dit, même si elles le souhaitaient, les unités économiques enquêtées ne pourraient s'offrir une légalité totale. Pour Pierre PINGEON, l'informalité est imposée à la micro-entreprise banguissoise par sa « position structurelle défavorable (étroitesse du marché, difficulté d'accéder aux ressources) et l'inadaptation aux règles juridiques héritées de l'époque coloniale ».

Ces études font clairement ressortir les coûts d'accès puis le maintien. La longueur des démarches administratives, leurs prix, les charges sociales et fiscales diminueraient très nettement la rentabilité d'unités économiques déjà fragiles et même, dans certains contextes, entraîneraient leur disparition. La législation de l'informel, pour être économiquement réaliste, suppose donc d'importantes modifications du cadre légal. Il faut également relever que dans l'univers informel, les exigences du court terme sont prégnantes. Si les lenteurs administratives sont déjà difficiles à admettre pour l'entrepreneur occidental, elles sont tout à fait insupportables pour son homologue des pays en voie de développement.

Il est plus difficile à appréhender que celui de la légalité. Etablir le compte de résultats d'une entreprise informelle pour déterminer sa rentabilité et le revenu de l'exploitant, puis y intégrer les dépenses supplémentaires liées au respect des lois ne représente pas de difficultés majeures. Déterminer les effets négatifs sur les résultats de l'entreprise est, par contre, plus délicat. Il est certes possible de repérer les facteurs qui nuisent à l'exploitation optimale de l'unité, mais il est difficile de les estimer de façon précise.

Echapper aux lois ne présente donc pas que des avantages, mais aussi des inconvénients. Les coûts directs de l'informalité sont les plus difficiles à appréhender et sont de deux ordres : la taxation informelle et le coût des ressources financières.

a) La taxation informelle

L'illégalité du secteur autorise l'arbitraire des agents de la puissance publique. Ces exactions sont facilitées par le fait que les informels sont le plus souvent des étrangers, ainsi, par exemple Abidjan attire des migrants de l'ensemble du Sahel et de la Côte africaine de l'Ouest, de la Guinée au Nigeria. Il est donc extrêmement difficile d'évaluer combien les entrepreneurs dépensent en taxes informelles. En Afrique subsaharienne, tous les secteurs sont touchés avec une nette prédominance pour le transport. Dans certains cas, le niveau taux de prédation est tellement élevé qu'il amène les informels à cesser leurs activités.

b) Le coût des ressources financières.

Dans les pays développés et dans le tiers monde, les banquiers sont réticents à financer les petites unités économiques. Le caractère informel des unités vient accentuer cette réticence. Les conséquences sont généralement doubles : d'une part le recours à l'emprunt est plus limité, ce qui réduit les possibilités d'investissement et de développement ; d'autre part, lorsqu'il est indispensable, l'entrepreneur s'adresse aux prêteurs informels qui pratiquent des taux élevés autrement appelés *« l'usure »* dans le jargon africain.

Aujourd'hui, en Afrique, l'importance prise par l'informel est telle que les Etats ne peuvent plus se dispenser d'une réflexion approfondie sur sa place dans les économies et l'attitude qu'ils doivent adopter envers lui.

d) L'attitude de l'Etat face au secteur informel.

Elle a évolué avec les années, d'abord essentiellement répressive, elle se caractérise plus souvent aujourd'hui par le souci de définir des politiques d'intervention efficace.

L'attitude de l'Etat demeure ambiguë, car conscient du rôle de soupape de sécurité de ce secteur qui limite les risques d'explosion sociale urbaine, les pouvoirs publics alternent périodes de laisser-aller et de répression. Si le secteur informel est toléré, il reste l'objet d'une méfiance qui débouche ici et là sur des tentations régulatrices et parfois répressives de la part des autorités et de leurs experts. Ainsi, diverses attitudes sont généralement prises.

L'attitude répressive : Le secteur informel est considéré comme un frein à la modernisation des économies ; d'où la nécessité de limiter son expansion ou le faire disparaître. Or, la faible rémunération de la main d'œuvre a deux inconvénients. Elle n'incite pas les entrepreneurs à optimiser son utilisation, d'autant plus que la productivité ne s'améliore pas. Par ailleurs, la faiblesse des salaires limite la demande intérieure et bloque le développement industriel local.

Diverses mesures peuvent être prises à savoir : un contrôle strict des migrations et des installations d'établissements artisanaux et commerciaux, l'obligation de respecter la législation et la multiplication des contrôles fiscaux, etc. Il est certain que l'économie informelle ne disparaîtra pas, mais pour échapper aux tracasseries administratives, elle deviendra souterraine au détriment de ses employés, de ses clients et voire de l'Etat.

La deuxième attitude possible est le laisser-aller. Dans les pays africains, les aides financières présentent un inconvénient majeur, celui de risquer d'être détournées ou être attribuées plus en fonction des considérations de clientélisme, de solidarités ethniques ou amicales que sur des critères d'efficacité, sinon à la transposition de techniques occidentales, entraînant la mise en cause de méthodes de gestion inadaptées au contexte et aux contraintes locales. En fait, les activités informelles urbaines sont le prolongement de la société traditionnelle.

A partir de 1986, les conséquences sociales des Plans d'ajustements structurels imposés par le FMI et la Banque mondiale ont amené certains gouvernements à s'intéresser à l'informel comme solution possible aux difficultés rencontrées. On est donc passé de la répression ou du laisser aller à des politiques d'intervention visant à favoriser le développement du secteur informel. Les méthodes mises en application étaient de formes diverses : celles-ci allaient de la formation du personnel disposant d'un projet au regroupement des producteurs sous forme de coopératives, etc.

Aujourd'hui, les Etats d'Afrique subsaharienne ont perdu l'illusion de faire disparaître l'informel au profit d'un développement économique de type occidental. L'informel représente environ 50% des emplois urbains. Les gouvernements doivent en tenir compte et essayer d'aider toutes les petites organisations en leur donnant aussi la chance de se développer. Même si certaines pratiques de gestion peuvent a priori surprendre, on doit reconnaître à ces acteurs un comportement rationnel. Il faudrait cesser de vouloir appliquer en Afrique et, a fortiori dans ces petites unités, le modèle de gestion occidental. L'entrepreneur informel intègre dans son comportement les préoccupations sociales et économiques, un modèle de management « *éco social* ». En Asie, l'industrialisation a été conçue comme un processus long de transformation sociale, procédant d'un foisonnement d'activités et de cheminements détournés, avec un souci constant d'amélioration de la productivité. Alors qu'en Afrique, elle a été conçue sur la base de projets parachutés et administrés, avec une vision de modernisation allant du haut vers le bas. La recherche des rentes a été préférée à l'amélioration de la productivité, alors qu'une grande partie de la population du continent meurt encore de faim.

e) Le mythe de l'industrie[140]

« Optimisme béat ou réalisme à propos de l'industrialisation en Afrique subsaharienne ? »

Il s'agit de tempérer les ardeurs exprimées ça et là sur une éventuelle amorce d'une dynamique industrielle, même si l'espoir est permis. L'industrialisation, dont la complexité en fait une activité qui ne peut être appréhendée sur la seule base des changements quantitatifs, surtout quand on connaît la difficulté à mettre en œuvre ces derniers au sud du Sahara ne peut résulter du seul bon fonctionnement de quelques unités marchandes.

Pour pouvoir y arriver, il faudra former les hommes et mettre sur pied une politique industrielle volontaire, par laquelle on entendra accroître le niveau de performances et compétitivités de l'activité industrielle, accroissant ainsi la valeur ajoutée industrielle et surtout manufacturière dans la croissance de la richesse nationale.

Les graves faiblesses structurelles dans et entre les unités industrielles au sud du Sahara montrent qu'une telle démarche fait considérablement défaut, d'où la marginalisation d'une économie pourtant ouverte au monde (*le pays dont le degré d'ouverture est le plus élevé n'est pas forcément le plus développé ; au contraire, il est généralement le plus exposé aux conséquences d'une évolution défavorable des échanges internationaux)*.

L'économie subsaharienne demeure telle qu'elle a été conçue à l'époque coloniale : consommer ce qu'elle ne produit pas (les biens et services manufacturés de production ou de consommation

---

140 Alioune Seck, Université de Nice Sophia Antipolis (France). In Jeune Afrique économie, n°299. Nov-Déc. 1999.

courante d'importation) et produire ce qu'elle ne consomme pas (les produits de base d'exportation).

Actuellement, aucune initiative d'organisation audacieuse, malgré les grandes déclarations, n'est lancée pour décrocher l'économie subsaharienne de la survivance des pratiques économiques de moins en moins en cours, les exportations des matières premières (les pays occidentaux qui en sont les principaux importateurs orientent depuis la fin de la seconde guerre mondiale leurs structures industrielles vers l'intégration de plus en plus des services et la transformation de moins en moins de produits de base).

On ne souligne pas assez que la réduction de la rentabilité des produits de base, qui se traduit par une très forte réduction des investissements étrangers (qui ont chuté de 4,3% entre 1980 et 1990), marginalise l'Afrique au sud du Sahara. Le peu d'investissements qui existent encore, notamment les investissements directs (et encore peut-on parler d'investissements directs, ceux-ci n'ayant favorisé ni un transfert de technologies ni les conditions d'une véritable dynamique industrielle), servent plus à acquérir des entreprises privatisées qu'à favoriser l'émergence de nouvelles activités de production. Il s'agit là d'une cause incontestable de la réduction de la part déjà très faible de l'économie subsaharienne dans le commerce international (3,5% en 2008). On ne peut donc pas s'étonner qu'aujourd'hui ce continent, habité par 12% de la population mondiale, produise moins de 1% de la valeur ajoutée manufacturière et de moins de 2% du produit intérieur brut (PIB) du monde. Par conséquent, soutenir, comme le faisait en mars 1999, Evangelos Calamitis du Fonds monétaire international, que comme effet positif de l'Ajustement structurel, une croissance de plus de 4% entre 1995 et 1998 signifierait une reprise économique durable au sud du Sahara serait une erreur. Si reprise économique il y a, les conditions structurelles qui devraient la rendre durable ne sont pas réunies.

Aucune évolution structurelle notable n'est encore venue confirmer cette tendance, faute d'une modification en profondeur de la physionomie d'une économie qui reste aussi, sinon plus extravertie qu'elle ne l'a été par le passé, du fait du maintien, voire du renforcement de la double dépense du marché extérieur, tant pour l'écoulement des matières premières, que pour son approvisionnement en biens et services manufacturés.

Pour certains, le retard industriel subsaharien tiendrait au dysfonctionnement du marché et /ou du rôle inadapté de l'Etat. Même s'il convient de lui reconnaître une part de vérité, ce double aveuglement micro-économique et macro-économique balaie d'un revers de la main les véritables faiblesses structurelles qui entravent la dynamique économique.

« D'où l'échec des politiques d'ajustements structurels »

Ces démarches ont surtout échoué dans leurs tentatives de (re)structuration de l'économie subsaharienne, pour avoir ignoré ou sous-estimé l'existence et l'importance des composantes économiques élémentaires, ainsi que le rôle et les effets entraînant des interrelations multiformes contractuelles ou concurrentielles, formelles ou informelles qu'elles auraient pu entretenir dans et entre elles. Le mouvement de pénétration forcé du libéralisme n'a pas initié de tels systèmes, notamment industriels, qui sont pourtant les garants de l'accumulation autonome du surplus et donc de la dynamique économique. Au sud du Sahara, un tel système industriel n'existe pas pour un certain nombre de raisons à savoir : certaines activités sont abusivement considérées comme des « *industries* » ou des « *manufactures* », alors qu'en réalité leur fonction est limitée à une simple extraction ou à une transformation très sommaire (réduction des déchets pour alléger le poids) du produit primaire destiné à être exporté. Cette surestimation abusive donne l'impression que tous les pays subsahariens peuvent prétendre à la dynamique industrielle, alors qu'en fait leurs activités économiques sont essentiellement extractives.

L'expérience montre très nettement que la manière dont les gigantesques unités industrielles subsahariennes ont été édifiées et gérées isolément les unes les autres ne pouvait être qu'un fiasco. Toutefois, l'environnement régional n'a pas donné lieu à un système industriel. Souvent, les unités qui existent sont en heurt pour produire et livrer à moindres coûts ; alors que les coûts de transaction sont très élevés sur le marché des biens et/ou des services manufacturés de qualité. Cette contre-performance et cette sous compétition font apparaître qu'aucune dynamique industrielle n'est nulle part concevable sans qu'il ait été conçu un véritable système industriel, en particulier en Afrique, ce qui supposerait qu'il faille résoudre certaines faiblesses structurelles.

On peut donc penser qu'aucun des pays subsahariens ne remplit les exigences minimales d'une dynamique industrielle durable, en témoignent les défauts d'organisations interne et externe des entreprises, confrontées aux difficultés de définition et d'exécution des décisions opérationnelles, stratégiques et administratives dans un environnement incertain. Cette incertitude provient des contraintes des entreprises pour s'approvisionner, voire pour accéder aux informations et au marché ; enfin, pour se consacrer à ce pour quoi elles existent.

Les entrepreneurs subsahariens ne passent plus de temps à résoudre les problèmes de toutes sortes, ou à prendre en charge des tâches qui ne sont pas les leurs, mais à se consacrer à leur fonction principale de production. Tout ceci génère des coûts qui grèvent les coûts de production, rendant ainsi le produit manufacturé dans les pays de la zone subsaharienne de moins en moins accessible aux subsahariens. Pour cette raison, les entreprises cherchent ailleurs les débouchés plus solvables pour couvrir leurs coûts de production ; quitte à brader notamment sur le marché occidental, les produits manufacturés de moindre qualité.

Ce constat montre qu'une amorce durable de la dynamique industrielle en Afrique au sud du Sahara risque de rester un rêve, si l'on n'entreprend pas une politique complètement nouvelle.

E- L'AFRIQUE SUBSAHARIENNE FACE AU PROBLEME ALIMENTAIRE

a- Résoudre le problème de l'insécurité alimentaire

A la suite de la terrible sécheresse de 1973-1974, qui avait sérieusement affecté le Sahel et l'Ethiopie, entraînant des pertes en vies humaines et décimant le bétail, les Nations Unies ont organisé en 1974 à Rome, une conférence mondiale sur l'alimentation afin d'empêcher qu'une telle tragédie ne se reproduise. A cette conférence, H. Kissinger, alors secrétaire d'Etat américain, déclarait : *« Nous devons proclamer un objectif audacieux : que dans dix ans aucun enfant ne se couche plus le ventre vide, aucune famille ne craigne plus pour le pain du lendemain et que l'avenir et les capacités d'aucun être humain ne soient plus limités par la malnutrition »*.

Dix ans plus tard, en 1983-1984, le continent africain fut frappé à nouveau par une sécheresse qui priva d'eau et de nourriture la population de vingt-sept pays. Ces deux fléaux avaient clairement mis en évidence la fragilité de la sécurité alimentaire en Afrique. Aujourd'hui encore, plus de 800 millions de personnes à travers le monde (soit 20% de la population des pays en développement et jusqu'à 37% en Afrique subsaharienne) demeurent sous-alimentées ; 192 millions d'enfants souffrent de malnutrition chronique. En l'an 2030, l'humanité aura à relever le redoutable défi de nourrir près de 9 milliards d'êtres humains contre 5,7 milliards de nos jours. A l'échelle mondiale, des progrès remarquables ont été accomplis, y compris dans de nombreux pays en voie de développement dans l'accroissement des disponibilités alimentaires par habitant. Mais ses progrès sont lents et inégaux. Tandis que les habitants des pays développés consomment plus de 3600 kilocalories par jour, ceux de l'Afrique subsaharienne ne disposent que de 2100 kilocalories. Si les perspectives à l'horizon 2010[141] laissaient présager une augmentation des ressources par habitant et un nouveau recul de la malnutrition dans la plupart des régions, d'autres zones telles que l'Asie du sud et l'Afrique subsaharienne connaîtront encore des situations difficiles.

L'Afrique reste le seul continent où la production alimentaire par habitant a continué à diminuer au cours du dernier quart de siècle[142]. De plus, on estime qu'en l'an 2030, elle comptera 1,7 milliards d'habitants contre 720 millions aujourd'hui. Exportatrice nette de produits alimentaires au début des années 60, l'Afrique a

---

[141] FAO : Horizon 2010, Novembre 1993, Rome, 360 pages. (42 pages d'annexes)
[142] Cf. Chapitre 2, paragraphe C.

connu une détérioration progressive de sa situation au point de devenir importatrice nette. La projection des tendances actuelles montre que, d'ici à l'an 2010[143], le coût des achats atteindra à prix constant, 28 milliards de dollars, alors que les recettes d'exportations agricoles s'élèveront tout au plus à 12 milliards de dollars. Les causes fondamentales de cette crise semblent être : les aléas climatiques (facteurs d'insécurité sur la production), la déforestation massive et les politiques de développement généralement peu favorables au secteur agroalimentaire. De plus, un bon nombre de pays d'Asie et d'Amérique latine ont bénéficié de la révolution verte, caractérisée par une productivité élevée, mais l'Afrique n'a pas connu de progrès technologiques significatifs. En outre, les carences institutionnelles et le manque d'infrastructures ont contribué à accroître ses difficultés.

D'autres facteurs contribuent encore à aggraver la crise à savoir : le taux de croissance démographique élevé 15% environ, l'urbanisme rapide, la dégradation de l'environnement, la sécheresse et la désertification, l'instabilité politique, les troubles sociaux, les guerres civiles avec des déplacements massifs des populations (Rwanda, Somalie, Soudan et Burundi 1994) ajoutés à un environnement économique défavorable sur le plan international et une lourde dette extérieur. Cet ensemble de facteurs a accru l'insécurité alimentaire du continent dont le Rwanda constitue la dramatique illustration. Ces facteurs, entre autres la sécheresse, sont toujours à l'origine de sérieux déficits dans nombre de pays de la région, notamment en Afrique australe et orientale[144]. Il y a cependant de réels motifs d'espoir ; car des actions difficiles, voire douloureuses, ont été entreprises avec courage dans la plupart des pays africains pour relancer la croissance économique et l'agriculture. Les états membre de la FAO, en acceptant son acte constitutif, s'étaient engagés à élever le niveau de nutrition et les conditions de vie de leurs populations, contribuant ainsi à libérer l'humanité du spectre de la faim. A cette

143 Sources OCDE 1995

144 A des degrés divers, ces pays sont : le Burundi, l'Ethiopie, l'Erythrée, le Liberia, le Malawi, le Mozambique, le Soudan, le Swaziland, la Tanzanie, le Tchad et le Zaïre.

fin, des propositions avaient été présentées au conseil de la FAO réuni en session extraordinaire du 30 mai au 1er juin 1994 à Rome.

Le recentrage des priorités de la FAO sur la sécurité alimentaire, notamment en Afrique, va conduire à la mise en œuvre de deux programmes spéciaux. Le premier aura comme objectif l'augmentation de la production dans les pays à faibles revenus et déficitaires (78 Etats, dont 43 en Afrique), le second visera à lancer une action préventive contre les ravages et les maladies transfrontalières des plantes et des animaux. Il est tout à fait possible d'accroître la production dans les zones à haut potentiel grâce aux technologies disponibles et dans le cadre d'une action concertée des gouvernements, des paysans et des nombreuses organisations privées et non gouvernementales, avec la participation des institutions de financement bilatérales et multilatérales. Pour éviter les importantes variations annuelles des disponibilités alimentaires, l'Afrique doit se libérer du fléau des sécheresses qui, depuis les années 70, ont tour à tour affecté la production au Sahel, en Afrique Orientale, en Afrique Australe et en Afrique du Nord. Afin de redonner toute son importance à l'eau, la FAO avait choisi l'année 1994 pour célébrer la journée mondiale de l'alimentation sous le thème *« l'eau, source de vie ».* Seule une bonne gestion de cette richesse peut garantir la production. Or, en Afrique, 6% seulement des sols sont cultivables ; 10 millions d'hectares uniquement sont irrigués, alors que 75% de ces terres sont concentrées dans cinq pays. Ces 6% de terres arables irriguées fournissent 20% de la production totale, soit environ quatre fois plus que l'agriculture pluviale.

b- La nécessité de construire des canaux d'irrigation.

Les expériences ont montré que les travaux majeurs visant à doter les populations de canaux primaires d'irrigation et de drainage, complétés par des ouvrages secondaires et tertiaires réalisés par ces mêmes populations qui en assureraient la maintenance réduiraient considérablement les coûts et permettraient d'obtenir des taux de rentabilité acceptables. En outre, les programmes d'irrigation contribueraient à la diversification de la production, à la création d'emplois, à l'accroissement des débouchés, à l'exportation et à l'octroi des revenus à la population rurale. La FAO recherche avec ses partenaires, des solutions à ce problème crucial.

D'autre part, ce fait tient à la déforestation annuelle de 4 millions d'hectares, liée à la pression démographique, à une agriculture extensive et à la demande en bois (30% des terres africaines sont encore couvertes d'arbres). Il y a là un important capital à sauvegarder et il convient de mettre en œuvre des stratégies nationales pour la gestion rationnelle de ce patrimoine ainsi que la recherche d'énergies alternatives au charbon de bois.

L'élevage est un secteur important dans bon nombre de pays africains. Il peut présenter jusqu'à 25% du produit intérieur brut. Mais, d'énormes contraintes s'opposent encore à son développement que l'on devrait éliminer en améliorant l'alimentation et la santé animales, par la transformation et la commercialisation des différents produits et sous-produits y relevant.

Les pêcheurs africains bénéficient de peu de moyens pour bien tirer parti de leurs ressources halieutiques et, le plus souvent, ce sont les flottes étrangères qui exploitent ces richesses. Pourtant, des plans appropriés devraient permettre à ces pays de renforcer leurs propres capacités en la matière. La pisciculture devrait faire l'objet d'une attention particulière, d'autant plus qu'elle ne présente que 1,5% de la consommation en Afrique, contre 15% dans le reste du monde pour atteindre, prévoyait-on, les 30% en l'an 2010[145]. Toutefois, des solutions durables ne peuvent être apportées que si l'action se concentre là où il y a urgence et où le potentiel est le plus élevé. Il faut donc éviter la fragmentation des activités pour assurer l'intégration des interventions et impliquer profondément les paysans dans la recherche et le transfert de technologies nouvelles et adaptées aux conditions locales. Il serait intéressant, sinon nécessaire d'explorer systématiquement les technologies et pratiques locales et les perfectionner, le cas échéant.

---

[145] Pour l'ensemble des données chiffrées ci-dessus chapitre 4, les sources sont de l'OCDE année 1995.

La sécurité alimentaire est un objectif fondamental. ***Les peuples, les gouvernements et la communauté internationale peuvent-ils l'éluder ?***

A la veille de son 50e anniversaire[146] au début de l'année 1996, la FAO avait pris l'initiative de proposer un *« sommet alimentaire mondial »* afin que soient conjurés, solidairement, les risques de famine qui menacent notre planète.

F- DE NOUVELLES PERSPECTIVES EN VUE.

a- Le besoin de réformes[147].

En Afrique subsaharienne, près de 40% de la population vit avec moins de 5 francs par jour. La mortalité infantile fait toujours des ravages, malgré les prodigieux progrès de la médecine. Il en est de même pour les taux de scolarisation qui restent aussi inacceptables. Cette situation nous semble humainement choquante, socialement douloureuse, voire politiquement explosive ; d'où la nécessité de mettre en œuvre des réformes économiques bien que difficiles et qu'elles soient souvent tenues pour responsables de la dégradation des conditions de vie. Dans de nombreux pays, l'absence de perspectives aiguise les tensions sociales et l'instabilité qui en résulte peut paralyser l'investissement et entraver le développement.

Depuis plus de vingt-cinq ans, le revenu par tête d'habitant n'a cessé de stagner, une population qui croît de près de 3% par an, alors que la croissance économique requise pour faire des progrès significatifs dans la lutte contre la pauvreté doit être comparable à celle des pays de l'Asie du Sud-est où le produit intérieur brut augmente de 6% à 7% par an. On ne souligne jamais assez le tort causé aux populations africaines par de mauvaises politiques économiques. En empêchant la croissance, elles freinent la création d'emplois, asphyxient les services sociaux, pénalisent le monde rural et encouragent l'exode rural.

---

[146] La FAO *(Organisation des Nations Unies pour l'alimentation et l'agriculture)* a été créée le 16 Octobre 1945 au château Frontenac, à Québec.

[147] Pour l'ensemble des données chiffrées ci-dessus chapitre 5, les sources sont de l'OCDE année 1995.

Certes, bon nombre de pays africains ont réagi et entrepris des réformes en profondeur dans la gestion de leurs économies. Ils tentent d'équilibrer leurs budgets, luttent contre l'inflation, redéfinissent le rôle de l'Etat, libéralisent leurs marchés intérieurs et s'ouvrent sur l'économie mondiale. On pense qu'il y a aujourd'hui des raisons d'espérer. Contrairement aux prédictions alarmistes, les taux de croissance de nombreux pays africains connaissent une amélioration sensible depuis quelques années, particulièrement dans la zone franc depuis la dévaluation de 1994. Les prévisions pour l'ensemble du continent tablent sur un revenu annuel par habitant de l'ordre de 1,5 % pour la décennie à venir ; mais ce taux moyen cache des disparités fortes entre l'Afrique des tragédies dont parlent les médias et celle de l'espoir qu'on occulte.

Pourtant, même les pays qui réussissent pourraient faire mieux. Il est tout à fait possible d'atteindre aujourd'hui en Afrique, des taux de croissance plus élevés qui permettraient d'améliorer les conditions de vie ; mais cela suppose des réformes en profondeur. Il est par exemple indispensable de réduire les dépenses publiques non liées aux exigences du développement qui sont un des facteurs essentiels de déséquilibre et d'inflation. Toutefois, la déréglementation et la transparence économiques se heurtent nécessairement à des situations de monopole, ainsi qu'aux avantages acquis par de petites minorités et aux comportements prédateurs de certains. En Afrique, les circuits financiers baignent dans une ambiance de surenchères politico financières qui paralysent le dynamisme entrepreneurial et conduisent à des inégalités entre les concurrents.

Peut-on encore parler de concurrence dans un tel contexte ?

- Les banques ont eu pendant longtemps une politique de crédit qui n'était pas fondée sur des critères objectifs, mais davantage sur des considérations clientélistes liées à des logiques distributives et affectives. Il en a résulté des prêts pour le moins douteux qui ont affecté les portefeuilles des banques dans la mesure où celles-ci ont été obligées de consentir des prêts de nature politique sans aucun rapport avec la recherche d'une création de richesse. La faillite de nombreuses institutions bancaires témoigne de cette incurie dans la gestion ; d'où les quatre conséquences sur le développement de *« l'informel »* dans les économies africaines.

- L'Afrique se doit de renouer avec la croissance en libéralisant son économie, en développant ses infrastructures et en mieux gérant ses recettes. Il lui est donc impératif de construire et d'entretenir ses routes et pistes, de réduire les droits de douane, de réorganiser la collecte des impôts, de supprimer les pseudo-péages dont on ignore à quoi servent, voire où vont les recettes ainsi que certaines subventions qui ne profitent qu'à une certaine couche de la population (celle des grandes villes). Il faut contenir les budgets sociaux, tout en privilégiant en matière d'éducation, la formation d'un capital humain de qualité correspondant aux besoins identifiés. Il faut également construire des établissements à vocation technique. Enfin, élaborer sine die un programme de lutte contre la mortalité infantile, les maladies endémiques telles que la malaria, le sida, les hépatites, les maladies cardiovasculaires, les cancers,etc. Une certaine rigueur doit s'imposer en ce qui concerne le contrôle de gestion à savoir :

- Le réaménagement du système de contrôle des entreprises publiques par l'Etat doit être impératif par le biais des commissions permanentes de contrôle des entreprises. Celles-ci doivent être présidées par des magistrats de la cours des comptes comportant des sections spécialisées (banque, assurance, énergie, industrie, entreprise, etc.) et former des rapporteurs permanents issus des corps de l'inspection de l'Etat et de la cours des comptes.

Cette commission aurait pour but de faire circuler de façon neutre les informations avec la réalisation d'un rapport annuel sur la gestion et la publication des comptes des diverses entreprises dans la presse (économique). Ce rapport serait remis au ministre des finances, aux présidents des commissions des chambres du parlement et au président de la cour des comptes.

- Il faut continuer la régionalisation économique à travers des organismes tels que la Communauté économique et monétaire de l'Afrique centrale (CEMAC), la Communauté économique des Etats de l'Afrique de l'Ouest (CEDEAO), l'Union économique et monétaire ouest Africaine (UEMOA), le Marché commun des

Etats de l'Afrique de l'est et de l'Afrique australe (COMESA), lesquels pourraient certainement donner un souffle nouveau à ces pays aux nombreuses ressources naturelles et aux énormes potentialités humaines, mais à la gestion du patrimoine national très lamentable.

- Apporter coûte que coûte des changements dans la fonction publique africaine, car l'on oublie que l'administration publique a aussi un besoin urgent de compétences. Seule une administration publique moderne, motivée et compétente est capable d'instaurer un environnement favorable à l'innovation en rompant totalement avec le fatalisme et l'inertie désormais caractéristiques des comportements des fonctionnaires. Pour atteindre ce but, il faudra à court terme accroître la qualité de la fonction publique en attirant les nombreux cadres africains en service à l'étranger dans des entreprises privées et des organismes internationaux par des salaires plus attrayants. Or, le secteur public dans la majorité des pays africains n'est pas très attractif car, ce ne sont pas leurs *« salaires actuels de catéchistes »* qui permettront de faire venir les cadres expatriés. Bref, il est illusoire d'espérer attirer des personnes compétentes dans la haute fonction publique sans y mettre les moyens.

La hausse sensible des salaires des fonctionnaires doit avoir une certaine contrepartie, laquelle pourrait être un accroissement du risque par rapport aux responsabilités avec l'instauration d'une menace de sanction, voire de révocation en cas d'inefficacité avérée à un poste de responsabilité. Ainsi, tout fonctionnaire aurait à rendre compte périodiquement à un comité directeur renouvelable du travail accompli en fonction des objectifs qui leurs seront assignés. Il est frappant de voir dans bon nombre de pays africains des cadres *« couler »* les pans entiers de l'économie nationale et continuer à se faire attribuer des fonctions de plus en plus importantes. On ne peut rien attendre d'un tel système où l'irresponsabilité, le manque de volonté sans parler de la corruption et de l'incompétence ne sont pas sanctionnés, mais sont des faits encouragés.

- L'Afrique doit aussi poursuivre sa mutation démocratique incompatible avec tous les genres de répressions. Autrement dit, elle doit tenir compte des libertés fondamentales *(respect des droits de l'homme),* des droits et des devoirs du citoyen vis-à-vis des institutions de la république parce que son progrès économique nous semble lié à l'avènement d'un climat politique favorable à l'épanouissement de la société civile. Il est donc évident que les dessous de table, le gaspillage, l'oppression, le tribalisme, le clientélisme, la corruption et le népotisme délégitiment l'Etat dans son rôle indispensable d'agent et d'arbitre économique.

Enfin, il est navrant de constater l'insuffisante compétitivité des ports, ainsi que le mauvais fonctionnement des douanes *(il faut en moyenne, vingt fois plus de temps pour dédouaner un conteneur en Afrique qu'en Asie !)* pénalisent gravement les producteurs africains et détruisent l'avantage que le continent pourrait tirer du coût concurrentiel de sa main d'œuvre. Comme partout ailleurs, les réformes économiques dont l'Afrique a besoin ne seront efficaces que si elles sont sincèrement voulues. L'aide extérieure ne peut à cet égard *« acheter »* ni « *imposer »* les réformes dont la dimension politique est évidente. Le soutien des réformes économiques et l'essor du secteur privé, l'appui aux secteurs sociaux, la lutte contre la pauvreté, le renforcement des capacités locales et la prise à bras le corps du problème de la dette extérieure constituent aujourd'hui les grands axes. Mais, peut-on atteindre ces objectifs sans avoir recours aux bailleurs de fonds qui sont en l'occurrence la Banque mondiale et le Fonds monétaire international ?

D'où la nécessité de trouver des investissements privés.

L'année 2010 a commémoré le 50e anniversaire des indépendances pour 16 Etats africains. Elle aura été l'année du bilan de la décolonisation et du débat sur l'héritage colonial. Plusieurs évènements importants d'ordre politique ont eu lieu à savoir : l'accord pour organiser les élections présidentielles en Côte d'Ivoire ; des élections devraient aussi avoir lieu au Soudan, elles seront les premières élections libres depuis 1986. Elles feront suite à l'accord du 13 décembre 2009 entre le Congrès national, parti au pouvoir et le Mouvement populaire de libération du

Soudan. Ces élections précèderont le référendum sur l'indépendance du Sud-soudan qui s'est tenu au mois de janvier 2011, décidé lors de l'accord de 2005 après une guerre civile qui a fait en 20 ans plus de 2 millions de morts.

Le sommet France/Afrique qui s'était tenu en février 2010 à Charm El-Cheikh avec la question délicate de la présence d'Omar El Béchir visé par un mandat d'arrêt du Tribunal pénal international se serait finalement tenu en France.

b- « Les Ressources humaines » : une problématique pour les entreprises africaines et le secteur public.

L'importance que l'entreprise souhaite accorder à la gestion des ressources humaines n'est plus une idée très neuve, mais sa réalité, décelable dans le développement des pratiques plus générales, semble beaucoup plus récente. Aujourd'hui, la fonction « *Ressources humaines* » est devenue un des éléments stratégiques de la dynamique du changement dans les entreprises, le secteur public et un enjeu manifeste dans la construction de toutes les formes d'organisations.

Cette importance qu'accordent les grandes organisations aux ressources humaines, pose problème à la fonction publique et aux entreprises africaines qui ont du mal à mettre en pratique les outils méthodologiques les plus adaptés pour optimiser au mieux le rendement de leur personnel.

C'est en apportant un bref éclaircissement sur la place de la fonction « *Ressources humaines* » dans l'entreprise à travers ses objectifs et le rôle de la culture d'entreprise dans les organisations que nous nous apercevrons que les Ressources humaines sont effectivement une problématique.

La fonction « Ressources humaines » mal maîtrisée.

L'évolution de la connaissance du fonctionnement des organisations serait une vaine entreprise si elle ne devait pas déboucher sur des actions concrètes capables d'imprimer des changements profonds.

La fonction Ressources humaines est née de la problématique de l'intégration du facteur humain dans les organisations. « *Les hésitations sémantiques sur l'appellation à donner à la fonction traduisent bien les divergences sur la façon à concevoir son rôle : direction du personnel, des affaires sociales, des ressources humaines* ». La fonction Ressources humaines se trouve au centre de plusieurs paradoxes.

- Les salariés doivent de plus en plus s'impliquer. Or, ils se trouvent dans des situations et conditions de travail précaires.

- En raison des pressions, les responsables des ressources humaines sont tenus à traiter les problèmes de personnel dans l'urgence. Or, l'expérience montre qu'il faudrait évoluer dans le temps : « *les hommes sont moins maniables que les choses* ».

- Les décisions prises souvent sous la contrainte des poids économiques et technologiques ne s'accordent pas forcement avec les désirs des salariés.

- Le système taylorien se heurte à de nouvelles formes de management.

- Promouvoir et réaliser une meilleure allocation des Ressources humaines (adéquation poste- emplois- formation).

- Mobiliser les potentiels de chaque salarié ou fonctionnaire et fédérer les aspirations, les engagements individuels et collectifs autour du fonctionnement et du développement de l'organisation (équité de la contribution - rétribution).

D'un côté, l'objectif est de développer la prestation optimale des ressources humaines, de l'autre celui de mobiliser les ressources humaines.

Cette définition générale insiste plus sur la finalité de la fonction et non sur les moyens tels que le recrutement, la formation, la mobilité, les conditions de travail, etc.

Quant au domaine d'activité, on peut considérer que la fonction ressources humaines s'articule autour de trois activités :

a) Administrer

Il s'agit de mettre en œuvre la législation sociale, de répondre à des fonctions inhérentes à l'Administration telles que la gestion de la paye, des absences, des congés, etc. On se place ici dans la gestion administrative du personnel.

b) *Communiquer ou « l'animation au dialogue »*

Ce domaine correspond à la mise en place d'un système de circulation d'informations et de communication de l'organisation. De plus, on retrouve ici la place qu'occupe le dialogue avec les partenaires sociaux par exemple.

c) Gérer

Cette activité se situe au cœur des préoccupations de la gestion des ressources humaines, à savoir : la recherche d'une adéquation entre les besoins en main d'œuvre de l'entreprise et les ressources disponibles.

Gérer c'est effectuer des choix, mais aussi organiser la fonction, assurer la rémunération, améliorer les conditions de travail, etc.

La fonction Ressources humaines envisagée comme une fonction purement administrative ne disposait pas d'éléments légaux, réglementaires ou contractuels pour effectuer sa mission. Ainsi, pour prendre des décisions ou résoudre des problèmes, le bon sens et l'intuition étaient de rigueur en l'absence de méthodologies appropriées.

Le développement de la méthodologie et des outils témoignent de l'évolution de la fonction. Ainsi, la gestion prévisionnelle, des emplois et des compétences (GPEC), support méthodologique, offre une approche globale de la fonction Ressources humaines dans l'entreprise.

Aujourd'hui, les responsables de la fonction disposent d'un véritable « *arsenal* » d'outils qui leurs permettent de trouver une réponse à chaque problème. Notamment, les outils de pilotage, stratégiques, informatisées, ceux liés aux procédures d'adéquation et à la documentation.

La question serait de savoir s'il y a une différence entre la gestion du personnel et celle des ressources humaines au-delà du concept sémantique ?

La gestion du personnel gère les effectifs sans se préoccuper des besoins de l'entreprise. Elle se fonde uniquement sur les effectifs budgétaires. A terme, les organisations se retrouvent face à un problème de surqualification du personnel est de ce fait difficile à traiter. Or, la réduction du budget entraîne inéluctablement celle des effectifs. Il est donc nécessaire de développer la dimension qualitative des ressources humaines, c'est-à-dire les compétences.

L'évolution vers la prise en compte du facteur humain s'est faite petit à petit. La direction des ressources humaines s'insère alors dans un cadre de comportement qui ne voit plus le salarié comme « *dépendant* » à utiliser et à motiver au mieux, mais justement, en tant que sujets stratégiques capables d'agir de manière complexe, en raccordant leurs propres buts à ceux du contexte dans lequel ils agissent, c'est-à-dire essentiellement aux buts de l'entreprise.

Dès lors, il n'est plus possible aujourd'hui, d'imaginer occuper un même emploi, voire de pratiquer le même métier tout au long de sa vie. Ces modifications liées au changement entraînent nécessairement une remise en question permanente des compétences des individus. La recherche de l'adéquation « *besoins/ressources* » ne peut s'envisager que dans une perspective de suivi du changement.

Des changements qui sonnent désormais le glas pour la plupart des entreprises africaines avec la mondialisation de l'économie. Ce qui implique de repenser leurs divers styles de management et de gestion dans toutes leurs formes. Seules, les entreprises qui se seront restructurées avec une gestion saine et gagnées en compétitivité pourront tirer leur épingle du jeu.

Autrement dit, la gestion des ressources humaines n'est pas une pratique statique. Elle peut aussi être adaptée au contexte et aux contraintes qu'impose désormais l'économie de marché. Penser à la gestion des ressources humaines d'une façon dynamique c'est introduire la gestion prévisionnelle des emplois et des compétences. Dans ce cadre, on se trouve dans une gestion des écarts de demain. C'est aussi anticiper sur les compétences, les utiliser et les placer où il faudrait, nous semble être le nouvel enjeu majeur des entreprises africaines et voire de la fonction publique.

Comme nous vous l'avons déjà fait remarquer, la gestion des ressources humaines fait partie des enjeux stratégiques des organisations dont l'objectif reste de gagner en efficacité. Si pour le secteur privé il s'agit de résister à la concurrence, pour le secteur public l'enjeu est à la fois lié au budget et à la légitimité.

La recherche d'une meilleure efficacité pour une organisation passe par celle d'une meilleure adéquation possible entre les besoins de celle-ci et ses ressources humaines. On entend par « *besoins* » les situations de travail, c'est-à-dire les emplois, métiers qui, bien définis et correctement occupés, permettent à l'organisation de remplir ses missions. Alors que lorsqu'on parle des « *ressources humaines* ou *capital humain* », on fait allusion aux salariés ou aux agents qui occupent physiquement les différentes situations de travail. Cette adéquation nécessite à la fois de tenir compte des effectifs (sureffectifs ou sous-effectifs) et de considérer les motivations et compétences (sous qualification ou qualification, voire qualification inadaptée).

Ces deux points, qui sont à la fois du domaine du quantitatif pour les effectifs et de celui du qualitatif pour les motivations et compétences, marquent la différence entre la gestion des ressources humaines et la gestion du personnel. Toutefois, il ne faut pas oublier que la performance d'une organisation s'obtient par l'amélioration de sa productivité et par la qualité de ses prestations. Par exemple, la démotivation d'un salarié en raison d'une surqualification ou d'une sous-qualification va entraîner une baisse de la performance.

Ainsi, pour aboutir à la recherche de la meilleure adéquation possible entre les besoins et les ressources qui sont au cœur de la gestion des ressources humaines, notamment dans sa dimension qualitative (motivations et compétences), sa mission consiste à :

- identifier les « *besoins* » (analyse des situations de travail où l'on repère les compétences et motivations nécessaires) ;

- évaluer les ressources humaines dans le cadre des compétences et motivations ;

- mesurer les écarts existants entre les besoins et les ressources humaines ;

- choisir parmi ces moyens (la formation, le recrutement, la mobilité, etc.), ceux qui correspondent le mieux pour diminuer les écarts constatés, avant de les appliquer.

C'est à partir de cette démarche fondée sur l'analyse du travail que l'on mesure le glissement d'une pratique de la gestion du personnel vers celle de la gestion des ressources humaines.

Enfin, la formation est un enjeu important de la gestion des ressources humaines car, c'est l'un des moyens les plus efficaces pour aller au-delà des incertitudes liées aux bouleversements technologiques et organisationnels. En effet, ces bouleversements entraînent des ajustements permanents par rapport à la qualification des salariés.

Le concept ressources humaines n'est pas encore intégré dans la plupart des entreprises africaines tant dans ses principes que dans ses pratiques. C'est là où se situe la problématique ; puisqu'il reste encore une culture de la gestion administrative du personnel dans la plupart de nos entreprises. Or, la gestion des ressources humaines ne se limite pas à la gestion administrative du Personnel. La prise en compte de la dimension humaine au sein de la stratégie de l'entreprise reste déterminante, qu'il s'agisse de mobiliser, de communiquer ou de gérer les emplois et les compétences de demain. L'entreprise africaine doit aussi pouvoir répondre aux modifications de l'environnement pour assurer le maintien de ses objectifs fondamentaux. Pour être performante, elle doit pouvoir être flexible. Car, la performance passe aussi par la gestion du capital humain et l'investissement immatériel en compétences, c'est-à-dire la formation. Face à cette problématique, pouvons-nous dire que la culture d'entreprise importée est inappropriée à la culture africaine ?

Existe-t-il en Afrique une culture d'entreprise ?

L'apparition du concept de culture dans l'économie de l'entreprise est relativement récente ; de telles sortes que beaucoup d'entreprises africaines jusqu'à présent ne peuvent s'en targuer. Toutefois, sa diffusion aux différentes sphères du management a été rapide et a donné lieu à de nombreux développements.

Bien qu'il ne soit pas facile de donner une définition précise et univoque de la culture d'entreprise, personne ne doute aujourd'hui que la culture soit une réalité agissante dans l'entreprise. Car, elle imprime le caractère spécifique de son fonctionnement.

Ce qui nous semble certain, c'est que la culture d'entreprise présente au moins trois caractéristiques :

- c'est un système composite, fait de multiples éléments qui fondent la vie et le fonctionnement d'un groupe social et productif : idées, valeurs, rôles, codes, objectifs, procédures, règles, normes, signes extérieurs, outils, méthodologies ;

- c'est un système symbolique, qui alimente les illusions et les croyances dont le groupe entreprise a besoin pour construire ses idéaux et donner un sens, autre qu'économique, à son action ;

- c'est un système effectif, producteur et produit, dont le management se nourrit, au risque d'une confiscation à son seul profit, pour souligner ce qu'il y a de commun à tous les membres d'une entreprise, donc pour unifier et intégrer autour de ce *« commun dénominateur »*.

Si ce concept s'est aussi facilement importé dans les sciences du management, c'est qu'il sert à légitimer les directions des ressources humaines dans leurs efforts pour promouvoir des mécanismes d'intégration de leur personnel.

Compte tenu des trois caractéristiques évoquées précédemment, force nous est de constater qu'il n'existe pas réellement de culture d'entreprise en Afrique. Toutefois, lorsqu'elle existe, cette dernière se trouve être importée dans des pays industrialisés dont les concepts ne sont pas en adéquation avec la culture africaine.

Bon nombre d'entreprises africaines, par certains principes hérités de la culture africaine à savoir, le paternalisme par exemple, ont du mal à s'adapter aux nouvelles données économiques fondées sur la production, la qualité, la compétitivité. Aujourd'hui, la mondialisation de l'économie a donné une autre dimension au contexte économique et social. Si les entreprises africaines ne modifient pas leurs styles de management, elles auront du mal à s'en sortir.

Les questions que nous pouvons nous poser seraient de savoir : si l'absence d'une réelle culture d'entreprise serait-elle un obstacle pour le développement des entreprises africaines, serait-il possible de forger une culture d'entreprise en Afrique ?

Il nous semble qu'il soit possible de mettre en œuvre une véritable culture d'entreprise africaine ; ceci en partant des fondements même de la culture africaine qui peuvent se concilier avec les exigences de l'entreprise moderne, construite à partir des règles de gestion strictes similaires à celles des sociétés industrielles occidentales. Même si ces règles de gestion sont universelles, leur application dans les entreprises africaines est souvent biaisée par d'autres considérations. Il est certain que les traditions et les modes de vie conditionnent aussi les motivations des travailleurs ; d'où la nécessité d'une gestion adaptée au contexte économique et social tout en privilégiant à la fois le bilan économique, le développement de l'entreprise et sa pérennité.

Enfin, la mise en œuvre d'une culture d'entreprise africaine passe aussi par des mesures managériales adaptées pour endiguer les traits culturels qui peuvent entrer en conflits avec les principes rationnels et la bonne gouvernance. Ces traits culturels négatifs en entreprise sont, par exemple, le mythe du chef, le tribalisme, la gestion approximative du temps, la pression communautaire, le droit d'aînesse, etc.

c- Les investissements privés et partenaires.

Force est de constater que c'est en Afrique australe que nous viennent les nouvelles les plus encourageantes. Emmenée par une Afrique du sud qui a su gérer avec pragmatisme la fin du régime de l'apartheid, les onze Etats de la région travaillent à la mise en place d'un marché commun de 130 millions de consommateurs, calqué sur le modèle européen. Certes, nombre d'obstacles restent à surmonter notamment, l'abaissement des barrières douanières qui n'est pas le moindre pour les pays qui puisent dans les taxes à l'importation une bonne partie de leurs ressources budgétaires. La crainte d'une hégémonie sud-africaine pèse également, alors que l'intégration est en marche. En juillet 1996, l'Afrique du Sud et le Mozambique, appuyés par les intérêts privés, ont créé une société chargée de gérer le *« couloir de transport »* qui reliera Johannesburg, le poumon économique de l'Afrique du Sud, au port de Maputo, la capitale du Mozambique. Les investissements sont évalués à plus de 5 milliards de dollars. A l'heure où les pays riches réduisent leur aide au tiers-monde, c'est des investissements privés dont l'Afrique a besoin pour améliorer les conditions de vie quotidienne de ses habitants. Pour l'heure, la restauration des économies est trop récente, trop fragile, pour faire reculer la pauvreté.

Pourtant, seuls les accords avec les pays de l'Asie du sud, voire de l'Afrique du Sud peuvent donner un élan nouveau à cette Afrique noire à la recherche d'un second souffle. Toutefois, l'Afrique du sud a besoin avant tout de partenaires en vue de son expansion dans toute l'Afrique. Dans les pays francophones, la barrière de la langue constitue un sérieux obstacle et de surcroît, certaines entreprises Sud-africaines ne peuvent s'attaquer seules à de gros marchés. Rotek par exemple a développé sa présence dans près d'une dizaine de pays africains. Elle compte de nombreux projets d'investissements à l'étude et réalise déjà le quart de son chiffre d'affaires sur le reste du continent, y compris dans le pré carré francophone[148]. La société nationale d'électricité, une des filiales d'ingénierie d'Eskom, a soufflé aux entreprises françaises la réhabilitation du barrage du Djoué à Brazzaville, au Congo. En moins d'un an, Rotek a remis en service cette centrale hydroélectrique qui fournit une bonne partie de l'électricité de la capitale. Rotek cherche un allié pour poursuivre son

[148] Cf. Jean Pierre Tuquoi et Frédéric Chambon, le Monde Economie, 7 janvier 1997, *« enjeux et stratégies »*.

développement dans le continent et ne serait sans doute pas opposée à une collaboration avec EDF[149]. Les entreprises Sud-africaines investissent et exportent aujourd'hui partout en Afrique. Mais, le déséquilibre du commerce extérieur de l'Afrique du Sud avec le reste du continent pose problème. Les exportations Sud-africaines en direction des pays africains sont cinq fois plus importantes que les importations en provenance de ces pays.

Pour l'Afrique du Sud, le continent africain est un débouché facile pour les produits manufacturés, ou pour ses équipements industriels qui ne sont pas compétitifs sur les marchés occidentaux. Par contre, ce pays n'a pas confiance en la qualité et la fiabilité des produits africains. L'Afrique du Sud de Jacob Zuma représente une source d'investissements providentiels pour les pays africains confrontés à *« l'Afro pessimisme »* de leurs partenaires occidentaux.

Enfin, il faut des capitaux privés pour répondre aux besoins de base de l'économie populaire africaine, tel avait été le dernier défi lancé par Michel Rocard[150]. Mariage de la carpe et du lapin pourraient penser certains, entre Total-Fina-Elf, Bolloré, Vivendi, EDF, CFAO et Enda Tiers-monde. Afrique initiatives, cette nouvelle société que préside Michel Rocard, entend satisfaire les besoins de la population africaine, c'est-à-dire des plus pauvres. *« La pauvreté comme défi économique »*, écrivait-on dans l'éditorial de la lettre de la CADE en mars 1998. Michel Rocard a su convaincre les grands capitalistes français qui travaillent avec l'Afrique qu'à l'aube du XXIème siècle, il n'y a pas d'antagonisme entre la rentabilité et la réponse aux besoins des plus pauvres, entre la technologie moderne et le développement des techniques et des produits adaptés à l'Afrique, le marché prioritaire est à l'évidence le marché africain. « *Afrique initiatives* » se propose d'appuyer les initiatives locales dans les secteurs de l'alimentation, des services, de l'électricité, de la santé, des eaux de l'éducation formation et des nouvelles technologies.

---

[149] Electricité de France.
[150] Michel Rocard, ancien premier ministre de la France de 1988 à 1991.

d- Une nouvelle approche du développement de l'Afrique

(Renvoie page 71, F, G et H)

L'échec des précédentes stratégies de développement

Dans les années 60, les pays africains nouvellement libres décident de mettre fin à la dépendance économique de l'époque coloniale et de s'organiser pour leur développement[151]. Ils adoptent un modèle autocentré, fondé sur le paradigme de la modernisation nationale, qui prône l'intervention de l'Etat dans les domaines socio-économiques, l'industrialisation pour substituer les importations et le recours à l'aide internationale. Cependant, la forte croissance obtenue au début des années70 ne s'est pas poursuivie la décennie suivante ; laquelle a été ponctuée par la crise de la dette et par des déséquilibres macro-économiques.

Les années 60 ont aussi été marquées par l'essor de l'intégration de la coopération régionale, par un besoin de regroupement du continent et de sa présence sur la scène mondiale. Peu de pays étant prêts à fonder des « *Etats Unis d'Afrique* », l'Organisation de l'Unité Africaine[152] a été créee en 1963 à Addis-Abeba, en Ethiopie sur les principes du respect de la souveraineté, de l'intégrité territoriale, de l'indépendance des Etats et de la non-ingérence dans les affaires intérieures. Si l'OUA a réussi à combattre le colonialisme et a dénoncé le régime d'apartheid en Afrique du sud, elle n'a pas joué un grand rôle dans le règlement des conflits africains. Ses ambitieux projets n'ont connu que de résultats modestes comme le mécanisme pour la prévention, la gestion et le règlement des conflits de 1993 ou le plan d'action de Lagos de 1980. Celui-ci devait contribuer à l'instauration d'un nouvel ordre économique mondial et, il visait un développement

---

[151] Cf. Bureau sous-régional pour l'Afrique centrale- CEA, « Le NEPAD et l'évolution de la réflexion sur le développement » in Hakim Ben HAMMOUDA/ Moustapha KASSE (dir.), le NEPAD et les enjeux du développement en Afrique, Commission économique pour l'Afrique des Nations Unies (CEA) Maisonneuve et Larose, Paris, 2002, pp. 127-133 ; Bruno BEKOLO-EBE, « Le NEPAD et la réflexion sur le développement » in Hakim BEN HAMMOUDA/ Moustapha KASSE (dir), ibid., pp. 135-150.

[152] La Charte de l'OUA et les documents sur l'Union africaine cités dans cet article sont disponible sur www. Africa-union.org.

socio-économique de l'Afrique fondé sur l'autosuffisance, la coopération et l'intégration économique. Il a suscité de grands espoirs mais, écarté par la Banque mondiale faute de moyens, il n'a pas été couronné de succès. En 1991, le Traité d'Abuja institue la Communauté économique africaine visant, pour 2025, un marché commun à l'échelle du continent sur la base des communautés économiques régionales. La carence des gouvernements africains dans la gestion des affaires publiques, le défaut de volonté politique, le manque de pouvoir, des moyens de l'UA et un soutien insuffisant de la part des donateurs ont fait échouer les tentatives africaines d'organiser le développement du continent.

Depuis les années 80, la réflexion sur le développement est menée par le Fonds monétaire international et la Banque mondiale pour résoudre les crises des pays en développement (PED). Ces institutions ont une nouvelle stratégie basée sur le paradigme de l'ajustement structurel, prônant la libéralisation économique, le désengagement de l'Etat et l'ouverture à l'international pour une insertion dans l'économie mondiale. Imposés en Afrique au milieu des années 80, les Plans d'ajustements structurels n'ont pas réussi à faire décoller ces pays aux économies fragiles : ils ont plutôt provoqué une augmentation de la dette et de la pauvreté. Dans une optique d'encouragement et de sélection des bénéficiaires. Les bailleurs de fonds ont soumis l'octroi de leur aide au respect des conditions politiques. Ainsi donc, la démocratie, l'Etat de droit et les droits de l'homme sont devenus les règles de base de leurs politiques de coopération[153]. Ces stratégies imposées de l'extérieur ont pire encore maintenu le Sud dans la dépendance économique[154] et ont échoué dans l'ensemble par le manque de gestion interne, de coordination des bailleurs de fonds, faute d'adéquation aux réalités africaines par rapport aux besoins des populations et son appropriation par les bénéficiaires.

Dans une recherche d'efficacité de l'aide, une nouvelle réflexion sur le développement a été menée à la fin des années 90,

---

[153] Sur la politique française, cf. Le discours de la Baule de François Mitterrand en juin 1990.

[154] Cf. Bertrand BADIE, l'Etat importé. Essai sur l'occidentalisation de l'ordre politique, Fayard, Paris 1992, 334 p.

pour permettre à tous les pays en développement (PED) de profiter de la mondialisation. Les donateurs fondaient alors leurs stratégies dites de lutte contre la pauvreté sur l'instauration d'un nouveau partenariat basé sur *« l'appropriation »* de leur développement par les PED et le partage des responsabilités entre ceux-ci, les pays industrialisés et les institutions internationales[155]. En 2000, la Communauté internationale fixe huit objectifs au millénaire pour le développement (les OMD) à atteindre pour réduire la pauvreté de moitié d'ici 2015[156] et il s'engage à prendre en compte les besoins spéciaux de l'Afrique et à soutenir ses efforts pour sortir du sous-développement.

Une vision africaine du développement : l'Union africaine et le NEPAD

Dans cet esprit d'étude de nouvelles solutions, l'Afrique reprend en charge son développement. En 1999, elle lance la réforme de l'UA pour créer une vraie unité politique du contient et en 2000, à Lomé au Togo. Les dirigeants de cinquante-trois pays créent, sur le modèle européen, une Union Africaine (UA)[157]. Celle-ci est présentée comme une organisation panafricaine plus ambitieuse que l'OUA et garante d'un processus de coopération et d'intégration politique, économique et sociale moins factice du continent. Elle est ainsi chargée de relever les défis de la mondialisation et du nouveau millénaire et de permettre au continent de jouer un rôle effectif dans l'économie mondiale. Elle apparaît aussi plus exigeante dans sa mission de promotion de la

---

[155] Cf. Organisation de coopération et de développement économiques (OCDE), « Vers un partenariat pour le développement dans le nouveau contexte mondial », Les dossiers du Comité d'aide au développement (CAD) – Coopération pour le développement – Rapport 1995, OCDE, Paris, 1996, pp. 22-24 ; les Sommets du G7 de Lyon, 1996, et du G8 de Cologne, 1999 (les documents du G8 cités dans cet article sont disponibles sur www. g8. fr / evian /index.html.

[156] Réduction de l'extrême pauvreté et de la faim ; éducation primaire pour tous ; suppression des disparités hommes/femmes ; réduction de la mortalité infantile ; amélioration de la santé maternelle ; combattre le VIH/sida, le paludisme et autres maladies ; assurer un environnement durable ; mettre en place un partenariat mondial pour le développement.

[157] L'UA a succédé officiellement à l'OUA en 2002 au Sommet de Durban (Afrique du Sud).

démocratie, des droits de l'homme, de la paix et de la sécurité du continent. Toutefois, pour réussir, elle ne devra pas se contenter d'être une « *UA* »[158] bis.

Dans le cadre de cette réforme, le NEPAD est parallèlement promu et fondé sur la même idée d'affranchir le continent des conflits et du sous-développement : il peut être considéré comme son moteur idéologique. Il est inspiré pour l'essentiel, du MAP (*Millenium africa program ou, en français, Programme de redressement africain pour le millénaire*) du président Sud-africain Thabo M'Beki et du plan Omega du Président sénégalais Abdoulaye Wade, qui ont été rejoints par Algérien Abdelaziz Bouteflika, le Nigérian Olesegun Obasanjo et l'Egyptien Hosni Moubarak. Ces plans ont été fusionnés dans la Nouvelle initiative africaine (NIA) qui, adoptée lors du sommet de l'UA à Lusaka en juillet 2001, est devenue officiellement le nouveau cadre commun de développement de l'Afrique en octobre 2001 à Abuja au Nigeria et a été renommée NEPAD[159].

Le NEPAD repose sur un état d'esprit nouveau par rapport aux plans précédents, parce qu'il affirme la volonté politique de l'Afrique de se réapproprier le règlement de ses problèmes et son aspiration à ne plus être marginalisée. Ainsi, son impulsion et son inspiration sont entièrement africaines : Le NEPAD est « *une promesse faite par des dirigeants africains, fondée sur une vision commune, ainsi qu'une conviction ferme et partagée qu'il leur incombe d'urgence d'éradiquer la pauvreté, de placer leurs pays, individuellement et collectivement, sur la voie d'une croissance et d'un développement durable, tout en participant activement à l'économie et à la vie politique mondiale* ». En outre, replacés au centre des questions de développement, les Africains ont la responsabilité de sa mise en œuvre : il est ancré « *dans la détermination des Africains de s'extirper eux-mêmes, ainsi que*

[158] Mwayila Tshiyembe, « du messianisme aux rives de la mondialisation, la difficile gestion de l'Union africaine », Le Monde diplomatique, juillet 2002, p. 23.
[159] Ces textes sont disponibles en anglais sur www. Uneca.org/nepad et en français sur le site Internet www. Nepadsn.org/frebch-version/nepad-franch-version.pdf (En sont extraits les paragraphes cités dans cet article).

leur continent, du malaise du sous-développement et de l'exclusion d'une planète en cours de mondialisation ». Il consacre aussi l'appropriation par l'Afrique, des normes de libéralisation et de bonne gouvernance prônées par les bailleurs de fonds : certains se demandent s'il n'est pas en fait qu'une « *nouvelle forme* » du « *consensus de Washington* »[160]. Les alter mondialistes considèrent d'ailleurs qu'il « *doit se démarquer du modèle néolibéral, qui est l'une des causes principales de l'appauvrissement de l'Afrique* »[161]. Enfin, il insiste de façon originale sur la nécessité d'un partenariat rénové entre tous les acteurs économiques et sociaux, étatiques et non étatiques et ce, aux niveaux national, régional et international.

Cette réponse africaine aux demandes internationales a ainsi satisfait les pays industrialisés, lesquels lui ont donné un écho que n'ont pas eu les autres plans. Paradoxalement, cette initiative n'a pas fait l'unanimité sur le continent africain, où elle a été marquée dès l'origine par une opposition entre pays anglophones et francophones, mais aussi à la suite des divergences entre la conception libérale du président Wade et celle du président M'Beki, qui en appelle à un nouveau plan Marshall. Beaucoup de chefs d'Etats, n'ayant pas été associés à sa mise au point, ont aussitôt vu l'expression des ambitions de l'Afrique du Sud et du Nigeria. De même, la population s'est sentie peu concernée par cette énième initiative, alors que la société civile avait été consultée pour l'élaboration de l'UA, le NEPAD est resté confiné dès le début dans la sphère de l'exécutif.

e- Le NEPAD, une stratégie ambitieuse pour le développement du continent.

Le NEPAD, programme économique de l'Union africaine

Pour rendre opérationnels les objectifs de l'UA, le NEPAD est devenu, en 2001, son programme de développement socio-économique. Il fixe à l'Afrique des buts ambitieux : réaliser un

---

[160] Jean COUSSY, « Les utopies du NEPAD », Alternatives économiques, n°215, juin 2003, p.55.

[161] Sommet pour un autre monde, synthèse des débats, 2juin 2003, disponible sur le site Internet www.g8-autremonde.org.

taux de croissance annuel moyen de 7% du PIB, soit le double du taux actuel[162] et faire en sorte que le continent réalise les OMD d'ici 2015.

Il identifie trois conditions comme préalables essentiels au développement de l'Afrique : assurer la paix, la sécurité, le respect de la démocratie, de la bonne gouvernance politique et des droits de l'homme. Il se doit de promouvoir la bonne gouvernance de l'économie et des entreprises, de choisir la région comme cadre de développement de l'Afrique. L'organisation en zones régionales (Afrique de l'Ouest, Afrique du Nord, Afrique Centrale, Afrique de l'Est et Afrique Australe - Madagascar) doit ainsi remédier à l'étroitesse des marchés nationaux et favoriser l'intégration des économies dans le commerce mondial. Pour y prétendre, il sera cependant nécessaire de consolider les nombreux et très découpages géographiques[163].

Le NEPAD dégage aussi un programme d'actions dans des secteurs prioritaires porteurs de croissance : infrastructures, ressources humaines, agriculture, environnement, culture, sciences et technologies. Le niveau régional ou continental sera ainsi plus adapté pour les projets d'infrastructures, alors que le niveau national sera plus approprié pour les secteurs relevant des prérogatives étatiques comme l'éducation ou la santé. Ainsi, si le NEPAD s'inscrit dans une perspective libérale, il est essentiel que les capacités des Etats soient renforcées pour une bonne intégration de ses priorités dans les politiques nationales. Ces secteurs ne sont pas hiérarchisés et « *ne constituent pas [...] les différentes étapes d'une stratégie de développement* », mais plutôt une énumération

---

[162] De 2,8% en 2000, la croissance est passée à 3,6% en 2001 et 3,4% en 2002 : L'Etat du monde, op. Cit. p.57.

[163] La Communauté économique des Etats d'Afrique de l'Ouest (CEDEAO), la Communauté de développement de l'Afrique australe (SADC) ou le Marché commun de l'Afrique orientale et australe (COMESA) sont des intégrations plus approfondies que autres, comme l'union du Maghreb arabe (UMA) ou la Communauté économique des Etats d'Afrique centrale (CEEAC), qui sont des coquilles vides ».cf. Jacques TENIER, « Intégrations régionales et mondialisation. Complémentarité ou contradiction », Notes et études documentaires, n° 5170-71, La documentation française, Paris, mai-juin 2003, 232p.

de l'ensemble des besoins du continent : « *le NEPAD relève alors plus d'une vision politique que d'une vision du développement* »[164].

Pour réaliser ses objectifs, le NEPAD requiert la mobilisation de 64 milliards de dollars par an, soit 12% du PIB du continent. Aux ressources internes insuffisantes, il juxtapose un financement externe public et privé et prône un meilleur accès des exportations africaines aux marchés occidentaux, exigeant alors un nouveau partenariat avec le monde développé. Ainsi, pour le court terme, il compte sur les moyens classiques, mais améliorés du développement à savoir : une aide publique au développement (APD) accrue et un allégement de la dette plus rapide. Pour réduire la dépendance à l'aide, il privilégie l'investissement direct étranger (IDE) comme source de financement complémentaire pour le long terme. Pendant longtemps perçu comme l'expression du néocolonialisme, ce dernier est aujourd'hui l'un des principaux piliers du NEPAD, lequel cherche à faire du continent une zone attractive pour les investisseurs africains et étrangers[165]. Les pays sur la voie de la paix, de la démocratisation et du développement, tels que le Mali, le Niger ou le Botswana sont aujourd'hui plus nombreux, mais des efforts sont encore à faire pour capter les investissements privés par l'atteinte à la bonne gouvernance et aux droits de l'homme. Toutefois, l'instabilité politique et économique persiste. Plus attirés par les pays d'Asie ou d'Amérique latine, par l'Afrique du Sud ou par le pétrole du Golfe de Guinée et du Tchad, les IDE[166] ont ainsi baissé en Afrique subsaharienne de 41% entre 2001 et 2002 ; les flux nets pour les quarante-sept pays sont passés de 13,9 milliards de dollars en 2001 à 8,1 milliards de dollars en 2002[167].

---

[164] Haut Conseil de la coopération internationale, les Priorités de la coopération pour l'Afrique subsaharienne et le nouveau partenariat pour le développement de l'Afrique (NEPAD), rapport au premier ministre Paris, 2002, disponible sur www. Hcci.gouv.fr.

[165] Cf. Conférence sur la participation du secteur privé au financement du NEPAD, à Dakar (Sénégal), en 2002, dont des comptes rendus sont disponibles sur www.nepadsn.org.

[166]Investissement direct étranger.

[167] Conférence des Nations Unies pour le commerce et le développement, World investment report 2003. Cité dans Jeune Afrique / L'Intelligent, n° 2226, 7-13 septembre 2003.p.46.

Le NEPAD, une « initiative maîtrisée et gérée par l'Union africaine »[168]

Bien que le NEPAD ne soit pas une organisation, il est doté d'une structure de direction composée d'un comité de mise en œuvre de vingt chefs d'Etats et de gouvernements, d'un comité de pilotage avec les représentants des pays fondateurs et d'un Secrétariat. La plus haute autorité du processus de mise en place du NEPAD est le Sommet des chefs d'Etats et de gouvernements de l'UA. Depuis 2002, le comité de mise en œuvre assume un rôle de coordination en sa qualité de « *sous-comité* » du sommet[169]. La gestion des projets du NEPAD est répartie par secteur entre les cinq chefs d'Etats initiateurs : le président de l'Afrique du Sud est ainsi chargé de la gouvernance politique et du maintien de la paix. Dans ce domaine, le NEPAD ne fixe pas les modalités d'exécution de cette initiative, mais rappelle qu'il appartient à l'UA de « *réactiver les organes chargés de la prévention et du règlement des conflits* ». En 2002, l'Union africaine a créé un conseil de paix et de sécurité (CPS) qui sera sous la responsabilité de son commissaire en charge de la paix et de la sécurité. A condition d'en avoir les moyens financiers et logistiques, l'UA pourra ainsi intervenir pour rétablir et consolider la paix et envoyer des troupes à l'exemple de la mission africaine au Burundi. La démocratie et la bonne gouvernance sont aussi au cœur des objectifs de l'UA et du NEPAD. Un « *mécanisme africain d'évaluation par les pairs* » a été institué en 2002 pour contrôler les pratiques des pays africains. Elément novateur du NEPAD, cet instrument est cependant facultatif, l'accès étant volontaire. En outre, aucune possibilité de sanction n'est prévue en cas de manquement[170]. En novembre

---

[168] ONU, déclaration des Nations Unies sur le nouveau partenariat pour le développement de l'Afrique, 16 septembre2002 (A/RES/57/2), p.2.

[169] Sommet de l'UA, « Déclaration relative à la mise en œuvre du Nouveau partenariat pour le développement de l'Afrique (NEPAD) » Maputo, 10-12 juillet 2003.

[170]Quinze pays y ont adhéré en mai 2003. Un certain scepticisme quant au bon exercice de la responsabilité collective est apparu dans les pays riches et la société civile après la réélection controversée de Robert Mugabe au Zimbabwe en 2002 et son exclusion du Commonwealth et après l'asile offert en 2003 par le Nigeria au

2002, le Comité de mise en œuvre en a confié la responsabilité à l'UA[171].

Le fait que le secrétariat du NEPAD soit situé à Pretoria, en Afrique du Sud, alors que le siège de l'UA est à Addis-Abeba, en Ethiopie, a cependant pu faire croire à deux entités concurrentes dans le développement de l'Afrique, risquant de nuire à l'unité du continent. Jusqu'ici, leur cohérence n'avait été maintenue que grâce à la présidence sud-africaine de l'UA. Le sommet de Maputo a apporté en 2003, un début de réponse à la *« nécessaire »* intégration formelle du NEPAD dans les structures et les processus de l'UA : le comité de mise en œuvre continuera d'être chargé de la gestion des programmes du NEPAD ; l'intégration du secrétariat du NEPAD au sein de la commission de l'UA sera progressive et facilitée par la création d'une « *unité de coordination* »[172] ; un accord de siège temporaire avec l'Afrique du Sud sera aussi conclu pour *« accorder le statut juridique au secrétariat du NEPAD en tant que bureau hors siège de l'UA »* jusqu'à ce que les structures de l'Union deviennent opérationnelles [173]. La liaison entre l'UA et le NEPAD devra donner à la première un rôle central dans réalisation des objectifs du NEPAD et à celui-ci une diffusion et une légitimité plus forte.

f- Un partenariat rénové avec les donateurs

Le dialogue politique avec la communauté internationale

Pour succéder à une relation d'assistance insatisfaisante, le NEPAD prône l'instauration d'un vrai partenariat avec les pays industrialisés et les institutions multilatérales, qui soit fondée sur le partage des responsabilités pour la réalisation des objectifs du développement. Dans le contexte mondial de l'après 11 septembre

---

président libérien Charles Taylor, alors sous le coup d'un mandat d'arrêt international.

[171] Banque africaine de développement / Centre de développement de l'OCDE, perspectives économiques en Afrique, 2002-2003, OCDE, Paris, 2003, P.45.

[172] Conseil exécutif de l'UA. « Décision sur l'intégration du NEPAD dans les structures et les processus de l'Union africaine » Maputo.4-8 juillet 2003.

[173] Sommet de Maputo, « Déclaration relative à la mise en œuvre du NEPAD ».op.cit.

2001, la pauvreté apparaît comme une des causes du terrorisme et, désormais, « *ignorer durablement les difficultés d'une région ne peut se faire [qu'aux] risques et périls* » des pays riches[174]. La lutte pour le développement est ainsi devenue une priorité mondiale et le NEPAD, « *le cadre de référence dans lequel la communauté internationale, et notamment le système des Nations Unies, [doit] concentrer ses efforts pour le développement de l'Afrique* »[175].

Les institutions financières internationales et les pays développés ont adopté de nombreuses mesures de soutien au développement du continent. Ainsi en est-il de la loi américaine sur la croissance et le commerce en Afrique (AGOA) ou du dialogue avec l'Union Européenne qui, lancé en 2000 au Caire, se poursuit à travers divers instruments de coopération ne s'adressant d'ailleurs pas spécifiquement à l'Afrique. (Accord de Cotonou avec les pays d'Afrique, des Caraïbes et du Pacifique, le partenariat Euro-méditerranéen avec l'Afrique du Nord ; l'initiative « *Tout sauf les armes* » pour les pays les moins avancés)[176]. Pour éviter des incohérences, le NEPAD devra s'articuler avec ces initiatives.

Les priorités du programme africain font l'objet de consultations régulières avec la communauté internationale. Depuis les sommets d'Okinawa en 2000 et de Gênes en 2001, son principal soutien est celui du groupe des pays industrialisés (G8), mené ici par la France et le Japon. En 2002, le sommet de Kananaskis a entériné le NEPAD et adopté un plan d'action pour l'Afrique, instaurant un cadre de coopération et de partenariat pour le développement. Les pays du G8 se sont engagés à appuyer les objectifs du NEPAD dans les domaines politiques, économiques et sociaux pour lesquels ils peuvent offrir une valeur ajoutée. Ce plan d'action n'est pas un « *plan Marshall pour l'Afrique* », mais un

---

[174] Ahmedou Ould-ABDALLAH, « L'Afrique à l'heure de la mondialisation. Une nouvelle initiative pour le développement en Afrique », La Revue internationale et stratégique, n°46, été 2002, p.102.

[175] ONU, Examen et évaluation finaux du nouvel ordre du jour des Nations Unies pour le développement de l'Afrique dans les années 90 et appui au Nouveau Partenariat pour le développement de l'Afrique, 4 novembre 2002 (A/ RES/ 57/7), p. 3.

[176] Cf. le site de l'Union européenne europa.eu.int.

accord politique puisque les pays industrialisés se sont engagés à mettre en œuvre des « *partenariats renforcés* » avec les pays africains distingués par leurs pairs pour leurs progrès en matière de bonne gouvernance, faisant craindre en Afrique l'utilisation du NEPAD comme nouvel instrument de conditionnalité. En consacrant le premier chapitre de leur plan à la question de la promotion de la paix et de la stabilité du continent, ils ont mis l'accent sur ce qui constitue pour eux tout l'intérêt du NEPAD son volet sécuritaire. En juin 2003, le sommet d'Evian, sous la présidence française, a donné une impulsion au NEPAD dans ce domaine en insistant sur le nécessaire renforcement technique et financier des capacités africaines de maintien de la paix. La France en Côte d'Ivoire, ou l'Union européenne, en république démocratique du Congo, à travers une force multinationale sous mandat de l'ONU et sous le commandement français, sont intervenues militairement en soutien aux opérations africaines et onusiennes. En 2004, 250 millions d'euros provenant du Fonds européen de développement avaient été affectés à la « *facilité de soutien à la paix pour l'Afrique* » de l'Union Européenne, pour appuyer les opérations conduites sous l'autorité de l'UA.

Des réponses encore insuffisantes

Le sommet d'Evian a fait le bilan des actions entreprises en soutien au NEPAD. A part dans le domaine de la paix et un budget pour la lutte contre le Sida, il a surtout réaffirmé, pour les nombreux sujets traités, les engagements déjà pris dans les enceintes internationales. Force est de constater que des actes concrets traduisant les promesses des pays industrialisés en faveur de l'Afrique sont encore difficiles à obtenir.

Ainsi, après une baisse régulière de l'APD des pays riches en faveur des PED, la fin de la guerre froide et de l'opposition est/ouest leur ayant fait perdre de leur intérêt stratégique, la tendance s'est inversée doucement en 2002. Les membres du G8 se s'étaient engagés à affecter à l'Afrique, dans le cadre du NEPAD, au moins la moitié de l'aide supplémentaire de 12 milliards de dollars par an d'ici 2006 décidée par les Nations Unies à Monterrey. L'action principale aura été le PIB pour 2006. Par ailleurs, la communauté internationale avait consacré 41% de l'ensemble de son aide à l'Afrique en 2001. La France avait un objectif de 0,5% en 2007 et 0,7% en 2012 et avait concentré ses efforts sur l'Afrique, ce qui a représenté 72% de son aide bilatérale en 2002 et sur les objectifs du NEPAD[177]. En 1970, les Nations Unies avaient fixé l'objectif de 0,7% du PIB des pays industrialisés comme base à une vraie politique de solidarité. Si l'esprit y est toujours, désormais cet objectif doit devenir, surtout aujourd'hui, une réalité et non plus seulement une référence politique et morale pour tous les pays riches et non plus uniquement pour quelques-uns d'entre eux.

La dette extérieure totale de l'Afrique subsaharienne est aujourd'hui évaluée à plus de 335 milliards de dollars[178], dont une partie est critiquée pour son caractère illicite par des dirigeants africains comme le président Wade[179]. L'initiative en faveur des pays pauvres très endettés (PPTE), renforcée en 1999, doit rétablir la solvabilité des bénéficiaires en annulant une partie de leur dette contre la réalisation des réformes économiques. Depuis le sommet de Kananaskis, vingt-deux pays pauvres d'Afrique ont bénéficié d'un allégement de 32 milliards de dollars, mais, la question de l'efficacité de cette initiative se pose aujourd'hui[180]. Si certains pays comme la France et le Japon ont adopté des mesures bilatérales de son annulation, la société civile réclame l'annulation totale de la dette, lui reprochant d'être « *l'un des obstacles majeurs au développement des pays du Sud, en les privant des ressources nécessaires à la satisfaction des besoins essentiels de leurs populations* »[181].

---

[177] Cf. le site europa.eu.int / et http ://www. Diplomaie.gouv.fr

[178] « Quel partenariat pour l'Afrique ? Le NEPAD en questions » in Agir ici/Survie. Un autre sommet pour l'Afrique, Karthala, Paris, 2003, p.47.

[179] Cf. « Crise de la dette publique : les experts invités à proposer des voies de sortie à l'Afrique ». Le Soleil, sur le site www. Nepadforum.com.

[180] Peter WALKENHORST, « Echanges, dette et développement : un bilan de l'initiative PPTE, Problèmes économiques, n° 2829,29 octobre 2003, pp. 30-32

[181] « Dette : Instrument de domination des pays du Sud ? » Acte du sommet pour un autre monde, Anne-masse, mai 2003, disponibles sur le site Internet www.g8-autremonde.og.

Les pays développés sont accusés de subventionner leur agriculture à hauteur de 300 milliards de dollars par an et ainsi fausser les échanges et empêcher l'accès des exportations du Sud à leurs marchés. En 2001, à l'Organisation mondiale du commerce, dans le cadre du programme de Doha pour le développement, les pays riches s'étaient engagés à réduire toutes les formes de subventions à l'exportation « *en vue de leur retrait progressif* ». Toutefois, en septembre 2003, à Cancún, la proposition américaine et européenne d'éliminer progressivement les subventions à l'exportation sur des produits sensibles pour les pays pauvres avait été rejetée par les PED.

Menés notamment par l'Afrique du Sud, les pays africains ont réclamé un commerce plus équitable pour sortir de la pauvreté ; le Bénin, le Burkina Faso, le Mali et le Tchad ont demandé en particulier la suppression totale des subventions sur le coton. L'agriculture, secteur économique essentiel pour l'Afrique, reste le principal sujet de tension avec le Nord. Ayant replacé l'Afrique au cœur de ses priorités, la France continue à plaider la cause de ce continent dans les instances internationales. En 2003, elle avait présenté puis proposé au G8 une initiative, reprise par l'Union Européenne, pour élaborer « *une nouvelle stratégie pour le développement de l'agriculture africaine* » dans le cadre du cycle de Doha et du NEPAD[182].

Le NEPAD est une vision politique audacieuse et aléatoire du développement mais, son succès repose sur le respect des principales conditions du développement et d'adhésion de tout le continent. Il doit dorénavant exprimer les propres besoins et priorités de la population, laquelle doit participer vraiment à l'élaboration, à la mise en œuvre et au contrôle des programmes de développement. Il est important désormais que le NEPAD apporte des réponses concrètes aux principaux défis de l'Afrique pour devenir une véritable stratégie de développement des sociétés et du continent. Les débats dans la société civile africaine se multiplient

---

[182] Jacques CHIRAC, intervention sur le développement agricole, XXIème sommet Afrique-France, Paris, 20 février 2003, disponible sur le site Internet www. Diplomatie.gouv.fr/actu/bulletin.asp liste=20030221.html # Chapitre l.

aujourd'hui en l'Afrique comme à l'étranger ; ce qui constitue déjà un des mérites du NEPAD. Ce dernier avait été la priorité des travaux de l'UA jusqu'à son sommet en 2004, à Addis-Abeba.

Pour établir un « *partenariat* [...] *moins asymétrique* »[183] entre l'Afrique et le monde développé, le soutien de ce dernier devrait s'exprimer dans des politiques cohérentes de coopération internationale donnant à l'Afrique une réponse globale et les moyens de ses objectifs. La France et le Japon avaient cherché à convaincre leurs partenaires. En automne 2003, le Japon avait organisé la troisième conférence internationale de Tokyo sur le développement de l'Afrique (TICAD) sous le signe du NEPAD[184] et la France avait ouvert, à Paris, la première réunion d'un nouveau *« Forum pour le partenariat avec l'Afrique »*, lequel avait été un cadre de dialogue régulier sur la mise en œuvre du NEPAD entre les pays africains et l'ensemble des donateurs[185]. Les présidences du G8, américaine en 2004, britannique en 2005 et allemande en 2007, avaient soutenu fortement le NEPAD et le continent africain. Les engagements pris ne devraient pas rester au stade des beaux discours car, comme le signalait Thabo M'Beki, « *il est évident qu'il sera très difficile pour l'Afrique d'atteindre un renouveau économique et social sans le soutien de la France et du monde occidental* »[186]. La majorité des pays africains n'atteindra vraisemblablement pas les objectifs du millénaire pour le Développement d'ici 2015. Cependant, l'Union africaine et le NEPAD marquent l'espoir que le XXIème siècle soit enfin celui de l'Afrique.

Choisir les voies de l'émergence industrielle.

Comment prétendre devenir des pays émergents à l'orée des années 2030 ?

---

[183] Philippe HUGON, « Le NEPAD entre partenariat et gestion des conflits », Politique étrangère, février 2003, p.349.

[184] Cf. le site Internet www.ticat.Net.

[185] Cf. le discours de Jacques Chirac sur http ://www.elysee.fr/ magazine/ actualité/ sommaire. Php ? Doc= / documents/discours/ 2003/ D031110.html.

[186] « Mbeki en appelle à le France pour lutter contre la pauvreté en Afrique », http ://www.lemonde.fr 19 novembre

A observer, les orientations sociales, économiques et politiques des pays au sud du Sahara, force est de constater que cette perspective reste un leurre. Car, l'industrialisation passe par l'acquisition de la technologie. Or, nous constatons que dans la plupart des pays de la région, les dirigeants en parlent, sans se donner les moyens nécessaires, à l'instar du Brésil, de l'argentine et j'en passe. Comment y parvenir alors que les besoins primaires de ces peuples ne sont pas encore satisfaits ?

A priori, la formation des hommes et femmes dans l'optique d'acquérir les technologies de base semble être essentielle pour y parvenir. Ainsi donc, les voies de l'émergence passeraient d'abord par la coopération scientifique avec le transfert des technologies et ensuite par la création des pôles scientifiques où les étudiants de la zone pourront comme leurs camarades européens disposer de véritables laboratoires de recherche. Mais, le hic est qu'il est très difficile d'y prétendre, vu le contexte économique difficile. Car, investir dans la recherche et se lancer dans le développement des secteurs industriels à la pointe de la technologie ne peut se faire que si la croissance pouvait s'amorcer.

Il est peut être très tôt pour prétendre devenir des pays émergents dans les trente années à venir alors que les pays de cette région ont encore beaucoup d'autres problèmes plus épineux à résoudre et qui, en somme, restent prioritaires.

CHAPITRE III

LES PROBLEMES SOCIAUX

Jadis en Afrique noire, on pouvait parler de solidarité. De nos jours, le terme solidarité a été oublié. Il serait intéressant de comprendre pourquoi aujourd'hui la solidarité africaine bat de l'aile. Les données socio-économiques de ces dernières années ont transformé les hommes et les femmes africaines ; pire encore, les nombreuses mutations sociales et technologiques importées des Occidentaux ont pris le pas sur les valeurs essentielles de l'Homme. La peur du lendemain, l'égoïsme et la haine font partie des nouvelles mœurs. Il est vrai que depuis la dévaluation et l'application des divers plans d'ajustements structurels, les habitudes des peuples africains ont changées. La misère et l'angoisse se lisent désormais à travers le regard triste ainsi que la désolation. La baisse considérable du taux de natalité au détriment de celui de la mortalité, la multiplication des maladies endémiques et virales (Sida et Hépatites B, C) font désormais vivre l'Africain dans un monde sans espoir.

Malgré les efforts qu'entreprennent les divers gouvernements pour sortir le peuple de sa torpeur, même le cœur et la volonté n'y suffisent plus. Les nouvelles relatives aux dégâts causés par la crise qui sévit en provenance des pays étrangers s'avèrent très cruelles. Les conflits se développent d'un pays à un autre et l'Africain semble être devenu indésirable dans tous les pays et même dans le sien.

a- Quel destin pour les peuples africains ?

Parler aujourd'hui de l'avenir des peuples africains nous semble très délicat, voire très difficile. Car, l'avenir de ces peuples dépend en partie de la conjoncture économique internationale qui interfère sur les orientations politiques, économiques et sociales de la plupart de ces pays.

Il y a de cela plusieurs années que ces diverses conditions se sont considérablement détériorées de telles sortes qu'on peut se demander aujourd'hui : *« **Quelles perspectives d'avenir pour le peuple africain** ? »*

En Afrique noire, même le fonctionnaire moyen a du mal à joindre les deux bouts ; puisque les salaires, déjà très maigres, ont du mal à tomber régulièrement. Qu'en est-il donc du pauvre paysan dont les prix des produits voués à l'exportation sont fixés à la bourse de Londres ?

On peut donc s'interroger, en tenant compte de la misère de ces populations, sur la qualité des enseignements qui sont dispensés à ces enfants, aux élèves ainsi qu'aux étudiants et les moyens dont ils disposent pour mener à bien leurs études ?

L'Afrique, jadis paisible, où il faisait bon de vivre, est devenue non seulement le champ des convulsions internes et externes, mais aussi la porte ouverte à une nouvelle forme de recolonisation que nous appellerons l'humanitaire.[187]

b- Education, villes et villages dans l'abandon

Depuis quelques années, on peut dire qu'il n'y a pas de moindre espérance à l'horizon du système éducatif de la plupart des pays africains. On note que plus de la moitié de la population a moins de vingt-cinq ans, mais à peine le tiers, de 6-20 ans, est scolarisé. Et dans quelles conditions !

Les rares établissements qui tiennent encore débout dans les villages et certaines villes sont sans toits, sans portes ni fenêtres. Le tableau noir, les bancs et les bibliothèques sont parfois pour les uns un lointain souvenir de l'époque coloniale. Dans la majorité de ces pays, les salaires ne sont plus payés depuis belle lurette et la motivation des enseignants mise à rude épreuve. Résultat : on observe un important absentéisme dans presque tous les corps de métiers de la fonction publique, sauf dans l'armée et la police.

---

[187] Voir les problèmes politiques, chapitre I, page 30.

Le taux d'abandon scolaire est désarmant. Dès la première année d'études primaires, un cinquième des élèves quittent l'école. Au terme de la quatrième ou la cinquième année, un élève sur deux abandonne définitivement l'école. C'est alors qu'un certain nombre de rêves hantent une grande partie de ces adolescents à savoir : les diverses sortes de trafics, la consommation des drogues et l'expatriation (en Europe ou en Afrique du Sud), etc. L'école, qui symbolisait la culture, la connaissance et un emploi à la fin des études, ne revêt plus cette importance pour bon nombre d'Africains. La crise a gagné la cellule familiale. Les dépenses pour l'habitat, les vêtements ou la scolarité ont disparu des budgets. Les ménages consacrent les huit dixième de leurs revenus à la nourriture et aux biens de consommation. Bref, une grande partie de la population africaine vit très en dessous du minimum requis (2500 calories).

Ce qu'on appelait autrefois ville n'est plus le reflet de la plupart de ces pays. On peut observer, presque partout, des tas d'immondices sinon d'énormes dépotoirs malgré le Plan social urbain (PSU) financé par la Banque mondiale dont le rôle est de débarrasser les décharges publiques des grandes villes, parce que les services communaux de la voirie ne disposent plus d'assez de moyens financiers pour le faire. Les bitumes, hérités parfois de la colonisation ou refaits par le pouvoir en place, sont tous parsemés de cloaques. Les marécages ne sont plus drainés et deviennent le lieu de développement des moustiques qui engendrent le paludisme et la malaria. Les environnements sont plus ou moins jonchés de cratères purulents où prolifèrent dans la quiétude absolue des bacilles typiques : mouches tsé-tsé et amibes.

Si le *« Sida »* fait toujours la *« une »* des médias, d'autres maladies déciment subrepticement les populations. Les infections et les parasites divers sont responsables de 50% des cas de décès. L'endémie de la tuberculose frappe encore bon nombre d'Africains. Chaque enfant fait en moyenne trois à quatre endémies de diarrhées par an et un sur trois est porteur du plasmodium falciparum (l'agent pathogène du paludisme). L'espérance de vie oscille entre cinquante et cinquante-cinq ans environ.

Le miroir du drame africain est à l'image de la ville de la république démocratique du Congo : Mbuji-Mayi, la ville de diamants. Elle seule *« pèse »* 15 millions de dollars de transactions par semaine et fait de la RDC[188], l'un des grands plus producteurs de diamants au monde avec 20 millions de carats en moyenne annuelle. Mais hélas, cette ville est une cité littéralement démembrée, vautrée dans un environnement médiéval : sans eau potable, sans électricité, presque sans routes asphaltées où on ne compte qu'une seule école au service minimal, aucun centre hospitalier et pas de téléphone public. Quant aux villages, ils se meurent à petit feu car, la misère qui sévit entraîne un exode rural massif des jeunes vers les villes à la recherche d'un hypothétique emploi.

La crise que connaissent les pays africains ne résulte d'aucune fatalité. Quand les Africains ne sont pas complices de leurs malheurs par un inadmissible aveuglement à l'égard du *« vampirisme de leurs dirigeants »,* ils le sont en se soumettant passivement à l'ordre des choses ou en déployant des trésors de dextérité pour s'adapter aux privations de tous genres. Dans bon nombre de ces pays, le cynisme est synonyme d'intelligence, l'honnêteté rime avec la couardise, la ruse prédatrice est une vertu, la corruption une norme sociale intégrée dans toute l'administration, alors que les contrats et compromis ne sont guère une garantie pour personne. Les Africains qui avaient cru pouvoir profiter de la grande vague démocratique mondiale des années 90 pour se débarrasser de la plupart de leurs dirigeants ont été illusionnés.

En réalité, le mal africain découle des turpitudes de la vie politique où on pourrait croire que le sens patriotique est dénaturé, le réflexe asocial, l'oisiveté rentière, le culte de l'apparat, de l'ostentatoire enfin le verbalisme de tout genre symbolisent le bien être. Dans cette Afrique meurtrie, dans cette société sinistrée, il s'agira d'exorciser un passé de cinquante ans au moins de pillage des deniers publics, de démission morale et d'aliénation consentante.

[188] RDC : République Démocratique du Congo.

C'est dans cette atmosphère chaotique et pitoyable que tentera de renaître désormais le nationalisme des uns et les convoitises pour le pouvoir des autres.

c- Le chômage comme indicateur politique et social ?

Que sera la décennie 2010 pour l'Afrique subsaharienne ? La plupart des Etats africains se sont fixés des objectifs de croissance modestes entre 3,5% à 6% environ. Les années passent et se ressemblent pour la majorité des pays africains. Le manque de croissance à moyen ou à long terme, suite à l'absence d'investissements et à l'accroissement du chômage, ne laisse présager aucune amélioration de la situation très précaire de ses populations. En fait, l'Afrique subsaharienne souffre de la faiblesse de son activité économique.

La question est de savoir si les pays africains vont persister dans cette politique restrictive imposée par le FMI et la Banque mondiale. Le chômage, cette gangrène, est en Afrique subsaharienne comme dans beaucoup de pays, un problème structurel et les différents Etats africains appliquent des stratégies diverses en dépit de leurs moyens limités. La création des zones franges comme recours dans bon nombre de ces pays ne suffira pas pour aider à la création des entreprises. La stabilité politique, somme toute douteuse dans ces pays et de surcroît avec un manque énorme de mesures d'accompagnement pour soutenir les activités, n'offre pas de réelle porte de sortie. Si bien que très peu d'investisseurs nationaux, voire étrangers se risqueraient dans une telle aventure. L'Etat qui doit en être le garant ne donne pas assez de moyens nécessaires aux créateurs d'entreprises et, pire encore, fait fuir certains investisseurs étrangers.

Les peuples africains ont besoin des réformes du marché du travail et de l'ouverture de leurs économies. Dans certains secteurs, on observe le monopole de l'Etat qui pénalise alors les initiatives privées. L'un des cas le plus ridicule a été celui qu'ont connu les Camerounais il y a de cela plusieurs années. Le sac de ciment vendu par la *« Cimencam »,* filiale du groupe *« Lafarge »,* coûtait relativement plus cher et qui plus est, la qualité de son liant était souvent remise en question par les professionnels du bâtiment. Concurrencé par le ciment importé de *« Roumanie »,* de meilleure qualité semblerait-il, était vendu moins cher que le ciment produit localement. Le gouvernement, pour préserver les intérêts de Lafarge le principal investisseur de « *Cimencam* », a vite fait d'augmenter les taxes à l'importation dudit ciment, entraînant de facto la hausse de son prix et privant par cette décision bon nombre de Camerounais non seulement de faire des économies, mais surtout d'un produit de qualité. Aujourd'hui, le ciment de « *Roumanie* » n'existe plus au Cameroun.

Nous constatons que ce type de monopole n'encourage pas la venue d'autres investisseurs dans notre pays. Il serait pourtant intéressant que des usines de ce genre s'y installent, voire se multiplient et puissent proposer des produits de substitution à l'instar de la brique en terre cuite, des tuiles, les briquettes…etc. (blocs de terre cuite de petite dimension). Ces produits rivaliseraient avec ceux qui résultent du ciment.

La croissance et donc l'emploi ne peuvent venir que par l'ouverture du marché permettant la concurrence et la création des entreprises. Pour que celles-ci voient le jour, il faut de l'argent et des hommes. Si l'Etat, par une forte fiscalité, reprend toutes les richesses, il assèche les capitaux et décourage les investisseurs et les potentiels entrepreneurs.

Enfin, l'Afrique ne pourra trouver la voie de la croissance que si l'on privatise une partie des entreprises d'Etat qui, non assujetties à l'impôt sur les sociétés, sont à la fois mal dirigées et gérées.

Il est certain qu'avec la perspective de pouvoir garder une grande partie de ce que l'on gagne, naîtra en Afrique une nouvelle classe d'entrepreneurs.

d- L'émancipation de la femme Africaine[189].

Mariages précoces, les grossesses et abandon par les hommes sans remords, insuffisance de textes protégeant la femme,

[189] Etat des lieux : la femme africaine et émancipation, 27 Juillet 2010, Atonam Sossou dans Femme, avenir de l'Afrique.

obligation de partager son homme avec une coépouse, absence de liberté économique, inégalité de chances dans l'emploi, irresponsabilité des époux, sous-représentation des femmes dans les postes de responsabilité, faible taux de scolarisation sont le lot quotidien de la femme africaine. Qui en est le responsable ?

Pour beaucoup, les reproches faits à l'homme vont de la genèse de l'humanité à nos jours. "Lorsque dans les religions révélées on parle de la femme créée à partir d'une côte de l'homme par Dieu, il y a déjà eu discrimination", dit une femme. Ainsi, la non prise en compte de la dimension femme dans les plans et programmes de développement, la non ratification ou le manque de suivi des conventions tendant à "affranchir" la femme, l'infime minorité des femmes dans les postes de décision du pays ne sont pas fortuits. Tout cela serait issu de cette conception première des rapports entre homme et femme.

Pour d'autres, la femme est aussi responsable de sa situation. Certaines femmes ont ancré dans leur tête qu'elles sont le sexe faible. De ce fait, elles doivent toujours incliner la tête devant l'homme. Un fait est très fréquent au Togo : les femmes qui se targuent d'être à l'avant garde de la lutte pour leur promotion font venir chez elle des filles qui auront la charge des enfants en leur absence ! N'est-ce pas aller à contre-courant des efforts d'auto promotion de la gent féminine ? Cette "bonne à tout faire" se trouve privée de toute possibilité d'aller à l'école et donc de mettre toutes les chances d'avenir de son côté. C'est une autre manière de garder la femme dépendante et soumise à l'homme.

Autre entrave relevée : le manque de solidarité entre les femmes. Celle qui émerge est accusée de tout faire pour maintenir les autres au rang d'inférieures. La femme instruite refuse d'aller à la rencontre de celle de la base au point qu'à un moment donné, la femme devient l'ennemie de la femme. D'où la préférence de certaines à être commandées par des hommes plutôt que par des femmes comme elles et qui ne les considèrent pas.

La dot, qui se résumait à l'origine à une calebasse de noix de cola, à un sac de maïs ou d'haricot plus quelques bouteilles de liqueur, est devenue aujourd'hui un tas de pagnes de qualité supérieure, des valises, des bijoux en or, etc. L'évolution de la société a montré dans ce cas ses côtés pervers. Avec par exemple les montants excessifs réclamés comme dot, cela fait de la fille un objet que l'on achète.

En conséquence, on transforme le geste symbolique d'alliance entre deux familles en un marchandage éhonté ! Cette perversion de l'esprit de la dot a pour conséquence la menace souvent brandie par l'homme : "je t'ai épousée" qu'on pourrait aussi traduire sans risque de se tromper par "je t'ai achetée".

Le poids de la tradition est évidemment pour beaucoup dans cette situation de la femme. Car, c'est elle qui a tracé le cadre des rapports entre les différentes composantes de la société. C'est encore la tradition qui a fait comprendre à la femme qu'elle est l'inférieure de l'homme, qu'elle a nécessairement besoin d'un homme pour la protéger, etc. Aujourd'hui, beaucoup d'aspects dégradants de nos mœurs et coutumes souvent renforcés par les religions ont encore droit de cité. Tel est par exemple le cas de cette pratique incompréhensible qui fait obligation à la femme de s'agenouiller avant de saluer un homme. L'homme se trouve tellement à l'aise dans les attributs qui lui sont conférés par la coutume qu'il ne veut pas voir les choses bouger. Il existe encore des hommes dans certaines de nos régions qui, en faisant l'inventaire de leurs biens, commencent par citer en premier… la femme !

Avec les multiples tâches et le manque de repos, on est tenté de se demander comment la femme arrive à être fidèle au poste tous les jours et dès l'aube. Dans les campagnes, certains hommes refusent à leur épouse la moindre indépendance économique sous le prétexte que "si elle a un champ qui lui est propre et qu'elle gagne un peu d'argent, cela lui montera à la tête".

Ce qui conforte évidemment la femme dans son idée de personne opprimée. L'homme aurait-il peur d'être supplanté par la femme dont le dynamisme est reconnu ?

Comme on le voit, homme et femme s'accusent mutuellement. Mais, le tout n'est pas d'accuser, même si ces accusations sont fondées. Les problèmes remontent à une époque tellement lointaine qu'ils paraissent "normaux" aux yeux de beaucoup et parfois des victimes elles-mêmes. Les changements observés, l'adoption des textes et conventions, sont certes louables et constituent un premier pas. Mais, ils paraissent tellement superficiels et éloignés de la réalité qu'ils ont l'air d'une comédie.

C'est donc un changement, non pas seulement de l'homme ou de la femme qu'il faut, mais de la société toute entière. Une œuvre de longue haleine qui doit par exemple prendre sa source dans l'éducation de chaque enfant, garçon et fille, dans les relations entre frères et sœurs, époux et épouse, etc. Il faut reconnaître que la société est bâtie sur une base sexiste : un monde modelé par l'homme d'abord pour lui-même.

Conçu comme une lutte de la femme contre l'homme, ce "combat de la femme" court le risque d'être mal interprété par l'homme dont le poids est encore important dans notre société.

Qui acceptera volontiers de laisser tomber ses privilèges naturellement acquis ?

Au-delà du constat fait plus haut, la place des femmes dans la société africaine (qu'il s'agisse de leur représentation dans la vie publique, de leur intégration dans le monde du travail ou de leur « rôle » social) a profondément évolué et, elle est en passe de progresser encore très sensiblement. Un décompte des femmes présentes aujourd'hui dans la vie publique illustre le hiatus considérable qui demeure encore entre les sexes (ou entre les « genres », pour utiliser le vocable aujourd'hui consacré). Malgré l'augmentation de leur nombre, on ne peut pas ignorer que de réels progrès doivent être réalisés dans de nombreux domaines les indépendances.

e- Les problèmes de la jeunesse constituent une équation difficile à résoudre.

L'équation concernant la jeunesse s'est posée pendant bien des années ; elle a commencé dès les premiers temps de l'après indépendance. Des tentatives de résolution ont été mises en œuvre, mais les résultats restent faibles, voire vains. Il est urgent de trouver des réponses idoines aux problèmes de la jeunesse dans les Etats, au niveau sous-régional, régional et mondial en évoquant deux de ces aspects.

1) Le chômage et l'exode rural des jeunes

Les pays d'Afrique subsaharienne comptent plus de 300 millions d'habitants dont la moitié a moins de 20 ans et les trois quarts moins de 30 ans. Très souvent, le chômage atteint les 80%, surtout dans les pays en guerre ou qui en sortent, comme le Liberia et la Sierra Leone.

Or, "le chômage alimente la violence et la violence alimente le chômage", a souligné M. Ahmedou Ould Abdallah, Représentant spécial du secrétaire général des Nations Unies pour l'Afrique de l'Ouest, lors d'une conférence de presse. Les nombreuses tentatives des clandestins de s'introduire dans les enclaves espagnoles de Melilla et de Ceuta dans le nord du Maroc pour passer en Europe illustrent la détérioration de la situation dans la région.

Un rapport de l'ONU publié en décembre 2011 a souligné l'effet néfaste du chômage en Afrique sur le développement et la pauvreté. Un autre rapport publié le même mois et intitulé "Le chômage chez les jeunes et les problèmes régionaux de sécurité" prévoit que la population de l'Afrique de l'Ouest atteindra 430 millions d'habitants en 2020. Un tel scénario accentuerait la pression sur les terres et les villes.

« Les difficultés rencontrées par les jeunes ne menacent pas seulement la paix et la stabilité de l'Afrique subsaharienne », prévient l'émissaire de l'ONU, mais du monde entier puisque "tout le monde tente de gagner l'Europe (...) ou l'Amérique".

L'Afrique subsaharienne n'a pas su utiliser ses nombreux jeunes comme potentiel économique. Ces jeunes sont malheureusement considérés comme des poids et facteurs de blocage du processus de développement économique. De ce fait, leur manque de prise en charge politique fait que ceux-ci se laissent enrôler dans toutes sortes de crises, pourvu qu'ils survivent : rébellion, bandes armées, braquages, vols à main armée…

2) La crise des valeurs.

Les jeunes ont perdu leurs repères devant l'inexistence de valeurs reconnues, promues et partagées par toutes les composantes de la société. L'absence de modèle, la perte des repères, la dévalorisation de l'effort des jeunes, la promotion des médiocres font que les jeunes s'identifient à des valeurs étrangères, sans consistance, véhiculées dans les NTIC, les séries télévisées, les journaux, etc.

Pourtant, pour d'aucuns, les jeunes ont des repères, mais ils sont autres que ceux qu'on veut promouvoir à leur niveau. Quelque part, il y a problème lorsque nous voulons limiter la culture à la tradition. Les jeunes vivent dans un environnement qui appelle des réponses actuelles. En fait, à l'analyse, on se rend compte que le jeune vit dans un univers « culturel » propre. Cette culture se fonde sur une vision du monde qui se traduit par des règles d'actions spécifiques. Certes, on ne peut pas laisser les jeunes déterminer totalement leurs « valeurs repères », car ils sont dans un processus de transition et de maturation. Mais, il faut noter qu'ils se construisent une identité pour les aider à trouver des éléments d'identification positive. Ces éléments pourront servir de support pour leur développement. Il faut les accompagner dans ce processus à partir de leurs propres centres d'intérêt, les aider à découvrir et développer les aspects positifs et constructifs de leur propre vision du monde.

Il est nécessaire pour cela de :

1) Favoriser l'émergence chez le jeune d'une capacité de jugement critique, de l'aider à pouvoir lire et comprendre les influences diverses qui s'exercent sur lui et des enjeux qu'elles comportent pour son développement ;

2) permettre de façon plus systématique à chaque jeune en fonction, surtout de sa situation et de son projet de vie, de mieux identifier les aspects positifs et constructifs de sa vision du monde. L'aider aussi à construire progressivement ses valeurs pour en faire un citoyen conscient de ses responsabilités et des problèmes de son époque aux niveaux international, national, local et individuel.

Enfin, force est de constater que la crise des valeurs est une réalité reconnue de tous. Bien que certains facteurs soient exogènes, il faut reconnaître que la plupart est due aux manquements de nos aînés et parents dans la transmission des valeurs. Ils n'ont pas su, sinon conserver, à la limite inventer culturellement et socialement les stratégies idoines pour permettre aux jeunes d'aujourd'hui de pouvoir bénéficier de ce qui a forgé leurs caractères à eux. Ils n'ont pas su laisser la société mieux qu'ils ne l'ont trouvée.

f- La crise des modèles sociaux en vigueur :

Un modèle social peut se définir en effet par un ensemble de valeurs et d'institutions clés qui sous-tendent un certain type d'organisation de l'économie et de la société et les objectifs qu'un pays se fixe sur le long terme dans ce domaine.

1) Le modèle européen[190].

La crise actuelle est pour les Européens comme pour les Américains au moins comparable à celle de 1929 et sans doute encore plus grave, tant les bouleversements à l'œuvre, ou à venir, sont profonds. Il y va aujourd'hui d'un certain mode de vie et de croissance. Il y va aussi de nos modèles sociaux européens dans leurs diverses variantes.

Dans un tel modèle, la société s'oblige à des devoirs envers ses citoyens : accès à des biens de base (éducation, santé), garantie d'un minimum vital pour tous, protection contre certains risques (maladie, chômage, vieillesse), redistribution en faveur de certains groupes (familles, handicapés), droit à une activité rémunératrice, conditions de travail décentes et sécurité - même relative - de l'emploi. Ajoutons-y un droit du travail et des relations professionnelles qui déterminent les salaires et nombre de conditions d'emploi, etc. Tous ces « acquis », issus de conquêtes ou de compromis sociaux, ont par le passé contribué à réduire nombre d'inégalités, notamment de revenus. Par ailleurs, ce sont ces mêmes

---

[190] Crise : nos modèles sociaux ne pourront résister sans se renouveler *par* Claude Emmanuel Triomphe - *13 Décembre 2011.*

protections de cohésion sociale qui ont permis la croissance et donc la performance d'un certain type de capitalisme. Comme viennent de l'affirmer les principaux responsables syndicaux européens, "le social est le ciment de l'UE".

Pourtant, du fait du chômage, de la démographie, d'un système financier qui capte une partie démesurée de la valeur, le système se grippe : son fonctionnement devient problématique, ses protections sont de moins en moins universelles et, par-dessus tout, les inégalités se creusent à nouveau, parfois de manière considérable. Les gouvernements ont privilégié la réduction de l'inflation et la stabilité macroéconomique plutôt que le plein emploi ; les actifs sont moins enclins à prendre en charge les inactifs et le leitmotiv est à la valorisation du travail. Nous sommes entrés dans l'époque du donnant-donnant, le droit à des prestations étant lié à des devoirs envers la société. La mise sous condition des aides sociales ne cesse de monter : il faut occuper un emploi, quelle qu'en soit la rémunération - on pense ici aux jobs à 1 € en Allemagne - et de nombreuses prestations reposent désormais sur des efforts de mobilité, là sur des conditions d'activité, de séjour, le tout couronné par le renforcement de la lutte contre les fraudes sociales. Enfin et peut-être de ce fait, la crédibilité dans les vertus du système s'étiole aux deux bouts de la pyramide sociale : en haut par ceux qui peuvent s'en passer - tout en profitant largement, ça va de soi, en bas par ceux qui n'en bénéficient pas, plus, ou si peu. Le modèle social européen a-t-il donc un avenir ?

Ce modèle, autrefois exemplaire, ne fait plus rêver et la notion d'Etat-providence européenne serait la cause première de la crise de la dette. "Les troubles qui se sont produits dans les pays européens résultent uniquement de problèmes accumulés par une société en fin de course, vivant d'acquis sociaux. Je pense que les lois sociales sont obsolètes. Elles conduisent à la paresse, à l'indolence, plutôt qu'au dur labeur. Le système d'incitation est complètement détraqué", a ainsi déclaré Jin Liqun, président du Fonds souverain chinois CIC, dans une interview récente à la chaîne Al-Jazeera. Ces commentaires ne pèseraient guère si les systèmes n'étaient pas déjà fortement ébranlés de l'intérieur. C'est pourquoi la crise met gravement à l'épreuve nos modèles sociaux.

Si ceux-ci ont plutôt bien fonctionné en 2008-2009 en jouant le rôle d'amortisseurs sociaux grâce au régime d'assurance-chômage et au chômage partiel, les temps qui viennent s'annoncent beaucoup plus incertains avec des puissances publiques très affaiblies financièrement.

Contre quels risques nous protéger demain ? Les assurances sociales sont-elles un remède universel ? Quels périmètres pour la solidarité : universels ou professionnels, nationaux ou transnationaux ? Quelle place pour le travail et pour le salariat dans nos vies, nos sociétés et nos dispositifs sociaux ? Que pourrait signifier entreprendre et donc entreprises ? Comment conjuguer les nouveaux modèles de croissance et la cohésion sociale ? Il est bien sûr très facile de questionner et bien difficile de répondre.

Jusqu'à la crise actuelle, le modèle social français et, plus généralement, le modèle social européen apparaissaient archaïques et inadaptés à la mondialisation ; la France semblait condamnée à mettre en œuvre des réformes structurelles pour évoluer vers le modèle anglo-saxon libéral. Mais, la crise du capitalisme financier a fait apparaître tous les défauts de celui-ci : la croissance élevée des années récentes s'est accompagnée de l'accroissement des inégalités et du gonflement des déséquilibres insupportables ; elle risque de se payer maintenant par une période prolongée de croissance médiocre. Le modèle libéral n'est plus la perspective inévitable des économies modernes. L'Europe doit chercher une voie originale.

Les sociétés européennes sont fondées sur un compromis entre le capitalisme et les forces du marché d'une part, le socialisme, la redistribution et la production publique d'autre part. Certaines dépenses des ménages sont collectivement financées (éducation, santé) ; certains risques sont collectivement assurés (chômage, maladie, vieillesse, famille, pauvreté) ; une part importante des revenus est redistribuée par l'impôt et la protection sociale. Le droit du travail régit la détermination des salaires, les relations au sein de l'entreprise et les procédures de licenciement. Pour les économistes libéraux, ce compromis est dangereux, puisqu'il réduit les gains, donc les incitations à travailler. La mondialisation le remet en cause puisqu'elle permet aux personnes les plus riches, aux cadres et aux entreprises de quitter les pays qui les imposent le plus fortement. En revanche, ce compromis favorise la cohésion sociale : les infrastructures publiques, la santé et l'éducation de la population sont des facteurs productifs. Les prestations sociales assurent la population contre les risques de l'existence. Ce compromis doit être garanti (les jeunes générations paient pour les plus vieilles ; elles doivent être certaines d'être payées en retour) et, en permanence, adapté aux évolutions de la société.

La crise a montré tous les risques que faisaient courir à l'économie mondiale les stratégies de croissance fondées sur l'austérité salariale, les exportations et sur l'accumulation d'excédents extérieurs (celles de la Chine ou de l'Allemagne), comme celles fondées sur la financiarisation et l'accumulation de déficits extérieurs (celles des pays anglo-saxons). La croissance de la France a été plus équilibrée, reposant sur la demande intérieure, les salaires, la protection sociale.

2) Le modèle Américain

Fondé[191] sur des valeurs libérales et un principe de laisser faire, il place en son centre l'individu, doté de droits mais responsable de ses actions et de son propre destin. Il confère également à l'entreprise privée et au marché un rôle de premier plan dans les régulations économiques et sociales, accompagné par des politiques macroéconomiques actives. Il repose enfin sur l'idée que tout individu a ses chances et peut bénéficier de l'ascension sociale au cours de sa vie professionnelle.

Cette logique, sans avoir été remise en cause dans ses principes fondateurs, a été infléchie à l'occasion de cette parenthèse historique exceptionnelle qu'a été le *New Deal*. La brutalité de la crise économique de 1929 et sa durée ont légitimé, pour la première fois dans l'histoire américaine, une forte intervention de l'État. Cette crise a aussi permis l'émergence d'un puissant mouvement de syndicalisme d'industrie. Elle a débouché sur la

---

191 « La crise du modèle social américain », Catherine Sauviat et Laurence Lizé Presses universitaires de Rennes, 2010, www.pur-editions.f.

mise en place d'institutions régulatrices de la relation d'emploi, destinées à fournir une protection collective et mutualisée contre l'insécurité économique en complément de celles apportées jusqu'alors par les grandes entreprises à leurs salariés dans le premier quart du XXème siècle. Jusqu'aux années 1970, le modèle social américain a donc su montrer une certaine efficacité et apporté un réel progrès économique, favorisant l'ascension sociale d'une partie au moins de la population américaine (principalement l'ouvrier blanc syndiqué de la grande entreprise). Sans vouloir idéaliser ce modèle qui n'avait éliminé ni les discriminations raciales, ni la pauvreté (y compris laborieuse) et qui laissait une partie de la population américaine à la périphérie du contrat social de l'après-guerre, il a néanmoins permis l'émergence d'une « société de classes moyennes », dans un contexte macroéconomique caractérisé par une croissance soutenue, une faible ouverture de l'économie et des grandes entreprises manufacturières encore compétitives.

Son démantèlement et son affaissement ont commencé dans les années 1980 ; tandis que l'arrivée de R. Reagan au pouvoir a marqué le moment de la rupture. Ce tournant a été de nature économique autant que politique et idéologique.

Au plan économique, il a coïncidé avec la montée en puissance des groupes industriels japonais et leur pénétration sur le marché nord-américain. Il s'est illustré par le développement privilégié d'une politique de l'offre fondée sur la déréglementation d'un certain nombre de secteurs et des réductions d'impôt aux entreprises et aux ménages les plus riches, dans un contexte d'accélération de la mondialisation économique et financière et de ralentissement de la croissance.

Au plan politique et idéologique, il s'est traduit par la victoire du néolibéralisme, comme projet de régulation des comportements humains commandé par les valeurs de marché. Celles-ci sont parvenues progressivement à s'imposer dans la définition des objectifs désormais assignés aux politiques publiques contre le souci du bien commun et de l'intérêt général. Ces politiques ont été de plus en plus soumises à une logique d'efficacité et de profit, entraînant ainsi une vaste redistribution des risques et des responsabilités de l'État aux individus.

La crise financière déclenchée en 2007 et la récession d'une ampleur sans précédent depuis la grande crise de 1929, qu'elle a provoquée, ont mis à nouveau en évidence les profondes lacunes du modèle social américain. Plus de 8 millions d'emplois ont été perdus entre décembre 2007, date d'entrée officielle des États-Unis dans la récession, et décembre 2009, provoquant un doublement du taux de chômage de 4,9 % à 10 % en l'espace de deux ans. Beaucoup de chômeurs, qui ne sont pas ou plus indemnisés et qui ont perdu leur assurance maladie en même temps que leur emploi, se tournent maintenant de plus en plus vers l'aide sociale dont les critères d'accès ont été rendus plus difficiles par la réforme de 1996. Cet afflux de nouvelles demandes, provoqué par la récession, va constituer le premier véritable test de cette réforme et de la capacité des États à répondre à la situation d'urgence sociale, alors qu'ils ont à faire face à d'énormes difficultés budgétaires à l'instar de l'État de Californie. Depuis le début de l'année 2008, le nombre de bénéficiaires du programme d'aide alimentaire, aux conditions plus faciles d'accès, a augmenté fortement. Il a dépassé le pic historique de 2005 consécutif à l'ouragan Katrina qui avait frappé tout particulièrement les habitants de la Nouvelle-Orléans.

Les enseignements des récessions précédentes méritent d'être tirés au clair, comme l'a souligné l'économiste P. Krugman dans un ouvrage récent[192]. Bien après la date de la fin officielle de la précédente récession en 2001, le marché du travail a continué de se dégrader. L'emploi s'est en réalité détérioré pendant deux ans et demi, alors que la récession officielle n'avait duré que huit mois.

Ce constat modifie le regard porté sur la réactivité de l'économie américaine en matière de chômage et d'emploi. Les enchaînements passés d'entrée et de sortie de crise attestent d'une certaine fragilité des créations d'emploi, qui ont été en partie dopées par des bulles spéculatives. Il permet surtout de relativiser les performances exceptionnelles en matière de baisse du chômage

---

192 *Pourquoi les crises reviennent toujours*, Paris, Seuil, coll. « Économie humaine », 2009, p. 201.

réalisées entre 1993 et 2000, le taux de chômage étant même repassé en dessous de 4 % en 2000, sans provoquer des tensions inflationnistes. Selon Hughes et Seneca (2009), la sortie de la récession actuelle pourrait donc également s'orienter vers une forme de reprise « sans emploi ».

La succession des faillites des grandes entreprises, celles qui ont commencé avec Enron au début des années 2000 et celles plus récentes et encore plus hautement symboliques de Chrysler et de General Motors dans l'industrie automobile en 2009, met pleinement en lumière l'épuisement d'un système privé d'assurance sociale, dont le coût n'est pas mutualisé et dont les risques ont été reportés sur les salariés. Les entreprises ne peuvent être un fondement stable pour assurer la sécurité sociale des travailleurs sur le long terme. Le système de protection sociale de l'après seconde guerre mondiale, tel qu'il a été configuré en partie avec le soutien des syndicats, est devenu inadapté à une économie où de moins en moins d'emplois sont offerts à vie. Le fait de lier l'assurance maladie et la retraite complémentaire à l'emploi au sein d'une entreprise individuelle donnée est devenu un non-sens économique aujourd'hui.

Un modèle social ne peut trouver sa seule justification dans l'atteinte des performances économiques, s'il laisse sur le bord du chemin des millions de citoyens plongés dans la pauvreté, voire la pauvreté extrême. Un modèle social est aussi un choix de société, un héritage d'une façon de vivre ensemble et d'une volonté de faire cohésion. Dans un article du New York Times de 2002, P. Krugman, qui n'avait pas encore reçu le prix Nobel, évoquait déjà la disparition de la classe moyenne américaine, celle qui avait fait les beaux jours de l'Amérique des années 1950 et 1960, au profit de l'émergence d'un nouvel âge d'or pour les riches. Le niveau atteint aujourd'hui par la concentration des richesses n'est en effet pas sans rappeler l'Amérique des « barons voleurs », celle d'avant les grandes réformes sociales du New Deal. La crise du marché des crédits hypothécaires est ensuite venue remettre en cause l'idéal social américain de l'accession à la propriété pour tous. Elle a aussi contribué à renforcer encore plus la précarité des ménages les plus pauvres, ceux qui s'étaient laissés tenter par les subprimes.

L'ancien président de la Banque centrale américaine, A. Greenspan, pourtant peu suspect de sympathies avec les thèses libérales (au sens américain, c'est-à-dire progressistes), a pointé les dangers d'une telle situation et son incompatibilité avec les fondements d'une société démocratique capitaliste. Son successeur, B. Bernanke, a aussi mis en garde, début 2007, contre les risques de la montée des inégalités, qui sapent les valeurs fondamentales du modèle social et du rêve américain.

Le principe de mobilité et de justice sociale, chers à la société américaine de classe moyenne, est donc fortement ébranlé. C'est pourquoi la refondation des principes au cœur du contrat social américain est l'une des tâches de la nouvelle administration. B. Obama ne s'est pas trompé. Il a fait de la réforme de l'assurance santé l'une des priorités de son agenda politique. Il est aussi venu rappeler, avec force, lors d'un discours de campagne à Philadelphie début 2008, que les inégalités raciales s'étaient à nouveau élargies, pointant là une autre faille majeure du modèle social américain. La profondeur de la crise actuelle peut lui fournir l'occasion de s'atteler à la mise en place d'un nouveau New Deal, car elle redonne une légitimité à l'intervention publique dans les domaines économique et social, même si celle-ci reste fortement contestée par de puissants lobbies.

Mais, cette tâche exige des moyens financiers importants. En raison de l'ampleur de ceux attribués au sauvetage du système bancaire et au plan de relance économique, les marges de manœuvre budgétaires sont étroites. Seule, une puissante mobilisation sociale pourrait venir desserrer ces contraintes et modifier l'ordre des priorités. Son absence actuelle est l'une des différences majeures par rapport à la situation des années 1930, de même que l'incapacité des syndicats à éviter les suppressions d'emploi massives et les baisses de salaire imposées par les employeurs dans la crise.

La défense des droits collectifs des travailleurs a reculé avec l'effritement du pouvoir syndical et les difficultés qu'ont les syndicats, dans un contexte juridique de plus en plus hostile et un espace économique concurrentiel, à défendre les intérêts des salariés et à promouvoir des solidarités plus larges que celles de leurs adhérents. Le salaire minimum fédéral, en soixante-dix années d'existence, a considérablement perdu de son efficacité économique et sociale dont le but premier était d'apporter une sécurité économique aux travailleurs à bas salaire et à leurs familles. Sa revalorisation dépendant du Congrès, il a souvent été gelé pendant de longues périodes, affaiblissant sa fonction correctrice des inégalités salariales. Mais surtout, il ne protège pas contre le sous-emploi, n'offrant qu'une garantie horaire (et non mensuelle) aux salariés concernés.

Le dynamisme du marché du travail a été une condition essentielle au fonctionnement du modèle social américain. Or, il s'est sérieusement affaibli depuis le début des années 2000. La tertiarisation de l'économie a entraîné une dégradation dans la qualité des emplois et a tiré aussi les niveaux de salaire vers le bas. La dualisation du marché du travail a eu comme conséquence d'enfermer certains salariés parmi les moins éduqués dans des trappes à emplois peu qualifiés et à bas salaire.

Le rôle assumé traditionnellement par l' » entreprise providence » a mal résisté à la mondialisation économique et financière et à la déréglementation de nombreux secteurs. Les entreprises sont de plus en plus nombreuses à remettre en cause les avantages sociaux promis à leurs salariés en matière de retraite et d'assurance maladie et à leur en transférer une partie des risques et des coûts. Ce système est de moins en moins en phase avec un marché du travail caractérisé par la flexibilité, la mobilité et l'affaiblissement des marchés internes.

Le fossé, qui s'est creusé entre les riches et les pauvres, une partie de la classe moyenne américaine, tient au fait que la grande masse des salariés a dû subir une compression salariale, la progression de leurs salaires réels ayant décroché par rapport à celle de la productivité. Ainsi a été encouragée par une politique monétaire de faible taux d'intérêt la fuite en avant des ménages de la classe moyenne et des pauvres dans un endettement croissant, comme moyen privilégié de soutenir la croissance et de répondre aux besoins de consommation.

La hausse rapide du nombre de recours à la procédure de faillite personnelle ces deux dernières décennies montre les risques et les conséquences engendrés par une telle politique. Le processus ne s'est ralenti que suite à un durcissement de la loi sur ce type de faillites, sous la pression des banques et des établissements financiers qui refusent de supporter les pertes associées aux défauts de paiement de leurs clients. La répartition très inégale des fruits de la croissance, provoquée par l'érosion des principales institutions du marché du travail et des mécanismes d'enrichissement propres aux marchés financiers, s'est ainsi accompagnée d'une polarisation de plus en plus forte des revenus, accentuée par une politique fiscale en faveur des plus riches. Elle est progressivement venue saper le rêve américain d'une ascension sociale offerte à tous. Les inégalités de revenu étaient acceptées socialement parce que chacun aux États-Unis avait le sentiment et l'espoir d'avoir une chance de s'en sortir et d'obtenir une vie meilleure, sans être enfermé dans des trappes à pauvreté. La réforme de l'aide sociale entreprise par B. Clinton en 1996 était censée enrayer l'extension de cette pauvreté, en incitant leurs bénéficiaires à reprendre un emploi au nom de la responsabilité individuelle. Or, elle n'a pas disparu ni même diminué, loin s'en faut, tandis que les bénéficiaires des bulles financières ont vu leur nombre et leur niveau de revenu s'accroître de façon vertigineuse.

Le constat qui ressort est celui d'une profonde dégradation du modèle social américain. La crise brutale dans laquelle ont été plongées l'économie et la société américaines a mis rudement à l'épreuve ce modèle et rend plus que jamais nécessaire sa refondation. C'est là tout l'enjeu, au moins au plan national, auquel est confronté Barrack Obama, en réponse à l'immense espoir suscité par sa réélection en novembre 2012.

3) A la recherche du nouveau modèle social

Force est de constater que les deux modèles sus évoqués ont chacun montré ses limites avec ses conséquences.

Ainsi donc, la reconstruction d'un modèle social adapté aux enjeux contemporains apparaît comme un idéal politique, social et économique. Le capitalisme, lui, n'a pas croulé. Il a sans doute trouvé de nouvelles forces ; d'où la nécessité de passer à un autre modèle de développement. Modèle qui serait le résultat d'une conscience partagée des échecs et des façons de faire du passé. Malgré la crise actuelle, il y a encore du chemin à faire avant que le consensus se fasse sur les causes des difficultés de nos sociétés. Il faudrait que le système actuel implose pour qu'une nouvelle pensée économique puisse s'imposer. Il est désormais nécessaire de construire une économie où les services occupent la place centrale qui est la leur, non seulement dans la réalité des emplois créés, mais aussi dans la façon de penser l'économie et la société. Le nouveau modèle économique et social doit pouvoir prévenir le chômage, équiper les individus, promouvoir les carrières ascendantes, sécuriser les parcours. Il faut apporter les atouts nécessaires aux individus, c'est-à-dire leur donner les capacités intellectuelles, professionnelles, les infrastructures qui permettent le progrès social. Les théories d'Amartya Sen sur l'économie du développement constatent que ni la colonisation, ni le capitalisme ravageur, ni les ajustements structurels ne peuvent être un modèle. C'est l'investissement social qui est capable de régénérer l'État-providence en restaurant l'équilibre entre les besoins du marché du travail et les besoins de sécurité sociale.

CONCLUSION

Dans l'ensemble, le constat que nous avons pu faire en évoquant la situation qui prévaut en Afrique à savoir :

- le partage colonial qui a séparé les peuples en donnant naissance à des Etats sans tenir compte de leurs groupements ethniques, lesquels aujourd'hui sont sans doute à l'origine de la balkanisation de ces pays, voire des guerres intestines (la région des grands lacs, le soudan, l'Ethiopie...etc.) ;

- les multiples plans d'ajustements structurels qui ont encore plus appauvri ces peuples ;

- la mondialisation qui ne profite qu'aux plus forts ;

- des dirigeants à la solde des anciennes colonies dans une Union africaine qui a du mal à s'imposer au niveau international ;

- une puissance monétaire toujours logée en Europe alors que les africains ont les moyens de s'y affranchir ;

- une démocratie balbutiante où la corruption, le chômage, la misère, la famine et les maladies endémiques sont le lot quotidien des populations ;

- enfin, des hommes et femmes dont l'avenir est plus que jamais incertain et qui ne savent plus à quel saint se vouer.

Certes, en dépit de cette peinture apocalyptique de l'Afrique subsaharienne, de nouvelles perspectives s'ouvrent à elle au niveau économique, politique et social avec désormais la possibilité de choisir de nouveaux partenaires. L'application d'un partenariat d'égal à égal nous laisse optimiste car, nulle doute que le continent africain sera celui du millénaire ; puisque doté d'un potentiel humain jeune, ambitieux, dynamique et avec un sous-sol très riche. Nous osons espérer que les différentes difficultés que connaissent ces peuples à moyen ou long terme finiront par s'estomper, si et seulement si il naît au sein de ces peuples une conscience collective avec des dirigeants éclairés et nationalistes dont le rôle sera avant tout de défendre les intérêts de leurs nations.

Il est vrai que beaucoup de choses restent encore à faire, voire à mettre en place, tant à l'intérieur qu'à l'extérieure. Une chose est certaine, avec la misère et les humiliations que connaissent les populations africaines, avec un peu plus de fierté de la part de leurs dirigeants respectifs, des changements substantiels doivent impérativement s'opérer, tant dans la vision du monde que sur les relations politiques, économiques et sociales que ces Etats entretiendront désormais avec leurs partenaires.

Au terme de cet ouvrage, nous nous permettons d'évoquer les relations que l'Afrique et le reste du monde doivent entretenir dans l'avenir. Avec le diktat du FMI et la Banque mondiale, les peuples africains ont, nous osons espérer, pris conscience des grands enjeux économiques qui se profilent à l'horizon.

Plongée sans le vouloir dans l'économie mondiale, l'Afrique subsaharienne va encore connaître beaucoup de difficultés afin de pouvoir s'en sortir. Il est donc nécessaire que naisse dans ces pays une nouvelle race d'hommes responsables et capables de dire non quand les intérêts supérieurs de leurs nations sont remis en question et non d'être considérés comme des marionnettes à la solde d'une puissance quelconque.

Nous conviendrons qu'il existe entre Etats, grands ou petits, une communauté d'intérêts ; ce qui impose donc des accords et des négociations bilatérales. Mais, la fâcheuse tendance est de considérer les peuples du Sud comme des moins que rien. L'Afrique d'aujourd'hui est en pleine ébullition sur les plans politique, économique et social. Les révoltes populaires qui ont commencé au Maghreb et qui se poursuivent dans la plupart des pays Arabes risquent d'entraîner de nombreux bouleversements à moyen ou long terme à la tête d'autres Etats de cette région.

Il n'en demeure pas moins que l'Afrique subsaharienne est un espace immense et divers, riche en hommes et en matières premières, à qui sa jeunesse et sa vitalité permettent tous les espoirs. Aux africains de transformer cet espoir en en réalité au lieu de toujours faire porter le chapeau aux occidentaux.

Quant à l'Europe, qui avait pensé résoudre ses querelles séculaires en édifiant une communauté prospère, elle redécouvre hélas les pesanteurs de son histoire. Les Etats-Unis observent en toute quiétude les gesticulations de la France en perte de vitesse dans le continent.

Comment, dans un tel contexte, la France pourrait-elle lutter contre son regard volontaire mais impuissant vers le Sud ?

Devenue puissance seconde par la démographie et l'économie, mais demeurée grande puissance par la politique, elle ne peut compenser sa faiblesse relative qu'en resserrant ses liens avec les pays africains dont la confiance est en perte de vitesse. Isolée, elle ne pèse guère dans le concert des nations, mais entourée de ses alliées du Sud, elle représente et défend les intérêts d'un groupe de pays dont le poids est énorme. Il est vrai qu'après avoir cru pouvoir naïvement exporter sa forme de démocratie, elle a failli en voulant sauvegarder ses intérêts au détriment de ceux qui lui faisaient confiance.

Grandes auront été les désillusions africaines, alors que dans cette mouvance de nouvelles perspectives semblaient entrevoir des lendemains meilleurs dans cette Afrique à la dérive et victime de tous les maux. La France, en dépit de sa main mise sur l'ensemble de ces pays, comprend désormais la nécessité d'un partenariat. Voilà pourquoi, si elle voudrait en ce jour intervenir auprès de ses partenaires africains, ce ne serait plus pour donner des leçons ou se livrer à un chantage politique, mais pour aider réellement les peuples africains à développer leurs économies, accroître leurs échanges et les aider à résoudre leurs antagonismes.

Le changement de cap de la France n'est-il pas indispensable ?

Oui, aussi et surtout parce que le XXIème siècle s'accompagnera de grandes mutations géopolitiques que la France perçoit plus ou moins. Par conséquent, elle doit mobiliser son capital de relations. Les peuples d'Afrique noire ont dans leur histoire connu beaucoup de souffrances parce que marqués à la fois par l'esclavage, la déportation, la colonisation et l'apartheid. Malheureusement, aujourd'hui encore, la même Afrique subit une fois de plus et à contre cœur, les effets néfastes de la mondialisation hélas nécessaire. Faute de n'avoir pu se donner les moyens économiques, politiques et sociaux pour son développement, l'Afrique subsaharienne se voit désormais reléguée au dernier rang dans le concert des nations.

Bien que la croissance économique n'a que modérément fléchi dans la plupart des pays à faibles revenus, le ralentissement de la croissance économique a infligé des dommages durables à la région. La réduction de la pauvreté a marqué le pas. Certains des pays exportateurs de pétrole et à revenus intermédiaires de la région ont subi des ajustements considérables sous la forme d'une forte aggravation du chômage.

Les perspectives pour 2012 et au-delà sont prometteuses[193] car, il ressort des projections que la croissance de la production s'accélérera pour atteindre 5¾ % en 2012, en bénéficiant de l'amélioration de la conjoncture économique mondiale qui devrait peut-être se poursuivre si l'EU réussit à trouver une solution pour venir à bout de la crise de la dette qui sévit en son sein. L'on s'attend à ce que les taux de croissance de la plupart des pays subsahariens ne soient alors que légèrement inférieurs à ce qu'ils étaient au milieu de la décennie 2000.

Les principaux risques qui pèsent sur les perspectives tiennent à la possibilité que la reprise mondiale s'interrompe (ce qui entraînerait un repli de la demande et des prix des produits de base) ainsi que sur le plan intérieur, une instabilité politique, voire la détérioration des systèmes financiers dans certains pays.

Si cette nouvelle donnée économique pouvait permettre un réel développement et une nouvelle conscience politique pouvant entraîner la construction d'une vraie démocratie et d'une économie stable, l'Afrique ne serait plus la risée du monde entier.

---

[193] Afrique subsaharienne : résilience et crises. FMI. octobre 2010.

BIBLIOGRAPHIE

L'Ajustement en Afrique : *réformes, résultats et chemin à parcourir*, Banque mondiale, Washington DC, 1994.

ATTIN Sourou Joseph, Perspectives du passage du secteur informel au secteur formel au Bénin, *Bureau international du travail*, document de travail Série WEP 2-19/wp. 54, juillet 1990, Genève.

BANGOURA Dominique, « A la recherche d'une stratégie-espace, facteur de paix en Afrique », *Afrique 2000*, novembre-décembre 1993.

BEN ABDALLAH Taoufik, ENGELHARD Philippe, *« Quel avenir pour l'économie populaire en Afrique ? »* Revue Quid Pro Quo, Volume 1, n° 3/4 Octobre 1990, Bruxelles.

CHEMINADE Jean, *Regard sur la France républicaine*, Ed. Alcuin, 1991.

DUMONT René et PAQUET Charlotte : De misère et chômage, libéralisme ou démocratie, le Seuil, Paris, 1994.

DIA Mamadou, *« Développement et valeurs culturelles en Afrique subsaharienne »* Problèmes économiques n° 2.281, 24 juin 1992. La documentation française, Paris.

DRUKER Peter, *La Grande mutation*, (vers une nouvelle société), les Editions d'Organisation, Paris, 1970.

GALY Michel, « Mali, Bénin : nouvelles démocraties, nouvelles impatiences », le Monde diplomatique, août 1994.

HOUGON P (2010). Afrique : Quel bilan pour quelles perspectives.

HERNANDEZ Emile-Michel, *« La gestion des entreprises du secteur informel africain : système de contraintes et rationalité »*, Annales 1992-1993 du laboratoire de gestion et culture IAE de Nice et le *« Secteur informel en Afrique : essai de management éco social* », Worknig paper 1995, CEDIMES Université Panthéon Assas Paris II.

FERCHOUI Ridha, Micro entreprises du secteur informel à Tunis. Obstacle de caractère légal et institutionnel, Bureau International du Travail, Document de Travail, série WEP2-19/ WP. 51, 1990, Genève.

PINGEON Pierre, Micro entreprises des pays en développement l'illusion institutionnelle, réseau thématique « *Entrepreneuriat ; financement et mobilisation de l'épargne* » *UREFF/ AUPELF*, note de recherche, n° 94-45, Paris, 1994.

MARTIN Michel L., « Les armées africaines au sud Sahara » journée d'études Défense et recherche universitaire, secrétariat de la défense nationale, Paris, 10-11 septembre 1992.

MBOCK C.G, Afrique 2000, « Revue africaine de politique internationale » Trimestriel n°23 : Avril - Mai - Juin 1996.

MONGA Célestin, TCHATCHOUANG Jean-Claude, « *Sortir du piège monétaire* », Paris Economica, 1996.

MOUKOKO Mbonjo Pierre, « Régimes militaires et transition démocratique en Afrique » *Afrique 2000*, juillet 1993.

WAGO Jean Baptiste, Zone franc : Outil de développement ou de domination ? Édition L'Harmattan, 1995.

Politique américaine de promotion de la démocratie au Cameroun après le 11 Septembre 2001. Paul Elvic BATHOM.

« SARKOZY et « l'homme africain » 29 juillet 2007 - par Elise Colette, envoyée spéciale à Dakar.

Penser son développement au XXIème siècle par Claire BRODIN, Doctorante en Droit à l'Université Paris II- Panthéon-Assas.

Chaponnière J-R. (2009). « Un demi-siècle de relations Chine Afrique », *Afrique contemporaine*, n°228, p 35-48.

Davies Kenneth. (2008). *OECD Investment Policy Reviews China 2008 : Encouraging Responsible Business Conduct.*

Goldstein A (dir). (2006), *The Rise of China and India. What's in it for Africa.* Paris, OCDE.

Kurlantzick J. (2006), « Beijing's Safari : China's Move into Africa and its Implications for Aid, Development and Governance », *Carnegie Endowment Policy Outlook* No. 29, november 2006.

Lafargue F. (2006), « La rivalité entre la Chine et l'Inde en Afrique australe », *Afrique contemporaine*, n°222, p 167-180.

Lafargue F. (2005), « China's presence in Africa », *China perspectives*, n° 61, septembre-octobre, 2005, p 2-9.

Tanaka N. (2007), *World Energy outlook, China and India insights,* Paris, Agence Internationale pour l'énergie.

L'essor de la Chine et de l'Inde : quels enjeux pour l'Afrique

Organisation de coopération et de développement économiques (OCDE) OCDE : 2006.

Chesnais François, Mondialisation du capital & régime d'accumulation à dominance financière, in "Misère de la mondialisation", Revue Agone, Marseille, Agone Éditeur, numéro 16, 1996, p. 16.

Strange Susan, The retreat of the State : The diffusion of power in the world economy, Cambridge, Cambridge University Press, 1996.

« Les interventions militaires de la France en Afrique – Quelles leçons à tirer de la présidence de Nicolas Sarkozy ? », in. Thierry de Montbrial, Philippe Moreau Defarges (dir.), *RAMSES 2013 – Gouverner aujourd'hui ?*, Dunod, Paris, septembre 2012, pp. 178-181.

Thomas Mélonio, *Quelle politique africaine pour la France en 2012 ?*, es Essais, Fondation Jean Jaurès, Paris, juin 2011.

Tobias Koepf, « Interventions françaises en Afrique : la fin de l'européanisation ? », in. *Politique étrangère 2012/2 (été)*, Ifri, Paris, septembre 2012, pp.415-426.

R. Gutmann, *L'Inde et le nouveau partage de l'Afrique : l''affirmation d'une puissance émergente*, avril 2008. *(http ://www.ifri.org/ ?page=detail-contribution&id=5026&id_provenance=97) ;*

V. Niquet et S. Touati *La Chine en Afrique : intérêts et pratiques,* décembre 2011*(http ://www.ifri.org/ ?page=detail-contribution&id=6945&id_provenance=88&provenance_context_id=1*) et T. Patriota *Le Brésil, un partenaire de l'Afrique qui s'affirme. Les relations Brésil/Afrique sous les gouvernements Lula (2003-2010)*, septembre 2011. *(http ://www.ifri.org/ ?page=detail-contribution&id=6748&id_provenance=105&provenance_context_id=1*

TABLE DES MATIERES

L'Afrique

aux éditions L'Harmattan

Dernières parutions

CROISSANCE AFRICAINE : Y CROIRE ET S'IMPATIENTER
15 clés pour comprendre les défis du continent
Heuraux Christine
Préface d'Abdou Diouf
Voici explorées les grandes thématiques qui façonnent la croissance et le développement du continent africain : ses richesses - démographiques, naturelles, agricoles et minières - ; ses faiblesses - infrastructures de transport, accès à l'eau et à l'énergie, système financier, éducation, formation ; les atouts et promesses de ses échanges commerciaux - avec le reste du monde et intra-africains.
(45.00 euros, 566 p.)
ISBN : 978-2-343-03840-7, ISBN EBOOK : 978-2-336-35250-3

SUR LE CHEMIN DU DÉVELOPPEMENT DE L'AFRIQUE
Remondo Max
L'Afrique a la possibilité de se développer, mais il existe chez les deux acteurs normalement déterminants dans cette entreprise complexe des handicaps qui l'empêchent d'y parvenir. Pour l'Africain, ce sont des traits de culture inhibiteurs. Pour l'État postcolonial, c'est l'absence ou l'insuffisance des conditions fondamentales de développement.
(Coll. Études africaines, 22.50 euros, 217 p.)
ISBN : 978-2-343-03321-1, ISBN EBOOK : 978-2-336-35279-4

HISTOIRE DES IDÉES ET DES FAITS SOCIOÉCONOMIQUES DE L'AFRIQUE
Bomfie Edmond Mokuinema
Cet ouvrage a pour objet la mise en débat de grandes idéologies qui ont traversé l'Afrique noire depuis le mercantilisme jusqu'à la mondialisation actuelle. Ces idéologies constituent non seulement des facteurs de rivalité ou de solidarité entre les communautés humaines mais elles peuvent aussi booster les changements sociaux. Pourtant des mythes et des inégalités se cachent derrière ces idéologies dominantes que l'Afrique subit, que l'intelligentsia africaine se doit de démasquer.
(Coll. Études africaines, 17.00 euros, 170 p.)
ISBN : 978-2-343-03547-5, ISBN EBOOK : 978-2-336-35240-4

DES SYMPHONIES POUR LA CROISSANCE VERTE
Littérature et dynamiques de l'environnement
Amuri Mpala-Lutebele Maurice
La croissance verte, c'est aussi l'oralité africaine. Elle cristallise effectivement la conscience écologique de l'Africain traditionnel qui véhicule des connaissances abondantes sur le monde qui nous entoure. La croissance verte, c'est la coexistence homme-nature dans le monde réel.
(Coll. Comptes Rendus, 46.00 euros, 416 p.)
ISBN : 978-2-343-04046-2, ISBN EBOOK : 978-2-336-35311-1

CES 100 DIGNITAIRES QUI CHANGÈRENT L'AFRIQUE PROCONSULAIRE SOUS LE HAUT-EMPIRE ROMAIN
Riches et généreux – 27 av J.-C. - 284 ap. J.-C.
Mouckaga Hugues
Cet ouvrage répertorie, parmi d'autres, 100 dignitaires issus d'un certain nombre de cités sous le Haut-Empire romain, qui ont accumulé de la richesse par le biais d'activités orthodoxes - l'agriculture, l'élevage et les fonctions intellectuelles - et hétérodoxes - l'art, l'artisanat, le commerce - et qui laissèrent la réputation d'hommes et de femmes généreux. Nous pénétrons ainsi dans cette société africaine de l'Antiquité.
(20.00 euros, 198 p.)
ISBN : 978-2-343-03594-9, ISBN EBOOK : 978-2-336-35257-2

ARMES LÉGÈRES ET GROUPES ARMÉS EN AFRIQUE SUBSAHARIENNE
Effets pernicieux sur le développement économique et social
Essimbe Victor
La disponibilité et l'utilisation incontrôlée des armes légères et de petit calibre par les groupes armés peuvent avoir des conséquences destructrices sur l'activité économique officielle et informelle. Ce livre fait le tour complet des handicaps à l'essor économique et au bien-être social des sous-régions de la CEDEAO et de la CEEAC, causés par la «synergie» groupes armés-armes légères.
(Coll. Études africaines, 27.50 euros, 268 p.)
ISBN : 978-2-336-29316-5, ISBN EBOOK : 978-2-296-53936-5

ACCORDS (LES) POLITIQUES DANS LA RÉSOLUTION DES CONFLITS ARMÉS INTERNES EN AFRIQUE
Ehueni Manzan Innocent - Préface de Jean du Bois de Gaudusson
La question des conflits armés constitue un véritable «casse-tête africain» aussi bien pour les acteurs locaux qu'internationaux. Comment sortir de cette insécurité chronique et de la guerre civile et parvenir à une stabilité et un développement durables ? Ce livre expose la conclusion des accords politiques en insistant distinctement sur l'environnement politique de leur formation ainsi que sur le cadre juridique qui les caractérise. Il procède aussi à l'examen de l'application de ces accords.
(Coll. Défense, Stratégie et Relations Internationales, 60.00 euros, 772 p.)
ISBN : 978-2-343-00551-5, ISBN EBOOK : 978-2-296-53836-8

AFRIQUE (L') N'A PAS DIT SON DERNIER MOT : L'INCULTURATION
Sémènou Romain Mensan
L'Afrique va-t-elle si mal ? Les Africains ont-ils les ressources ontologiques et anthropologiques nécessaires au développement du continent ? La culture et la tradition africaines sont-elles viables et efficientes à ces heures de mondialisation ? Quel est l'impact de la religiosité sur le développement du continent africain ? L'Église est-elle complice du sous-développement africain ? Voilà les questionnements qui constituent la texture de ce livre autour d'un thème théologique : l'inculturation.
(Coll. Points de vue, 14.00 euros, 136 p.)
ISBN : 978-2-336-30159-4, ISBN EBOOK : 978-2-296-53760-6

RUSES (LES) DE LA MONDIALISATION EN AFRIQUE NOIRE
Le rôle des intermédiaires du développement
Louvel Roland
L'intégration de l'Afrique noire dans les réseaux planétaires s'est traduite par un «coût de raccordement» très élevé pour le continent. Elle n'aurait jamais pu s'opérer sans l'entremise d'un certain nombre d'intermédiaires : à la fois passeurs et passages obligés, ils mettent en relation, favorisent les échanges, ouvrent les voies du commerce et de la transmission des savoirs. Ces personnages de l'entre-deux interfèrent tout autant qu'ils s'approprient et transmettent les apports extérieurs, en position d'interface entre deux systèmes.
(26.00 euros, 262 p.)
ISBN : 978-2-336-30095-5, ISBN EBOOK : 978-2-296-53802-3

AFRIQUE SUBSAHARIENNE
Mémoire, histoire et réparation
Dampha Lang Fafa
L'Afrique subsaharienne est la seule partie du monde à avoir subi l'esclavage à échelle massive, ainsi que la colonisation, l'apartheid, le commerce des esclaves et le colonialisme occidental, le tout dans une atmosphère de brutalité sans précédent. Plus de cinquante ans après l'accession à la souveraineté du premier pays de l'Afrique subsaharienne, le Ghana de Kwame Nkrumah (1957), un regard analytique porté sur le continent révèle une situation qui est loin d'inciter à l'optimisme.
(Coll. Racines du Présent, 21.00 euros, 204 p.)
ISBN : 978-2-336-29371-4, ISBN EBOOK : 978-2-296-53724-8

UN BLANC DRAMATIQUEMENT NOIR
55 années en Afrique noire
Sénégal - Côte d'Ivoire - Cameroun - Gabon - Congo - Togo - Niger - Mali - Guinée - Burkina - Mauritanie
Decupper Joël - Préface de Venance Konan
Voici le récit exceptionnel de 55 années d'existence hors norme en Afrique Noire francophone d'un Français autodidacte devenu patron de presse (Afrique Sport, Afrique Médicale, Africa International, Éditions Chaka...), proche de plusieurs Chefs d'État alors que d'autres l'auraient volontiers pendu. Voici un regard frondeur sur l'Afrique, ses élites, ses mœurs, sans retenues ni déférence, sans

préjugés ni parti pris. Le récit fourmille de faits inédits, de péripéties drôles et fâcheuses.
(27.00 euros, 364 p.)
ISBN : 978-2-343-00946-9, ISBN EBOOK : 978-2-296-53781-1

OBTENTION (L') DES BREVETS PHARMACEUTIQUES EN AFRIQUE
Le cas des pays de l'Organisation Africaine de la Propriété Intellectuelle (OAPI)
Juvet Lowé Gnintedem Patrick - Préface de Tshimanga Kongolo
Le législateur OAPI a entendu faire de la propriété intellectuelle un instrument de développement pour les États membres, tout en s'arrimant aux textes internationaux pertinents. Mais le texte adopté lève-t-il pour autant les appréhensions résultant du souci d'assurer l'accès aux médicaments dans un contexte de développement particulier ?
(Coll. Études africaines, 21.50 euros, 216 p.)
ISBN : 978-2-343-00374-0, ISBN EBOOK : 978-2-296-53811-5

LETTRES DE VOYAGE
De la Mer Rouge à l'Atlantique (1901-1903)
Du Bourg de Bozas Robert - Avant-propos et notes de Claude Guillemot
Au tout début du XXe siècle, Robert du Bourg de Bozas, jeune aristocrate fortuné et cultivé, organise à ses frais une mission scientique à travers l'Afrique soutenue par le ministère de l'Instruction publique. Parti de Djibouti le 2 avril 1901, accompagné d'un jeune médecin, de deux autres Européens et d'une imposante caravane, il meurt de paludisme au Congo dans la nuit de Noël 1902. Tout au long de son périple, il entretient une correspondance avec ses proches et particulièrement avec son père.
(Coll. Mémoires du XXe siècle, 13.50 euros, 126 p.)
ISBN : 978-2-343-00244-6, ISBN EBOOK : 978-2-296-53944-0

CHRONIQUES POUR L'ÉMERGENCE D'UNE AFRIQUE RAYONNANTE
Bissog Martial - Avant-propos de Léonard Gofake
Préface de Guy Parfait Songue
L'auteur jette un regard panoramique sur la société africaine actuelle et le rôle des Africains dans le grand jeu politique du monde. Cette compilation de chroniques est un appel à une prise de conscience et de responsabilité de la part de tous les acteurs du continent, pour mettre sur les rails un nouveau modèle de pensée et de développement afin qu'émerge une Afrique rayonnante.
(Coll. Points de vue, 19.00 euros, 196 p.)
ISBN : 978-2-336-29302-8, ISBN EBOOK : 978-2-296-53521-3

L'HARMATTAN ITALIA
Via Degli Artisti 15; 10124 Torino

L'HARMATTAN HONGRIE
Könyvesbolt ; Kossuth L. u. 14-16
1053 Budapest

L'HARMATTAN KINSHASA
185, avenue Nyangwe
Commune de Lingwala
Kinshasa, R.D. Congo
(00243) 998697603 ou (00243) 999229662

L'HARMATTAN CONGO
67, av. E. P. Lumumba
Bât. – Congo Pharmacie (Bib. Nat.)
BP2874 Brazzaville
harmattan.congo@yahoo.fr

L'HARMATTAN GUINÉE
Almamya Rue KA 028, en face du restaurant Le Cèdre
OKB agency BP 3470 Conakry
(00224) 60 20 85 08
harmattanguinee@yahoo.fr

L'HARMATTAN CAMEROUN
BP 11486
Face à la SNI, immeuble Don Bosco
Yaoundé
(00237) 99 76 61 66
harmattancam@yahoo.fr

L'HARMATTAN CÔTE D'IVOIRE
Résidence Karl / cité des arts
Abidjan-Cocody 03 BP 1588 Abidjan 03
(00225) 05 77 87 31
etien_nda@yahoo.fr

L'HARMATTAN MAURITANIE
Espace El Kettab du livre francophone
N° 472 avenue du Palais des Congrès
BP 316 Nouakchott
(00222) 63 25 980

L'HARMATTAN SÉNÉGAL
10 VDN en face Mermoz, après le pont de Fann
BP 45034 Dakar Fann
33 825 98 58 / 33 860 9858
senharmattan@gmail.com / senlibraire@gmail.com
www.harmattansenegal.com

L'HARMATTAN BÉNIN
ISOR-BENIN
01 BP 359 COTONOU-RP
Quartier Gbèdjromèdé,
Rue Agbélenco, Lot 1247 I
Tél : 00 229 21 32 53 79
christian_dablaka123@yahoo.fr

www.ingramcontent.com/pod-product-compliance
Lightning Source LLC
LaVergne TN
LVHW011013061026
849535LV00006B/1862
* 9 7 8 2 3 4 3 0 2 9 0 0 9 *